大明凌云

靖外安内

尹文勋 著

辽宁人民出版社

图书在版编目（CIP）数据

大明凌云.靖外安内 / 尹文勋著.—沈阳：辽宁
人民出版社，2024.6
ISBN 978-7-205-11072-7

Ⅰ.①大… Ⅱ.①尹… Ⅲ.①中国历史—明代—通俗
读物　Ⅳ.① K248.09

中国国家版本馆 CIP 数据核字（2024）第 062034 号

出版发行：辽宁人民出版社
　　　　　地址：沈阳市和平区十一纬路 25 号　邮编：110003
　　　　　电话：024-23284191（发行部）　024-23284304（办公室）
　　　　　http://www.lnpph.com.cn
印　　刷：天津光之彩印刷有限公司
幅面尺寸：165mm×235mm
印　张：22
字　数：313 千字
出版时间：2024 年 6 月第 1 版
印刷时间：2024 年 6 月第 1 次印刷
责任编辑：赵维宁　段　琼
封面设计：乐　翁
版式设计：一诺设计
责任校对：郑　佳
书　号：ISBN 978-7-205-11072-7

定　价：68.00 元

《靖外安内》内容简介

宋朝赵普云：中国既安，群夷自服。是故夫欲攘外者，必先安内……

大明朝宣德皇帝朱瞻基登基以来，东西南北皆不安定。北有元朝残余，虎视眈眈；南有安南黎利，扯旗反叛；东有倭寇，沿海不时传来警讯；西域邻国也小有摩擦。

然而，内部还有更大的隐患，那就是二叔汉王朱高煦。在紧锣密鼓的准备下，他指斥朝廷无道，奸臣窃命，举起造反大旗，于藩邸兴兵数万，四下游击，整个山东重燃战火。

朱瞻基准备在先，并未慌张，发出檄文，削去汉王爵位，并御驾亲征，未用一月，迅速扑灭战火。朱高煦被圈禁，最后被处死。

除此外，朱瞻基内修政理，派出巡抚侍郎，罢黜污吏，平明狱讼，均平赋税。

对于外敌，朱瞻基计划亲率京卫，北征兀良哈，使其不敢正视南方。对于安南，他一反文皇帝政策，还政安南，绥靖四方。靖外安内，国家大治。

目　录 ●————————————————————————

第一回

▼

遭圣忌天官乞骸骨　奏御前学士露直言

满江红·英雄叹

巨匠持规，轴千仞，丹青长卷。望苍穹，空遥无际，风轻云散。漠北高原擎天柱，江河四海西施眼。望腹里，莽莽又芊芊，英雄叹。

承基业，偿夙愿。看尧舜，休嗟叹。学半部论语，攘外平乱。文治武功传后世，无双国士长歌赞。博他个，名讳刻丹青，君之愿。

大明太宗文皇帝嫡长子朱高炽，储位东宫二十年，一朝登基，理政十月，便龙驭宾天，传位皇太子朱瞻基，是为宣德元年。文皇仲子、汉王朱高煦，靖难时期，时刻不离父皇左右，亲冒矢石，披坚执锐，助父登基。不满兄长储位、登基，谋嫡数年。招纳亡命，阴蓄死士，煮盐炼铁，私造兵器。漆皮为船，演习水战。

永乐十五年，东窗事发，文皇大怒，下旨圈禁，百官施救，文皇余怒未消，削夺两护卫，将朱高煦迁居乐安州。仁宗践祚，返还两护卫，对其爱护有加，遂再生异志，欲效皇考文皇，武力夺取皇位。只为这，引出许多故事。

大明天子朱瞻基眼下差事颇多，都是要紧的差事。南、北、中再加上宫中，令他不胜其扰。北有残元，得知明朝皇帝接连宾天，遂蠢蠢欲动。中有二叔、三叔，树欲静而风不止，各方情报显示，二叔必反。宫中不靖，母子龃龉。南有周忱、金英巡抚广东，面临严峻官场生态。

近日，皇上朱瞻基接到金英署名密信，令其大吃一惊，千户所知所原来是都察院左都御史刘观的幼子刘举。这次赴粤钦差副使、户部广东清吏司郎中刘清却是刘观的侄儿。

皇上之所以未动刘观，就是因为他与宫中有着千丝万缕的联系。当然，纽带是银子。皇上在皇太孙时就知道，刘观是东宫的银袋子。可这次广东案子骇人听闻，赃银不下七百万两。朝廷一年收入才几何？

皇上大怒，把几位近臣宣进东暖阁，几位传看密信。张瑛看了一会儿，跌足叹息："皇上，恂如有危险，臣以为，赶紧宣刘清进京。"

皇上未置可否。杨荣出班奏道："皇上，老臣愚昧，不知道这其中的奥妙。据臣所知，刘观的小儿子刘举并没有功名，前几年在国子监读书不成，据说去了江左打理产业，现为何在广东做官？而且还是六品军户所，周忱等人赴粤时也无人提及。臣不解。"

矛头直接指向蹇义。现在杨荣打击蹇义次数、力度逐渐加大。这的确是一个问题，是一个大问题。作为阁臣，和总宪有交易，那就令人多想，必定是和官场贪贿有关，即使不是自己的问题，也一定为他人关说。以往出现这种事情，都是杨士奇出面圆场。今日之事，难圆其说，杨士奇也无法开口，只好让他蹇义自己说清楚。

皇上眼睛投向蹇义，当然，所有人的眼睛都在看他。

蹇义感觉如芒刺背，鬓角已经渗出细汗，膝行几步，说："勉仁大人所说极是。当时是先皇提起，那时先皇储位，直接向文皇提及，文皇当时允诺，派往广东整饬军户。当时刘举是经历，从九品，几年下来迁为知所，正六品。"

杨荣并未就此作罢，奏道："禀圣上，老臣以为，刘举作为九品经历，虽属违制，但大家都这样做，也见怪不怪。今天在场的各位大人或自己或亲戚都有这样的情况，也算是一种荫袭，无可厚非。问题在于短短几年，连升六级，这确实骇人听闻。皇上，此事不能迁就，以杜绝幸进之心，向上司邀宠之心。"

这才砍到蹇义的肋骨上，高官子弟入仕司空见惯，何况还是先皇提及。虽然大家并未听见，但此事不难查，查起居注，一查便知，吏部也会存档。最大的问题是，升迁太快，是否有人情在此。刘观作为都察院左都御史，蹇义巴结他意欲何为？

皇上看着蹇义，说："宜之，众臣工都在等你说话。"

"臣已记不清，待臣回衙查看明白，明日细奏皇上。臣垂垂老矣，经常忘事。"作为蹇义，主掌吏部二十几年，大到阁臣，小到未入流，官员履历，如数家珍。刘举虽然品级不高，但家世显赫，蹇义应该更明白，竟然说回衙查实，大家都听出来其中意味。

杨士奇判断，又是有人关说，这是拿不到桌面上的事情，只好他蹇义一人扛着。蹇义言外之意，乞骸骨，请旨致仕。

"你昏悖。如果没有把柄攥在刘观手里，何至于此？你是老了，回府听参吧，不日即有旨意给你。"

"谢皇上。"蹇义站起来，大家都在看着他，他意味深长地看了杨荣一眼，缓缓退出。

"刘清此次差事，是何人举荐？"皇上余怒未消。

"回皇上，是老臣举荐。恭请皇上治罪。"夏原吉出班奏道。胡濙和金幼孜也出班，匍匐在金砖上。

"你们倒是同声协气，是否串通举荐，说实话，朕不罪汝。"皇上一看出来三个，怒不可遏，感觉自己被他们戏耍。

暖阁里瞬间安静了，阁臣匍匐在地，噤若寒蝉。过了一会儿，杨士奇奏道："皇上，臣有话说。举荐刘清，大家都同意，他是户部广东清吏司郎中，清查赋税，他是不二人选，也是他的职责所在。臣以为举荐者并无过失。何况各位大人并不知道刘举是知所。宜之大人似乎也不便透露。皇上明察。"

皇上一下子怔住了，真的没问题，如果换了一位，那就是有勾当了。但君临天下，代天牧民，对的是对的，错了也是对的。尤其是蹇义，之前一句不曾提起广东军户所之事。皇上一时难以判断。

杨荣心中正在窃喜。他与蹇义并无大的矛盾，只是官场中常见的龃龉，算不上是党争。另外还有杨荣长子，杨荣几次和蹇义暗示，蹇义装聋作哑，一直拖着，多少年过去，长子再未升迁。蹇义秉公办差，不是装糊涂。

杨荣长子口碑极差，和杨士奇之子一样，被朝野诟病。蹇义看杨荣追得急了，索性奏于圣上，恩自上出。文皇帝素知杨荣长子德行，支持蹇义，还暗示杨荣不要再提及此事。

杨荣心下不满，在心里记住此事，几次对蹇义出手都未成功。今日乃天助，他一击而中，但打蛇不死，必被蛇咬，这是宦海生存法则。

杨荣奏道："皇上，士奇大人所言极当。问题在于刘清为何在户部广东清吏司，而且还是掌印的，这种巧合何来？陛下圣明烛照，断不会让小人钻朝廷空子。"

众臣听得明白，这矛头又是直指蹇义。看起来不弄死蹇义，杨勉仁誓不罢休。

皇上正不知道如何下台，喝道："杨溥，你负责查一下这个刘清，如何钻营到户部郎中的。维喆大人，你们跪回去，这不是你们的错。举荐合理。拟旨，令刘清速速返京。"

金幼孜赶紧站起来准备拟旨。夏原吉奏道："皇上且慢，臣还有一事，郭瑄给臣上了一文札，请皇上过目。"

皇上迅速读了一遍，说："郭瑄什么时候到的广东？"大家默然，谁能记得？只有塞义。这多年，人们都已经习惯，因而平时也不在意这些。

夏原吉沉吟片刻，大家不说，自己坐纛户部，这事都不记得说不过去。他奏道："回皇上，臣记得是哪一年，只记得他还没有正式下旨任藩台，他去巡按，直接就署理藩司。具体事情不详，老臣没有宜之大人的记忆。皇上恕罪。"

皇上点点头，他已经平和了，手里拿着那几张纸，抖了几下说："这个郭瑄还是识大体的。他没上奏章，就是给周忱他们留下空间，他对几位钦差可颇有微词。朕最担心的是这些人下去，脱离朝廷管制，地方官仰视，遂擅作威福，做出不法之事，那朝廷脸面尽失。他们带去了二十几人是怎么回事？你们传看一下。"

杨士奇暗自叹息，朝廷脸面早都丢尽了，这些人下去有几个不是盆满钵盈、满载而归？这是大家都心知肚明的事。他不敢乱说话，不明白这些打秋风的人为什么会被郭瑄盯上。按理说郭瑄也是老官僚，这些事都是心知肚明。

杨士奇对金英还是放心的，他对周忱不太了解，当时也不主张周忱巡抚广东，怕他立功心切，反而坏了大事，临行前叮咛再三。现在广州情况不明，贸然下旨把刘清调回京师，无疑是给周忱助威，万一周忱他们做了有违礼制、法制之事，如何收场？杨士奇不敢表态。

金幼孜还在等着下令，皇上踌躇起来，看杨士奇沉吟不语，遂道："士奇爱卿，你为何不说话？"

"回皇上，老臣在考虑此事，一时还没有主意。臣在想，那里情况不明，是否先缓一缓下旨。如果问题严重，那就不是密信，双方都得上奏章。臣以为，兵部和刑部都该有文札了。还有，臣以为……"

"今儿个就到这了，你们也乏了，回去吧。"皇上终于说话了。这些老臣跪得双腿发麻。几代天子，对待臣下完全不同，太祖高皇帝和建文幼冲，大臣必须跪着奏事。太宗文皇帝对大臣，尤其是靖难功臣比较宽容，不要跪奏。

先帝深知大臣之苦，从来不让大臣跪着，有时还要赐座。当今天子，又如太祖制，跪奏。当然，有时也不用跪奏，只是看皇上当日的心情。

皇上还是留下了杨士奇和张瑛。皇上明白，杨士奇欲言又止，肯定又和皇家有关。张瑛对此洞若观火，对他没什么可以隐瞒的。

皇上赐座，令王泰给杨士奇和张瑛各上一碗参汤，两人急忙喝下去，站起来备询。

"士奇大人，你是不是发现了什么？"皇上说。

"皇上，原来臣以为，军户也好，田租也罢，无非是卑污小吏欲弄几两银子耳。各地尽皆如此，也逐渐麻木。从广东来看，这里有文章。臣不解，刘观身为总宪，为何把儿子都派下去弄银子。他刘观就那么需要银子吗？广东三司对刘举青眼有加，只是看他是刘观之子吗？金英给皇上密信中，把这三司都说了，他们封疆大吏，至于这么怕刘观吗？孙远是国舅，他们为何不怕？蹇义大人对各地官僚如数家珍，为何对刘举却三缄其口？作为阁臣，他有必要怕刘观吗？"

杨士奇娓娓道来，皇上察觉不对，对杨士奇话语存疑。汉王和赵王这毋庸置疑，肯定参与了。可听杨士奇口气，似乎发现了什么。皇上心里当然有数，不想再纠缠此事，把眼睛扫向张瑛。

张瑛说："陛下，刚刚读信时，臣就在思考这个问题。臣以为这事涉及到了皇家，至于何人，臣不敢妄猜。"

这是捅破了窗户纸，这就是张瑛，口无遮拦，从来不屑于官场之道。皇上笑了："子玉，你将来坏事就坏在你这张嘴上。你教导朕，要气度雍容，你却如此。"

没有丝毫责备之意，完全是赞赏口气。张瑛赔笑说："皇上圣明，好多人都这样对臣讲过。臣虽无大才，但也颇读过几本书。万言万当不如一默，百战百胜不如一忍，这话臣对陛下讲过多次。臣不以为然，和他人交往，可以保留，御前奏对，奏对切直，不可藏私。否则便是事主不忠。"

这几句话说得杨士奇如芒刺背，他事主不忠吗？皇上问："士奇大人，你的意思呢？"

其实杨士奇已经说得很明白了，皇上又将了一军，不好再模糊，他说："回皇上，刚刚子玉大人所说，确实令臣汗颜。对主子奏对，正该如此。臣就直言不讳了。臣以为，皇上不妨问一下宫里，如果宫里无事，那就是藩王了。和刘观走得近的藩王，皇上应该心中有数。"

皇上早已经想到这里，遂点点头说："这话要是张瑛，肯定说出来是朕的叔叔，士奇却如此……"

杨士奇不知道皇上此话何意，赶紧跪下，套用张瑛之语："皇上，臣事主不忠，恭请皇上治罪。"

"杨爱卿快请起。朕之意，尺有所短，寸有所长，各人有各人的方式，舍己之长效人之短，乃邯郸学步、东施效颦也。朕有数了。广东这里先放放，总之，想打歪主意的人饷道是断了。朕再看看。"说得两位近臣面面相觑，皇上心里一切都明白，只是在装糊涂。当然，杨士奇也在装糊涂。

朱瞻基心里有事，回到宫中后，来到了长宁宫。这是上午，不到翻牌子的时候，孙敏听到一声接一声的传唱，赶紧带着管事太监喜子、门令巧儿、嬷嬷、宫女迎出宫门。一片环佩叮当声，皇上说："都起来吧。"大踏步向里面走去。

"皇上再晚到一会儿臣婢就去惠妃那里了。"见礼毕，孙敏赶紧跪下为皇上脱靴子换鞋，说道。

"惠妃好些了吗？母后常说，小产比坐月子还难受。朕一直还没顾上去看看。"

"母后见解的是。坐月子虽然辛苦，孩子就在身边，苦中有乐，乐大过苦。惠妃可怜见儿的，最近这几天不是很好。几乎不进饮食，每天以泪洗面。而且还传出一些话来，说……"

一些事皇上都知道。惠妃知道是喜脉后，太后和太妃都去看过几次，把总管太监、门令、嬷嬷等都训诫一次，要他们万分小心，皇后和孙敏都去看过。皇后非常细心，亲问起居。

后来，惠妃身体不适，她很小心，怕有什么不虞，不敢吃药。最后实在挣扎不动，才禀告皇后胡善祥。皇后杖责总管和门令，请了太医，是盛太医亲自诊脉，最后说并无大碍，只是偶染风寒，请了方子，吃几服药发散一下就好了。朱瞻基知道惠妃有了身孕，也非常高兴，把盛太医还褒奖了一番。

第二回

▼

长宁宫帝妃究财路　清心阁母子论刘观

到目前为止，朱瞻基还没有子嗣，只有三个公主，大明江山后继无人。太后早有想法，到四月份，选秀女，广纳嫔妃。现在惠妃有了身孕，朱瞻基问过盛寅，是男是女，盛寅说目前从脉象上还看不出来，但看惠妃娘娘的起居做派应该是龙脉。

真是喜从天降，谁知乐极生悲，不到一个月，惠妃开始见红，不到两天，龙脉没了。朱瞻基雷霆震怒，杖责专门负责惠妃的尚药太监，连每天配药的太医都被杖责十下，盛寅受到申饬。几天后这事也就淡了。

今天又提到此事，定有蹊跷。

朱瞻基听得正仔细，看她停下来，狐疑地看着她，说："爱妃，咱们是患难夫妻，有话就说吧。"

患难夫妻，孙敏听着受用，这是把她看成皇后了。皇上只有一个妻子，那就是皇后，其他妃嫔都是妾，也包括贵妃。孙敏嗫嚅半天还是没讲出来。这不是孙敏的性体，朱瞻基感觉不对，不再追问，喝道："巧儿，进来。"

宫门令巧儿听见主子声音不善，跪在地上膝行几步爬进来，跪在那里，不敢仰视。

"你们主子吞吞吐吐的，有什么不能说的，你告诉朕。你平身吧。"朱瞻基很和气，并没有发脾气。巧儿放下心来，看着孙敏不说话。

朱瞻基忽然意识到巧儿不知道要讲什么，遂笑道："巧儿，你们主子刚刚说到惠妃，就停下来不肯讲了，你说。"

巧儿又跪下了，说："皇上，巧儿是一个心直口快的人，惠妃对主子说，她这次堕胎很蹊跷。"

朱瞻基正在喝奶子，一口奶子呛住。长宁宫侍女颖儿赶紧过去伺候。巧儿也赶紧站起来，去收拾，连说："奴才该死，皇上恕罪。"

皇上摆摆手，示意颖儿，把闲人全部赶出去，说："巧儿，不关你的事，你就说这件事吧。爱妃你来说。"

"惠妃认为，有人使坏。"孙敏声音很小，但朱瞻基听来犹如一声炸雷。他饱读史书，又在宫中长大，宫中勾当，他知之甚多。读遍二十一史，为后宫争宠，争斗千奇百怪，花样繁多，机巧百施。宫中政敌打击对方最简洁的办法就是龙种。

朱瞻基想，惠妃这件事，这种可能也不是没有，在和盛寅对话中，朱瞻基也感觉到他语焉不详。可是惠妃是个老实人，她有政敌吗？

"惠妃平时与何人不睦？你对朕讲实话。"

孙敏摇摇头说："不清楚，据臣婢所知，她和每人都相处融洽，下人也都很尊敬她。"

"那这事就有些道听途说了，有人唯恐天下不乱，造谣生事也未可知。"皇上有几分释然。

"那就好，臣婢也怕确有此事，臣婢被人怀疑，臣婢跳进黄河也洗不清。"孙敏有几分忧伤道。

"怎么可能，你们无冤无仇，你们……"说到这里停下了，这时他要是还想不到，那就白白做了十年储君，他是皇太孙、皇太子时，见惯了勾心斗角。他点点头，喃喃道："坤宁宫。"

孙敏"扑通"跪下，说："陛下，臣婢多嘴了，皇上恕罪。其实还有嫌疑人，那就是臣婢。"

朱瞻基脸色已经平和，摆摆手说："这都是小人在嚼舌头，弄得大家杯弓蛇影，没意思。朕午后还得批阅奏章，在这吃过饭再去。"

孙敏站起来，擦掉眼泪，说："皇上不单单是来吃饭吧？有差事尽管吩咐。"

朱瞻基笑了，说："你这么聪明可人，让朕如何不疼你？是有一件事，也是一件小事。朕忽然想起原来的事，你进宫较早，在太妃宫里，有没有让你感兴趣的事，说出来让朕乐乐。"

刚刚还说是差事，片刻时间又是乐事。皇上万几宸翰，问起这件事定有蹊跷，孙敏回想一会儿，说："有好多，不知道皇上说的哪方面。"

"银子。"

孙敏吃了一惊，眼睛直直地看着皇上，说："皇上为何关心这件事了。皇上不会认为太妃如何吧？"

皇上笑了，说："别胡说，太妃是朕最尊敬的人，也是最疼朕的人……"

"皇上，最疼皇上的是太后。"孙敏提醒道。

"对，朕是想起了一件事，总是记不清了，想对一下。"

"哦，平时这些事臣婢不放在心上。那时每月都有钱财进来，也有大的进项，臣婢不懂。这好办，问巧儿就是。"

巧儿一边回忆着，一边说："奴才知道一些，太后虽然贵为六宫之主，钱财上却不在意，只让贤妃娘娘打理。太妃虽然不识字，却打理得井井有条。奴才也参与过一些东西。钱财有几方面来源，宗人府发的例米例银；人们送的年例，如各省上来的冰敬、炭敬；节日收到的礼物；还有一项，奴才不知道来自何处，一年要进几次，数目很大。看样子不是来自同一个地方，太妃不令我们经手。但是奴才知道，这一定是不想令人知道。现在我们长宁宫捉襟见肘，奴才也好想有这个进项。"

明白了，不需要再问。朱瞻基得到证实，看来，汉王利用了太后。皇上也只能在心里叹息而已。

见阁臣之前，朱瞻基宣盛寅进殿。朱瞻基不似他的父皇。朱高炽做起事来耐得住烦乱，不怕琐碎，千头万绪，迅速理清，这大概是奉天靖难时养成的习惯。而朱瞻基有时玩心太重，不屑于一些细事，他推崇宰相重牛喘而轻人命。家务事更是不屑，他深知，清官难断家务事。

但是，朱瞻基在惠妃这里嗅到了不同寻常的味道。

"盛太医，上次朕为何责罚你，你应该心里有数。就是你吞吞吐吐，一些事说不清楚。今儿个朕找你，过去这么多日子，你该想起些什么了吧？"

盛寅心里有数，今日皇上召见，肯定与此事有关。做太医这个职业就是如此，朝不保夕。晚上还领到皇上赏赐，次日早晨可能就看不到初升的太阳。

太祖高皇帝有制，不准难为太医，即使治病有误，出了人命，也不准对其施行。太祖说，医家有割股之心，医者仁心，没有想把人治死的。这是官面话，太祖私下对太孙允炆讲，最不能得罪的就是太医，他能做到一剂见效，毒死任何人而不露痕迹；也能长时间不见效，下了慢药，慢慢要人性命。他还讲了厨子，也是这个道理。

只是后人早忘了太祖教诲。太医院的郎中们每天都如履薄冰，不知道突然哪里出错，就会被拖到宫门外杖责。

盛寅是大使，五品前程，惠妃不豫，他也只出过一次诊，出了问题也照样负责。他看皇上气色平和，说："臣敢保证，在医药上不会有问题，如果真有问题，那也是出在煎药以后环节。臣浅见识，皇上圣断。"

"好吧，你说得倒是明白，生受你了。记住，秘之。"

盛寅告退，皇上把王泰喊进来，嘱咐几句，王泰退出。皇上现在不敢找侯显，感觉侯显太复杂，不像金英、王泰、荣儿、吉祥这些人单纯，这些人只知道忠于皇上。

随后皇上召见哈剌多。皇上问："哈剌多，去了都察院，好久没递牌子了，你应该知道朕找你何事吧？"

"回皇上，臣明白，只是不好面见皇上，有人会起疑，臣以后差事就越发难办，皇上明察。臣发现我们总宪和湖广频繁通信，是杨居正。此外还有广东、江苏、福建。"

皇上点点头，说："难为你了，这么短时间能查到这些不错了。和山东、河北有没有书信来往？"

"回皇上，臣没发现，应该是没有书信。但臣发现杨丰经常去总宪府上，游走于刘府和吕昕大人府上。哦，他是礼科都给事中。还有一点，总宪管家和我们都察院都事程淦经常一起外出，没有旨意，不敢跟着。"

"你做得很好，不要跟，尤其不要打草惊蛇。哈剌多，你在锦衣卫多年，和东厂合作办差，朕问你，你认为谁更适合做厂公？"

"督主金事寿海。"哈剌多不假思索地说。

"哦，回答这么痛快，因为他是蒙古人吗？和你同族？"皇上似乎在开玩笑。

臣下可不能那样认为。哈剌多赶紧磕头说："皇上应该了解微臣，举贤不避亲，举恶不避仇。何况臣和寿海无亲属关系，在私事上也素无往来。作厂卫和锦衣卫不同于其他衙门，张昶大帅讲过，既得有霹雳手段，还得有菩萨心肠。最主要一点，要识大体，人品贵重。臣以为厂公非寿海莫属。"

"朕明白了，哈剌多，你就是一个识大体的人。别忘了你的差事。还有，明日你们总宪势必问起你进宫一事，你要早作准备。"

"臣已经想好，不能等他问臣，臣先告诉总宪，进宫是为了办锦衣卫的差事。"哈剌多奏报后告退。

几天后，夏至传太后口谕，午时请皇上回清宁宫清心阁用膳。皇上躬身聆听，答应着，夏至告退。

皇上到清心阁，原来只有母子二人，就在大厅，宫门令兰儿带着尚食局女官在布菜，见礼毕，皇上坐在下首。

皇上心里打鼓，他知道不会只是吃饭这么简单，但不敢多问，坐下用膳。大厅内外，一声咳嗽不闻。皇家礼制，食不言寝不语。可以有五音十二律，也可以有八佾舞，但不准高声喧哗，以示对食物艰辛之敬畏。

很快用完膳，母子走到里间，重新见礼，上茶。张瑾说："皇上登基以来，咱们母子坐在一起说说话的时间都没有，更不用说在一起用膳了。今日皇上弃万几宸翰，陪哀家吃顿饭，哀家高兴着呢。"

太后开口说话，皇上做出洗耳恭听的样子，说："是儿皇不孝，母后训诫。"还是不问有何差事。

太后无奈，只好说："皇上登基快一年了，一些朝政也理顺了。哀家想，子嗣之事，关乎人伦，关乎天家传续，哀家想在下个月选秀，为皇上选十个后妃。"

"母后，儿皇惭愧，儿皇这么大人了，还要母后操心。儿皇想，还是按制纳妃就是，搞得太过张扬，会被藩王非议，母后三思。"

"这次不但是皇上纳妃，宫里各方面都需要换人了。迁都北京，只有一次还算得上是有规模的选秀，然后就没有再选过。宫里各处，一个个和泥塑的小鬼一般，也得将就着用。皇上想，南北两京后，宫人一分为二，在京师还有多少人？不用算也知道。那年朝鲜妃子一事，文皇帝清理一批。一些女官到了年龄，都放了出去。先帝、皇上两次登基，大赦天下，又放出去两批宫人，现在所剩无几。还有你那些弟弟们，差不多市井夫妻一般，一夫一妻，这如何得了？你媳妇病恹恹的，只好哀家说了。"

"儿皇不孝，媳妇不孝，让母后操心。这些可以让贵妃操持。母后对她还是了解的，替母后分担，也减轻儿皇罪过。"朱瞻基打蛇随棍上，赶紧提出来。他等待着母后的不满。

"正该如此，"出乎皇上的意料，太后一口答应。皇上瞬间怔住了。太后没理，继续说："第二件事就是四月初八庙会，哀家想好了，去五台山进香祈福。乞求赶紧生一个太子。"

这事朱瞻基早有耳闻，也在悄悄地布置，已经口谕张升暗作准备，遂道："母后为了儿子，长途跋涉，儿子心里不忍。母后若去，儿子陪同。"

太后似乎并未惊讶，点点头说："也好，出去散散心踏青。五台山也不远，也不误皇上办差。"

皇上以为太后主要是为了这件事，听见外面未时梆子响了，站起来说："母后若无其他事，儿子先告退。"

"也没有什么事，去办差吧。"朱瞻基心里一阵轻松，跪下磕头。太后喊道："兰儿，扶皇上。"兰儿没等到前，皇上起身，后退着就要告辞。

"哦，想起来一件事。皇上，刘观的儿子怎么了？他母亲昨儿个进宫，给哀家哭了一阵。哀家知道国法无情，可人心都是肉长的，哪个儿子不是娘的心头肉？如果能过去的就过去吧。当然，哀家只是说说，不干涉你们。你去吧。"

皇上万万没想到，母后在这里等着他。在这一瞬间，他的思路一下子通了，似乎所有事都有了答案。他又跪下说："儿子会考虑的。儿子有句话不知当问不当问。"

"皇上，你是哀家肚子里爬出来的，有什么不当问的？尽管讲来。"

"儿子糊涂，不知道皇家和刘观有何瓜葛？儿皇唐突，母后恕罪。"

这话问得非常无礼，太后瞬间恼了："皇上，率土之滨，莫非王臣，刘观他们也是皇家臣子。"

"母亲息怒，儿皇之意，他刘家是不是有恩于我们。比如，生活用度。"皇上豁出去了，机会稍纵即逝。既然太后提出这个要求，再不问个明白，无时日矣。

"其实也没什么，皇上知道，皇宫日子过得一向拮据。先帝储位东宫，在永乐十七年，位置稳固，东宫日子也好过不少，主要是刘观。”

尽管张瑾说得隐晦，也算是挑明了。朱瞻基知道自家日子过得拮据，尤其是迁到北京，处处捉襟见肘。朱瞻基跪在地上，挥挥手，张瑾说："只有兰儿，不用避她。"皇上还是不讲。兰儿赶紧说去端参汤。

"母后，我们可能掉进别人的陷阱，我们的东西只是一部分。这么讲吧，人家吃肉，我们喝汤。"

人家，别人，张瑾当然知道所指何人，她瞬间怔住了，脸色一点点变化，最后变得灰白，只说了一句："哀家有数了，你办差去吧。"

皇上没有得到懿旨，不知道是不是可以动这个刘举。他想，看金英他们举动再说吧。

第三回

见巡抚三司行拜礼　打秋风清客做功夫

　　周忱和金英初到广东时期，正是备耕时节，早稻该育苗了。他们商定到南海、番禺走走，看一下备耕情况。他们走访了碧江、蓝实、大沥。这些地方都是广州粮仓，尤其是蓝实，东江从这里切割而过，大大小小河流数十条，土地平阔，是水稻的天然产区。

　　这里人们都在平整土地，人们光脚在水田里耙田。周忱懂这些东西，看了一下育苗，已经快长成了。连续走了几个地方，大问题还是一个，土地兼并。官田租税居高不下，私田逐渐归在少数人手里。很多人逃荒，有的北上湖广，也有的渡海去了琼州府。湖广也有南下的在这里成为佃户，有一部分被强行归为军户。

　　周忱几人心情变得沉重起来。

　　周忱看到一个滑竿过来，有几个小厮随着，滑竿上坐着一个四十多岁的财主，金英赶紧上前问候。财主摆摆手，滑竿停下，财主拿过身边水烟袋，呼噜噜吸了几口，说："解元，有礼了。"

　　金英看他如此无礼，也不生气，唱了一喏说："员外这是要下田吗？还不到插秧的季节吧？"

"快了，半个月后，就是忙季了，在下这是在作准备。"

"育苗后，等着插秧就是了，还准备什么？"

"劳力，最头痛的是功夫（雇工），许多人把田给了在下，他们去逃荒了。在下哪里去雇那么多功夫？只好早下手，免得到时候手忙脚乱，误了农时。"

"功夫很难雇吗？"

"难，解元可能不信，家里但凡有几亩田，都为此犯愁。前些年还好，这几年，人们都跑出去讨生活了。"

金英答应着，大脑迅速翻腾，问道："员外雇功夫怎样计算工钱？"

员外打量金英一会儿，说："解元有亲戚要干？"看金英点头，接着说："一天三十文，早晨卯初开始，进入午时就休息。午后未时开始，到太阳落下去。早晨吃粉，顿顿有米糕，有豆腐，每天有一顿肉菜，晚上外加二两烧酒。怎么样？"

这待遇太优厚了，三十文钱，不是钞。金英回头看一下周忧，周忧对南越话听得一知半解，他已经明白金英之意，点点头。金英说："学生有这样的人，只是把话说在前头，没干过这个活，你们得教教他们。"

"解元，你忙着，在下还得去走走。"说着就要起轿。

"不要钱，管吃住就行。"滑竿已经走了。金英喊道，"能有二十人。"

滑竿立即停下，倒着回来，落轿。员外说："你说的是实话？你哪里来的这么多人？看你打扮，不是牙子①。"

金英看他这样，心里有数了，笑着说："不是牙子，你要是答应了，学生就不另找下家了。"

"答应，为什么不答应？只要是正途，不违制就行。开始每人每天给十

---

① 对所有贩子的统称，这里是掮客、中间人之意。

文钱零用，做熟练了，和他人一样，三十文。你答应在这，在下就不找别人了。"

"哪能呢！员外贵姓。"

"免贵姓惠，解元……"欲言又止。金英明白，怕他反悔，那就会误了人家的农时，金英马上把挂在脖子上的玉佩解下来，在手里掂量一下，这是红锦送给他的。他微笑着递过去，说："惠员外，说定了。半月之内必到。"

将近十天，算着路程，大队人马也该到了，他们回到广州。派出人去北门候着。

车驾到了狮岭，派人来报。周忱下令他们继续南下，自己带人前去，在慕德会着仪仗，带着仪仗进入广州城。广东署理布政使郭瑄、按察使赵纯、都指挥使徐松都来迎接。刘清，字子期，是户部广东清吏司郎中，先由他与这些人接洽。周忱下了马车，只说偶感风寒，不便多说话，大家簇拥着去了书院巷临时设置的巡抚衙门。

各省经常下来这样的巡按，或巡抚，叫法不一，主要是清查府库。藩司下面各道台备好台账，对过无误，过几天，吃饱喝足，拿点孝敬银子，冰敬或炭敬，回京了。三司官员认为，这次也无非如此。

这次来的和往次有所不同，这次是带着自己的厨子、郎中等，一应俱全。各衙门都去人接洽，想为几位天使接风，钦差衙门均以各种借口推辞。

大家不知何意，连续十天左右，没有一点动静。这天突然挂牌办差，大牌子上赫然写道：钦差广东巡抚衙门，旁边还立着仪仗：代天巡按。当地官员面面相觑，这是什么衙门？藩台是二品，这些人是三四品，应该是下属，可人家又是钦差，持节杖，天子剑，口含天宪。

很快下了牌票，都司、藩司、臬司到巡抚衙门议事。这意思是都司也得听他们调遣，大家不知深浅，赶到巡抚衙门。在大门口有几个威风凛凛的牙将，钉子一般站在那里。服饰上清清楚楚写着"牙"字。大纛旗在风中猎猎作响。

几人一时难以判断，是不是走到了大将军营地。这明明是开府建牙、起居八座、坐镇一方的官员。尤其是都司指挥使，感觉和自己的衙门分庭抗礼。

刘清迎了出来，对各位躬身一揖，随后把手一摆做请状。几人满心疑惑地走了进去。金英走出来，干笑几声，说："不好意思，咱家来到这里十几天了，应该去拜访各位大人，谁知道……"大家客气着。

金英早都认出来他们，郭瑄就是元宵节晚上见到的那个仗义执言的秀才。枭台看了金英一眼，未作理会，走了进来。

周忱已经站在旁边，未吭一声，几人疑惑，细看一下，原来是那边供着圣旨和天子剑。几人大惊失色，赶紧跪下问圣安，金英代答圣躬安。几人在供桌前山呼舞蹈毕。金英虚扶一下，大家站起来不知道如何见礼。

金英喝道："有旨意。"大家又跪下。鸿胪寺少卿严凯，字仲盛，唱道："奉天承运皇帝，诏曰：先帝践祚，未经一载，龙驭宾天；朕荷祖宗基业，面南即位。登基以来，深知德不配祖宗，才不及先帝，唯朝乾夕惕，宵衣旰食，以勤能补拙耳。现天下无事，四海笙歌；百姓安乐，政治清明。然朕恐司、府、州、县不靖，官吏难守礼制，上蔽天听，下愚百姓。特遣数道官员，代朕巡抚各处，整饬官场，平明狱讼，抚牧百姓，均平税赋。使官吏司其职，黎民忠其事，老弱有所养，病残有所扶。天下太平，海晏河清。巡抚所到之处，各都、藩、枭司、府、州、县及各处耆老百姓，均受其节制。钦此。"

随即严凯拿出牌票又读了一遍。这些官员已经知道了，只是大家半天没有醒过神来。孙远喝道："四位巡抚大人请入座。各位大人，拜巡抚。"

这一声大家才醒过神儿来，明白此次巡抚不同于原来巡按，赶紧跪下，唱报道："广东都司、藩司、枭司……拜见天使。"礼成。

郭瑄说："各位大人，惭愧，以前未经过这样的事情，多有得罪，望天使不计小节，协力办差。"本来还有都司指挥使，但这次主要民政，郭瑄首先表态。

臬台赵纯感觉金英和周忱似曾相识，不知道何时曾经见过。几位大员都说改日给各位接风洗尘。

十天前，金英直接下牌票把锦衣卫南镇抚司镇抚潘玮唤来。潘玮已经接到了三司转过来的牌票，心里有几分不悦，这明明是多了一个婆婆。镇抚司名义上归都司提督，其实是半独立状态，称呼是镇抚司，其实是锦衣卫。他们双眼瞧天，对三司也是阳奉阴违，因而也做出诸多不法之事。

潘玮看金英是一个中人，气焰立即随风而逝。外放官员和京师官员不同。京师官员时常进宫，宦官要先施礼，然后侍立，目视官员离开，才能做自己的事情，不论你内官阶级有多高。当然，这是规定，到了永乐朝后期，已经走样了。

不论如何，京官不惧中人。外放官员则不然，他们最怕内官。在外任职，远离京师，六年升黜，全凭京师，不免忧谗畏讥，尤其怕皇上身边之人。他们认为，宦官都在圣上身边侍奉，一言兴邦，一言丧邦，对内官巴结犹恐不及，谁敢开罪？这也是文皇帝要太监监军的道理。

这不是文皇帝首开先例，自古有之。所有皇上都一个心思，太监是自己的家人。

潘玮非常恭谨，请示差事。金英下令，明日令人带着一总兵丁到巡抚衙门，等候差遣。

正式开始办差前，周忱把几位副使和经历召集训诫："我们奉圣上之命，远离京师，到这烟瘴之地，就是要还百姓一个朗朗乾坤。本抚堂不管你们原来是干什么的，是谁的人，做过什么好事坏事，自今日起，只办广东差事，其他事情一律停止。本官说这话你们都明白。本官对你们还是放心的，但是堡垒往往从内部攻破，千里之堤，溃于蚁穴。你们都是饱学大儒，这些话不用本官说吧？"

这话听上去笼统空泛，其实几位都心知肚明，离京之前，各方面都找谈话，有的自己还要上门虚心请教，如自己座师，房师，同年居高位者，几乎每一家都塞进人来。也不知道从何时起，这似乎成了规矩，这些人来干什么，大家都懂。

周忱之意，这些人会坏了大事。几位官员不以为然，来的这些人都是白身，有的只是家奴，有的是来衙门打秋风者，还能左右差事？

周忱看大家不以为然的表情，心里一阵冷笑。别看他一直做京官，在京师交友之广，无出其右者。在外出巡查的官员大多数坏在这些打秋风人的手里，他们没有什么节操，出京目的也很单一，弄几两银子。

周忱说："各位大人，说实话，本官出京时，也有人关照过，怕兄弟人手不足，送来几个，本官婉拒。到最后还是带来三个，实在是难以拒绝。本官之意，今天把随带的、不附于吏部或不是本次官差之人名单尽数报给金内相，由金内相安排。如果有隐匿者，别怪本官翻脸，多年同僚脸面可就没了。有一点你们放心，本抚堂一定让他们达到目的，否则，本抚堂用自己银子补上。"

这是周忱和金英早就商议过的。很快把名单、职位报上来了。从名单上看，大多数是打秋风。

打秋风，也称打抽丰，意思是"因人丰富而抽索之"，在历朝历代司空见惯，大多数是亲戚、同年等，遇到困难上门求助，做官者不能不管。如果不管，那就会给人以无情无义的印象，只好拿银子。问题在于给少了不够来回盘缠，给多了，官员哪里有那么多钱？只好先令其在府上吃住，等待时机去捞银子，双方都有面子，似乎是打秋风者自己赚来的，彼此还不伤面皮。

次日，金英把这些人召集在一起，二十人，杂色服饰，多数是秀才服饰，有的是青衣小帽，家丁打扮，年龄不一，最大的已近六十岁。

金英开始训诫："各位先生，咱家和众位从京师到这里，万里之遥，这是缘分。咱家明白诸位为何不辞辛劳而来，大家就不要说出来了，心里有数即可。"大家都会心地笑了。

金英接着说："既来之则安之，咱家给大家找了一个好差事，保准让大家搭背鼓鼓地回京师。"说着，一个哨长进来，拿着衣服，是广东人常穿的衣服，有几分旧，还好，没有破损。大家看不是长衫，心下疑惑，不知何意，不敢乱问。

金英说："大家穿一身，带一身，找适合自己的，咱家带着各位去办差。"

原计划让孙远带去就行了，后来周忱、金英两人商议，这是大事，怕他们闹腾。这些人是这次差事是否顺利的关键。黑塔雇来几辆车子，浩浩荡荡地来到蓝实，找到惠员外府上，庄丁通报。

金英对着二十多人说："从今天起，你们就在这里办差，这是和你们主子一起商量的，每天一两银子，回去衙门和你们结算。记住一点，不论怎样，也不要说出自己的身份。有一个泄露，立即处死。"

大家简直不相信自己的耳朵，那时候何人能见到银子？连那些低职级官员都很难见到。银子就是天，五口之家有一两银子，一月不愁生计。一天一两银子，一个月就是三十两，有这三十两就行了，不虚此行。

一个管家模样的人出来了，说："老爷下田了，小的这就带他们过去。相公真是信人，这里为了功夫正焦头烂额呢，有好几家为了抢雇功夫大打出手。"说着，把东西递给金英，是金英的玉佩。

金英看一下自己人，茫然无知，他们根本听不懂管家在讲什么。金英说："随着这位大爷去办差。咱家就回去了。"一个人跑过来，问了金英几句，金英点点头。这人是金英布在里面的眼线。

金英回道广州，镇抚司百户所带的一总兵丁在巡抚衙门候着。金英一句话未讲，把手一挥，他自己钻进车里。黑塔和百户随后跟着，令百户不解的是，车子直奔军户所。

第四回

捉徇内副使生嫌隙　遭杖刑同知吐实情

"把这里围住，不准一个人出入，违者按同罪论处。"金英下车，凶神恶煞一般，看着目瞪口呆的百户，喝道，"为何不动？"

百户说："大人，借一步说话。"

"不要废话，行动。"

"这……卑将……"

金英停下脚步，狐疑地看着他，说："潘玮派来这么一个尿兵。黑塔，这些人都归你指挥，按原计划执行。"

早有人跑了出来，是冉璐，大声呵斥百户。

"冉璐，前面带路，咱家要见刘举。"金英大步向里面走去，喝令冉璐道。

冉璐一怔，问："大人认识下官？"金英没理他，严厉地向里面指了一下。

金英在滴水檐下，被军户所的兵丁挡住去路，足有一总旗人马，张弓搭箭，杀气腾腾。镇抚司的官兵护在金英前面，喊道："你们让开，钦差老爷要进去办差。"说着就要护着金英向里闯去。

冉璐跟了过来，喝道："你们镇抚司的眼睛瞎了，这是哪里看不见吗？你看这些士兵，和你们是不是一家？退下。"这话都不用说，镇抚司的雷声大雨点小，吆喝着早都站在那里，根本没有厮杀的意思。

黑塔焦躁起来，喝道："你们要造反吗？这是朝廷钦差副使，快放下刀剑，让知所大人迎接钦差。"

冉璐早已跑到滴水檐下，喝道："不管你是什么狗屁钦差，到这里就得守规矩。内相，你先让你的人收了兵器，一切都好说。"

黑塔大怒："各位听着，本将府前卫副千总，到此办差，挡我者死。"大家早都看见他的五品武官服饰，听他吼这一嗓子，都胆怯起来，看着冉璐。

黑塔说："你这个八品前程的小官，敢辱骂钦差，你已经是钦犯了，来人，先摘掉他的乌纱，然后押往巡抚衙门审理。"

金英十分赞赏地看了他一眼，孙远慧眼识人，开始金英看他是一个蒙古人，颇为轻视。现在看来，他文武全才。冉璐只这一声狗屁钦差，就可以拘捕他，这一点正被黑塔抓住把柄。

府前卫的兵丁冲上去，军户所的兵丁向后退了几步，一时不知所措。这是老爷兵，平时欺负百姓可以，想和这些精挑细选的精兵相比，天壤之别。

"都住手。"正在不可开交之时，一声断喝，走出一人。令金英大吃一惊，此人二十五六岁，身穿六品文官服饰，相貌堂堂，一脸随和，对金英拱手一揖。

金英想，这样一个人，为何连臬台赵纯都对他礼遇有加，看上去他不是飞扬跋扈之人。金英知道，军户所就是前朝的奥鲁、站赤，是肥差，肥得流油。三年清知府，十万雪花银。有人说在藩司军户所强过知府。

永乐年间一度改为军户司，知司五品，各府衙设分司。后来朝廷看和三司分庭抗礼，有尾大不掉之势，随即恢复六品知所。但其中奥妙，尽人皆知。这个衙门等闲之人很难进来，大多数是衙内。

"下官刘举，来人一定是金内相了。"说的是官话，非常标准的直隶官话。

金英也不废话，喝道："拿下，所有账册封存。所有人等缴械，等候处理。"

刘举还是一脸平和，摆摆手，让大家放下刀剑，说："金内相，看好了账册，少了东西，你仔细着。"

这是对上差说话的口气吗？将士们都愣了。金英也一下子怔在那里，没等他说话，刘举已经钻进了自己的车子。

回到衙门，臬司三台张焕已经候在那里，周忱陪着说话。看金英进来，大家互施一礼，都是熟人。金英笑着说："你们动作够快啊。你们台总没亲自来，这出乎咱家的意料。"

张焕也笑了，说："臬台大人知道下官和二位交好，不阴不阳地敲打我几句，责备我知道二位大人微服到粤，不告诉他。知道你们去了军户所，马上派下官来关说。恂如兄，子由兄，这个刘举不是好惹的。"他说着话，随手从袖子里拿出一个包裹，说："恂如兄，已经备好，铁证如山。"至于刘举如何不好惹，未作过多解释。

周忱大喜。那天在陶然居吃酒赋诗，到了二更，大家散去，周忱把张焕和林桓留下，在隔壁吃茶。周忱说："思安兄，兄弟有事请你帮忙。这件事只有你和远仁大人能帮我。"

"恂如兄尽管说，小弟虽不才，也知道几位此来是为朝廷清理军户和赋税的。现在闹得太不像话了，如果用得着小弟，小弟愿助一臂之力。"张焕慨然应允。

"我想让兄弟利用职务便利把到贵衙那些告状人的材料转过来，越快越好。"周忱说。

张焕说："恂如兄，你想干什么？"

周忱看他这样，以为反悔了，赶紧说："是兄弟唐突了。天也不早了，改日再聚。"

林桓笑了，看了张焕一眼，说："学生和大人早都想到此处，给你们材料也没用，你们多有不便，只是一个语言就寸步难行。思安大人已经准备好了，这件事就交给学生吧。在你们审案之前，一定放在案头上，绝不误各位大人。"

喜从天降，周忱离座，躬身一揖，谢过两人："大功告成之日，一定奏明圣上，为二位请功。"

周忱拿起沉甸甸的材料，心里有底了，冷笑道："放心吧，就是皇亲国戚也难逃公道。思安兄请回吧，兄弟知道你会圆全的。他赵纯有本事自己来找我。"

张焕笑了，说："他一定会来的。"说完走出来特意和刘举打个照面，刘举装作不认识，走了过去。

金英带着刘举进来，刘清和严凯还蒙在鼓里。书吏报告，周大人让两位大人去审案。两人莫名其妙，只好来到大堂。

这时已经在审了。刘举微笑着说："看到牌票了。周抚台，金内相，下官不知道你们的差事和我们军户所有什么关系，请赐教。"说话声音不高不低，温文尔雅，不卑不亢。

"见到本官为何不跪？还口称下官，你是何等草料，敢称下官？来人，扒掉官服，杖二十，然后再说话。"周忱大怒，手持火票，就要丢下去。

"十六弟，你来到我们衙门为何不来见我？"刘清一句话，所有人都愣了，人们瞬间感觉到尴尬。

他们的名字和姓氏，已经说明问题了。大家都知道，刘清是都察院左都御史刘观的亲侄儿，这个刘举也必是刘观的家人。

刘清看了一下，瞬间明白了，对着大堂之上的几人拱手一揖："周大人，子由内相，这是下官十六弟，能否透露一二，他怎么了？"这是说话技巧，如果说他犯了什么事，那就是打擂台，而这属于请教，真正的请教。

"见过五哥。五哥，人家把你弟弟都带到大堂上了，你竟然还蒙在鼓里？家父来信，你还是副使。这官当得有点……咳咳，兄弟不敢再说了。"

刘举在哥哥这里说话就放肆了许多，但这已经向人们告示，他们是亲亲的堂兄弟。

周忱和金英对视一眼，都觉得十分为难，在心里骂阁臣。大堂足足寂静三分刻，金英站起来，走到刘清旁边，说："子期兄，请更衣。"

两人走到一边，没等金英说话，刘清先发难了："金内相，下官平时操守还可以吧？"

"当然可以，子期兄明辨是非，君子风范。但今日之事，却有几分意外，一路走来，也没听子期兄说起此事。好了，不知者不怪。令弟也只好听天由命了。"金英一时不知道怎么去解释。

"金内相，说句不怕得罪你的话，你毕竟是内官，一些事不要参与太多。"刘清说。

金英满腹狐疑，看着刘清，半天才说出话来："咱家脑瓜子转得慢，这半天才明白，原来你不用咱家做工作，你也不用求情，直接就这口气？咱家如果没说错的话，这算不算是威胁？"

"金内相，随你怎么想，下官和你一样，也是副使。你把下官叫过来，有什么事吗？如果能帮忙，兄弟感谢；如果劝我，那你也得考虑，毕竟不是你弟弟。"

刘清这话已经撕破脸皮，金英心里窝火，不好说什么，刘清说得好，这毕竟是人家弟弟有事。金英能有今天，当然不是泛泛之辈，说："刘大人和咱家想的一样，咱们都是副使，你自己看着拆解吧。你忙着，咱家回去听差。周大人喊时不在，他会发脾气的。"

"你不是他的奴才。"刘清急眼了，口无遮拦。

"咱家是奴才，是皇上的奴才，谁忠于皇上，咱家就听谁的话，做奴才也没关系。"金英不再客气，转身回去。多年经验，笑脸相迎的人难对付，这还没看着怎样就像狗一样乱咬人，反而好对付，随他闹去。

这时周忱也陷入迷茫，为什么会这么巧？刘观作为总宪，对百官有生杀予夺的大权，自己刚刚外放，第一把火就烧到他的公子，自己以后还想迁官吗？刘观这人奇怪，他为何把孩子放在这样的烟瘴之地？他看严凯也是一脸茫然，看起来他也不知道。

周忱看刘举坐在凳子上，似乎在闭目养神，悄悄地对严凯说："仲盛，你看这事咋办？"

严凯也低声说："误会了，一会儿下官去安排，让他们哥们儿聚一聚。抚台最好也出席一下。下官也有一件事问抚台，咱们出京时带来的清客到底去哪了。"

周忱说："兄弟说过，去打秋风了。这样吧，你先把刘公子请到后衙，会着刘清，好生款待。注意，不能跑了他，现在不知道什么样，放跑了拿你是问。"

严凯回道："有数了。"走下来对刘举说："刘大人，到后衙说话。"正好刘清也走进来。

刘举站起来，向周忱几人微笑着一揖，说："叨扰了，下官先和家兄说几句话。"刘清也不看周忱，瞪了金英一眼，几个人走向后衙。

金英把刚才和刘清说的话讲了一遍。周忱笑了："这样的人好对付，像刘举这样的才麻烦呢。先从冉璐身上下手。本官是挺倒霉的，碰见这么一个货色。本官属于牵着不走打着倒退一类的，不能雷声大雨点小，必须啃下这块骨头。一会儿孙远回来就好了。"金英对他跷起大拇指。

金英从军户所回来，感觉心里没底，黑塔毕竟是下级军官，不知道长官要什么东西，也不知道平时都藏在哪里。孙远年龄虽然不大，但办差老道，遂把孙远又派去军户所。

冉璐被押上大堂，眉飞色舞，意气昂昂，大有蔑视群雄的架势。周忱喝道："冉璐，你知道为什么拿你吗？"

"下官不知，请长官赐教。"

"又来一个！米粒大的前程，也敢称下官，先杖二十。"

这里还没来得及配备衙役，站在两边喝堂威的青衣是府前卫兵丁，不懂衙门里的规矩，拿起水火无情棍就是一顿乱打，打得冉璐鬼哭狼嚎，没等打够数，就开始求饶："大人，让小的说什么？"

"其他的不用你说，只说军户冒籍。"周忱一声断喝。

"小的知道的不多，都是上支下派。"

"加二十……"周忱大怒，下令。他心里明白，这大动静，后衙听得一清二楚，不抓紧突破，他们过来阻拦，撕破脸就不好了，本来金英已经这样。等拿出铁证，孙远也回来了，这是国舅，看他们还有何话讲。

冉璐连忙哀求饶命。周忱摆摆手，侍卫停下来。周忱问："冉璐，本堂问你，孙重九一案是不是你办的，从实招来，有半句假话，本堂请天子剑，杀无赦。"

"小的说实话。"遂把孙重九和佘氏冤屈从前到后，讲了一遍。周忱翻开材料，基本相符，喝令画押，接着问："冉璐，你已经触犯大明朝兵制和兵律，你会被问斩的。但是你要是戴罪立功，本抚堂帮你开脱。本抚堂问你，你们军户所这几年的花账和流水都在哪里？"

"小的不敢撒谎，小的能看到的花账和流水大家都能看到，至于有没有暗账，小的委实不知。"冉璐说完连连叩头。

这时孙远带着兵丁返回衙门，把搜出来的东西递给周忱。周忱看了一下，脸色阴沉着递给金英，金英扫了一眼，说："这是明账。周大人，看起来只有你从刘举身上突破了。"

"来人，请刘举知所大人。"周忱喝道。金英赶紧让兵丁把冉璐押到周忱的金押房候着。

严凯和刘清陪着刘举走了过来。刘举还是面带微笑，面色平和，进入大堂向几位官长作了一个罗圈揖，在凳子上稳稳坐下，青袍上绣着练鹊的补子晃动着。这只是一个六品官，如此做派，孙远早看不下去了，金英向他递了一个眼色。

孙远大喝一声："你是何人？见到抚台和副使为何不拜？"

严凯赶紧说："继周将军，这是……"

刘举摆摆手说："仲盛大人，少安毋躁。"他竟然称呼副使严凯表字，孙远感觉这不是一般官员，但他是国舅爷，有何惧哉？

"下官刘举，足下何人？"

第五回

令色巧言见微知著　欲擒故纵内紧外松

孙远大怒："你是个什么东西？！见到我们抚台长揖不拜，称呼我们副使表字，本将今儿就治你藐视上宪之罪，来人，先杖责二十。"兵丁们冲过来。

严凯赶紧说："继周将军，使不得，他是……"

"你爱谁是谁，先打二十，再不悔改，试试爷的宝剑。爷杀你一个小小六品官，还用请天子剑吗？告诉你一句实话，杀你如屠猪狗。"孙远明白金英之意，也看出来刘举来头不小。

刘清实在坐不住了，赶紧站起来对孙远躬身一揖，说："孙将军，此舍弟，少不更事，不周之处，看同僚份上，让一面吧。下官有礼了。"说完唱了一个肥喏。

孙远一下子愣住了，看了一眼金英，金英点点头。

孙远放下脸来笑着说："哦，本将说话重了，原来是刘观的公子，不是猪狗，抱歉了。子期大人，对不住。令弟少不更事，你应该更事吧！这是两个衙门的事，不是私事。本将刚从军户所回来，一切都明白了。你就劝劝令弟，把该说的都和咱们抚台说明白了，最后咱们大家想办法周全，这样多好！何况，子期大人，这本来也是你来粤的差事。"

刘清听他满嘴不干不净，指桑骂槐，心里有气，不敢顶嘴，说："下官也是钦差副使，没接到圣上查军户所的旨意。下官知道，周大人是抚台，有密旨也未可知，要想查舍弟，请拿出旨意。"

这是打擂台，孙远不再客气，大喝一声："刘子期，你这是公然护私。你现在已经不适合再担当副使了。"

周忱心里大乐，孙远确实不是一般官员，他接过来说："子期大人，根据我们大明律，这件案子你得回避，你还是查你本部的差事吧。从明天起，你去粮道对账，把你带来的照磨、典史都带去。现在我们审案，你随意，在这里也成，但是不要讲话，否则本抚堂有理由相信你在与被审人犯通话。"

"周恂如，本官也给圣上上奏章参你。"刘清暴跳如雷。

周忱只觉得火往上蹿，吼道："那是你的事，你还可以给你叔叔去信。本抚堂现在审案，你请便。"

孙远看刘举还是气定神闲的样子，吼道："刘举，你是人犯知道不？来人，拖过来先打二十。"

"慢着，"院子里有人喊道，"臬台大人到。"

周忱疑惑地看了孙远一眼，为何谁也没听见鸣锣开道声？不容他多想，赵纯已经进入大堂，走到案几前，躬身一揖："大明朝御赐三品按察使赵纯见过抚台大人。"

周忱欠身还礼，赵纯说："抚台大人，军户所案子，我们已经接到状子，正在审理，不知为何巡抚衙门接手此案？下官不解，请大人赐教。"

"你们审案，咱家就在现场，你们就会讲一句话，去写状子来。哈哈，咱家发现，你们臬司当官真容易，不出半个时辰，告状的都被打发了。臬台大人，应该想起来咱家吧？"金英哈哈大笑道。

赵纯看了金英几眼，又扫了周忱几眼，显然是看出来了，是那天打闹的两个生员。周忱有几分赧然，赶紧站起来，躬身一揖："赵大人，那天孟浪了，恕罪恕罪。"

赵纯也笑了，说："周大人言重了，何罪之有？两位大人不俗，下官见识了本朝官员风采，幸何如之！"

周忱和金英互视一眼，看对方一脸尴尬，赵纯这话听不出来褒贬之意。周忱坐下，敛容道："既然臬台大人来了，请一起审理，来人，给臬台大人设座。"赵纯沉思一下说也好。

周忱看着赵纯在侧面落座，欠身道："臬台大人，审案子你才是行家，多指教。"转头对刘举说，"你先说一下孙重九军户案子，正好赵臬台也在。"

刘举脸上显出迷茫，但依旧微笑着说："抚台大人，下官愚钝，好像听过这个名字，但实在记不起来了。各位都知道，一些事不用下官去办，下边的人办得已经很妥帖了。"

周忱没有什么审案子经验，觉得他说的是实话。看起来万事都不是一蹴而就的，想忠孝如古人某，廉洁、清明如古人某，那只能在说书唱戏时才能做到，真正事情临头，才知世事艰难，事非经过不知难。

赵纯坐在旁边，暗暗喝彩，刘举才是一个真正的高手。对周忱他不免在心里冷笑，看周忱如何施为。

金英看出周忱的尴尬，他已经得罪了刘清，不用顾忌面子，他拿起惊堂木，连拍两下，喝道："刘举，刚才孙将军说过，不要在这里称下官。你是人犯。咱家问你，你们卷宗如何存放？是何人用印？何人签署？"

刘举脸色微变，这个阉竖，问到点子上了。他站起来躬身答道："内相所言极是，都是下……哦，卑职签署。卑职还是很信任下面的，只是扫一眼，知道不会办出出格之事，也就大意了。也许会出现错误，这也在所难免。当然，这似乎是卑职为失察找借口。"

金英看了周忱一眼，周忱立即醒悟，这就是突破口。他明白，金英只是打帮腔，主审是他周恂如。金英说话过多，势必会引起严凯的不满。

周忱说："刘举，今天咱们先说你的失察。大明律你应该懂，失察造成重大损失，也要定罪。这个孙重九和佘氏，只是冰山一角。本抚堂如果没有证据敢去军户所抄衙吗？现在本抚堂可以告诉你，你触犯了大明律失察之罪。来人，扒掉官服，押往镇抚司大牢。"

"等等。"严凯看兵丁如狼似虎冲过来，赶紧制止。"抚台大人，过失罪是由三法司审理定罪，我们只能……"

"严大人所言，某岂不知！只是这样的无赖官员无需繁杂手续，本抚堂代天巡抚，先斩后奏。来人。"周忱丝毫不为所动。

赵纯赶紧站起来，摆摆手，示意兵丁退下，对堂上躬身一揖说："下官以为，严大人所言，正合礼制。抚台大人初到鄙治，欲施展拳脚，以报圣上，下官理解。然朝廷律法为大，不能逾越才是。"

在场人都听得明白，言外之意，周忱作为钦差，藐视律法，擅作威福，滥施刑罚，打击属下，排挤同僚，意欲邀宠。这几条任何一条报于朝廷，周忱都得摘掉乌纱。

周忱说："以大人之见，该如何？"

赵纯心中一声冷笑，你周忱四十多岁，不在官场历练，还和顽童一般。官场之中，大家要的是一团和气，同僚之间，无论怎样鸡争鹅斗，在共同利益上，都步调一致，一损俱损，一荣俱荣。这点道理都不懂，还到这里来擅作威福？

赵纯不解，朝廷为何派出这么一个毫无办差经验的人来粤巡抚？他说："抚台大人，下官多年来一直在臬司衙门办差，熟知朝廷律法。刚才冉璐所说，只能定他冉璐之罪。刘举失察，并无大罪，何况现在他到底是否失察，还不得而知，朝廷办案讲求证据二字。下官以为，如果有证据证明刘举假借军户冒籍贪贿，也就是刚刚大人所说的暗账，不用说，下官支持立即法办。如果没有，当堂训诫，待罪办差，到最后定出结果。这是朝廷办案方略，大人明察。"

大家瞬间哑口无言，刘举一推三不知，都是下属所为，没有证据，连失察都算不上。周忱看了金英一眼，金英也是一脸无奈。周忱心里清楚，赵纯言之有理，不好驳斥，可是他又不甘心，正在踌躇，一声传唱："藩司有大人来访。"

"都司有将军来访。"

藩司官员刚到滴水檐，都司也来人了。藩司来了一个参政，进来施礼毕，呈上郭瑄拜帖，然后把一封信呈上。周忱看时，短短几行字："抚台大人钧鉴。刘举，衙门必不可少，如无证据，令其速归。下官谢过。"

都司来的是一个佥事，打千施礼，呈上都帅拜帖，说："请大人更衣。"不用更衣了，和他藩司是一个活。郭瑄送来几行字，都司只是传话。

大家都在宦场，这是只能意会不能言传的秘密。刘举出事，在粤诸官都在施救。各位官员还留了一手，自己并没有亲自到场，一旦审验清楚，刘举有罪，他们又可脱身。藩司虽然送来一封信，但细究起来，无丝毫关说意味，游刃有余。尤其是都司，只是传话，无只言片语留下把柄。

"刘举，这事本抚堂还要继续查，在查清之前，你要勤谨办差。冉璐是回不去了。来人，把刘举大人送回衙门。"周忱突然说，大家面面相觑。金英暗暗喝彩。

刘举毫发无损，金英却受伤了。

他是被一个飞奔的马车碾伤的，不清楚那个马车是否有意，马车是朝周忱去的。周忱是一文官，手无缚鸡之力，这个马车会把他碾成肉酱。侍卫远远跟在后面，一声惊呼后，一切都来不及了。

金英是中人，在宫里陪着当时的皇太孙读书，间或也学了一些弓马拳脚。原来不曾实战，近几次办差，总算用过几次，也在战场上真刀真枪实战过，自不比以前，更不是皇上他们那花拳绣腿所能比。危急时刻，他飞身跃起，托起周忱向外扔去。这时马车已经冲过去，他自己被马车尾巴横扫一下，倒在地上。这时周忱已经被摔晕了。

两个侍卫顾不上马车，赶紧跑过来救人。金英腿不能动，但是很清醒，喝道："别管我，马车。"侍卫醒过神儿来，马车早已经不见了踪影。

他们已经摸到了门路。那天放掉刘举，是周忱无奈之举，金英却大喜，私下对周忱说："大人果然高明。"

周忱以为金英在说风凉话，不悦地说："子由，这不是玩的时候。"

金英这才知道他误会了，赶紧说："是咱家理解错了，我以为是恂如兄有意为之，玩欲擒故纵之计。"

周忱何等样人，立即明白，说："子由之意，暗中跟踪？"

"对头，不管刘举如何精明，现在已经是惊弓之鸟，他一定会想办法确保暗账的安全。"

孙远也已经明白了，无不担忧地说："此计甚妙，但也有漏洞。既然是暗账，最好的办法就是一把火烧掉。"

金英笑着说："不然，他不敢。我们都看出来了，刘举是个精明人。这本暗账是祸也是福，他不会烧掉的。目前这把火还不够大，烧不到三司那里，他们还极力保刘举，一旦案子大白于天下，被掀了桌子，自保本能，谁也不顾是不是总宪公子。那时候刘举还得靠这本暗账呢。"

孙远吃了一惊，说："金内相之意，这里有三司之事？"

金英说："咱家敢保证，在宫里，这都司空见惯。我们有一句话，银子不是一个人赚来的，也不能一个人花。朝野内外都一样。继周，下一步就看你的了。你要是成了，我们这次差事就完成了大半。"

孙远已经和金英商量过几次，只是还不够成熟，未对正使讲起，遂道："明白，保证不辱使命。末将认为，最近刘举不会有动作，他太沉着了，末将自愧不如。"

"放心，我们慢慢耗，他耗不过我们。"金英似乎胸有成竹。

　　接下来好长时间，巡抚衙门好像对军户所这件事淡了。金英主动与刘清和好。孙远有意无意地透漏朝廷来信了，先抓好税赋这块，其他差事先放一放。

　　刘清把这些悄悄地告诉了三司，大家判断京师在起作用，应该和往日一样，不了了之。但是他们还是没有放松警惕。

　　刘清带着照磨和典史们到藩司核查数据，很快对上了。接下来发下牌票，各个参议掌印的粮道、盐道，拿着账册到巡抚衙门对账。每天衙门里都传出噼里啪啦的算盘声，大家都忙得不亦乐乎。周忧也特别上心的样子，每天必过问一遍对账之事，其实暗中在等待孙远的消息。

　　这是金英之计，明修栈道，暗度陈仓，明暗两条线。

　　孙远悄悄来报，明天晚上刘举有动作。开始孙远知道刘举是刘观的幼子，很不以为然。在孙远印象里刘举可不是这样，他是一个顽劣之徒，在国子监读书被清退。刘举父亲是总宪，国子监竟然不顾及面子清退其子，显见是忍无可忍。但是现在，刘举这个人看上去温文尔雅，大出孙远意料。孙远明白，现在这样，那是在官场熏陶的结果，看这架势将来要超过他的父亲。冉璐对刘举忠心耿耿，连暗账的事冉璐竟然不知，显见此人多疑，不相信任何人。

　　孙远相信一点，这些暗账总不能你刘举一个人做吧？有人做账就有漏洞。

第六回

论茶经放权孙国舅　下香饵垂钓龚照磨

孙远了解到军户所几个典史，他们都没有品级，只有照磨是九品官，主管所有证账。军户所照磨是刘举亲信，是从南直隶带过来的，叫龚福，是一个不第秀才。亏刘家举荐之力，他在吏部注册，而且刘举经常赏赐，家里逐渐富足，因而对刘举感恩戴德。

孙远想，世人都有弱点，总有自己的爱好，遂亲自尾随龚福。世人大多好色，这个龚福却不好色，也不出入赌场。几天过去，孙远几乎绝望。

这天军户所歇衙，龚福走进一家茶楼。这是靠近大江的一家茶楼，名字也很雅致，听江楼。孙远没了意思，这不算是爱好。孙远原来随妹妹在南京，感受到南方人都喜欢吃茶，广州吃茶更是花样翻新。早茶、晚茶、上午茶、下午茶，有时宵夜也离不开茶，当然，并非只是吃茶，也是吃饭。

他看见龚福走到楼上，没敢跟上去，尽管龚福和他素昧平生，还是谨慎为好。他不会讲粤话，坐在这里会引人注目，只好在外面驻足观看。

正在孙远百无聊赖之时，一个人唠唠叨叨地走了出来。他显然是在骂人，孙远听不懂，但是听到了龚福这个名字，知道他这怒火必是与龚福有关。看他走过拐角处，迎头撞了上去。这个人正没好气，当时就发火了。孙远赶紧赔礼。

这人看了孙远一眼："哦，北佬①，冇爷（没事），你走吧。"半官话半粤语，说得很蹩脚，孙远还是听得明白。

孙远说："谢谢，你没事吧？听你说着龚福这个名字，就停住了。"

"你认识龚福？哦，你们都是北佬，也难怪。告辞。"

"先生说对了，在下认识龚福，是对头。"

这人停下了，说："对头？是不是也欠你银子？你就认了吧，最好离他远点，他有官府身份，借钱不还。今晚在下就是来要账，还没等我张口，就被他骂了一顿，说我再聒噪，拿名帖送大尹那里打一顿板子。"

"他为什么向你借钱？据在下所知，龚福不嫖不赌，家里生计也还可以，借银子干吗？"

"在下王四九，三横王，放私利的。龚福斗茶，快把家底输光了。"

孙远只是听过斗茶，真没见过。他看准机会，说："兄弟还不曾吃晚饭，如蒙不弃，可否一起吃一杯？"

这人看了一下天空，阴云密布，要下雨了。他说："也好，走在路上也得淋雨，只是让先生坏钞②，不好意思。先生贵姓。"

"在下姓季名周，我们有缘见面，就如亲骨肉一般，何分彼此。"孙远说着，挽起王四九，走进一家茶餐店。孙远示意王四九随意点菜。

王四九开始还拿捏着，几盅酒下肚，话就多起来。他在放印子钱，吃的是羊羔息，耍的却是嘴皮子，大骂龚福无义。他说："季先生。"

孙远拦住说："你我是亲兄弟，不必称先生。"

"季兄弟，我不似那些放印子人那样黑心，现在，我只求把本钱要回来就可以了，其他我也认了。以后再不和官府人打交道。"

———————————

① 广东对北方人的称呼。后来含有蔑视语气。
② 委婉说法，破费的意思。

"大哥，兄弟没明白，斗茶倒是听说过，不知道赌茶，如何赌法？"孙远确实不懂，想探讨一下。

"也难怪。你是北佬。"王四九一盏酒倒进去，放下酒盏，吧嗒几下嘴，似乎感觉回味无穷，随即擦一下嘴巴，说："兄弟，赌茶这个活儿是个文明活儿，其实是斗茶，都是一些雅致人做的。当然，龚福也是雅致人，斗到现在走样了，成了赌茶。总之那不是我们这样人家玩的，我只知道是赌就好了，那就是我们的生意场。"

孙远点点头，打定主意，回去请教周忱。他使出手段和王四九吃得畅快淋漓。这里得有一个度，酒度数虽低，吃醉就前功尽弃了。孙远看王四九已经酒酣耳热，说："王大哥，兄弟有一注生意给你，大哥是否有兴趣？"

"没问题，都说北佬豪爽，今日一见，果然如此。你要是用钱，尽管拿去，我现在身上有几贯钱和几两散碎银子，也没有戥子，你回去自己称，到时候记得还我就是，我还要你利息不成？"

这个人倒是豪杰，会不会是吃酒的缘故？孙远说："谢大哥抬爱，小弟不缺银子，相反的，倒是想给你银子。"

王四九端着的酒杯悬在半空，惊讶地看着孙远，最后缓过一口气，放下酒杯说："原来是黄鸡党①。告诉兄弟，盗亦有道，我虽然赚的是印子钱，但不赚黑心钱。这么多年和贵帮从未打过交道，多谢款待，告辞。"站起来就要走。

孙远不明白什么党，什么帮，一把拉住他说："王大哥，你误会了，你的什么帮兄弟不懂，也没兴趣，坐下听小弟慢慢说。"

"你不是黄鸡党？"王四九狐疑地看着孙远，孙远坚定地点点头。

王四九坐下了，嘴里叨咕着："干我这行的，要是和黄鸡党连着码子，

---

① 专门拆穿别人把戏、从中吃回扣的组织，类似后来的拆白党。

不发财都难，我就是不干那断子绝孙的事。"

孙远听他骂得难听，自己这件事是不是黄鸡党勾当尚不清楚，心里有几分忐忑，遂道："我不懂帮派，不知道我要说的生意是否和他们一样。"说着朝王四九低声耳语。

王四九迟疑片刻，笑着说："这虽然不是黄鸡党手段，但也足够下作。好吧，我也不问你是干什么的，我相信你，我干了。"

孙远说："今儿个太晚，明日操作起来，事成之后，八十贯钱或四十两银子，随你选。"

王四九大喜，虽然在放着羊羔息，一年能有多少进项？他心里清楚，有一笔坏账就血本无归。两人约定好时间，敲定细节，作揖而别。

孙远回到衙门，把这件事藏在心里，这是他们的习惯，八字还没一撇，弄个满城风雨，不但事情不谐，还有可能功败垂成。他专门请教了斗茶。

周忱并不惊讶，知道他在办差中遇见这种情况，便不厌其烦地讲解了一下。

他说："在唐朝以前，茶不是这样用的，近似于调味品，就像广东煲靓汤，茶叶是其中的一味料。我们家乡茶树很多，有些地方把茶和各种菜肴放在一起煮，称作茶粥，叶子和其他东西一样都要吃掉，一点点都不会浪费掉。"

孙远惊呼："你们那里太富有了，是不是暴殄天物啊？实在可惜。"

周忱笑了，说："想不到孙将军是一位雅士。那时候还没有陆羽的《茶经》，自从有了这个，茶被文人雅士视为珍宝，才真正登上大雅之堂。人们才注意制茶、选茶、泡茶，最后衍生到斗茶。到了大宋时期，斗茶达到了高潮。"

"兄弟只知道斗酒，尊师曾棨斗酒一事在朝野广为流传，兄弟很小的时候就听说过。只是不晓得还有斗茶。"

周忱点点头说："不一样，大相径庭。斗酒讲求的是酒量，没有酒量不好意思参与。恩师酒量颇巨，被文皇帝称为'酒状元'。斗茶则不然，没有人说茶量。斗茶可是一个真功夫，难度要超过斗酒十倍、百倍。"

金英点点头说："咱家也听说过，先帝就擅长斗茶。斗茶量就没意思了。请问如何斗法？"

周忱说："斗茶也分两种，文斗和武斗。先说文斗，主要是斗茶品、水和茶盏。茶品以新为主，陈茶就不要上了，但是再好的茶没有好水也枉然。泡茶对水的要求很高，最好是流动的山泉水，其次是河水，最后才是井水。比如说京师玉泉山泉水，水清而碧，澄洁似玉，泡出茶来，果然不同凡响。"

金英听着兴起，点点头插言说："宫里用水试过好多地方，都感觉不好，最后文皇帝敲定玉泉山，的确不错。"

周忱点点头，接着说："还有就是茶盏。宋朝开始，一直以建州茶盏为最佳，也称建安盏。斗茶习俗是从建州开始的，那里有建安瓷窑，又是产茶的地方。兄弟认为这是一种手段，一种促销茶叶和茶盏的最佳方法。斗茶兴起后，有一条不成文规定，茶品基本以乌龙茶系列为主。而器皿，则是建州茶盏。"

金英笑了，说："果然高明，乌龙茶大多出于福建，怪不得福建成为茶乡。恂如兄，那武斗呢？不会是真动手吧？"

周忱哈哈大笑，说："武斗可不是打架，是斗五官，斗人之实力也。先斗嗅觉，限定时间，说出茶之品种、出处；然后视觉，看汤色；接下来味觉，品尝，验证前两项以外，增加茶品采摘时间、加工手段等。"

听得孙远、金英二人目瞪口呆。周忱看在眼里，未加理会，接着说："文斗、武斗加在一起，评出最优。真是过五关，斩六将，没有三把刷子，想斗茶乎？门都摸不到！"

孙远虽然也见多识广，听到这里竟然呆住了。但是他对这次差事更有把握了。

龚福最近手气极坏，连续输了五阵，输掉了二百多两银子。家底都被他输光，还借了许多。龚福最近见到放钱的只得躲着走。这天又输了一阵，搭进去二十多两银子，他走出来在小茶餐店吃酒，不觉悲从心来，一抬头，王四九就坐在身边。他十分无趣，说："王官人，你那两个银子，本官过几天就还你。你没见过银子吧？天天跟着。"

王四九四下看看，说："小的不是要银子的，这几天我到你斗茶的会所看过，打听了，你是这个。"说完伸出大拇指。

龚福笑了，指着王四九说："本官认识你这么多年，这句话还算是有些见识。手艺好又有何用？奈何手气不行。"

"大人，此言差矣，好坏手气不是一直跟在身边的。江山轮流坐，明年到我家，这就像你们斗茶庄家一样，轮流来。大人现在手气一直不好，但是常言道，否极泰来。"

龚福听到这里，这是话里有话，他有些明白，说："王兄言之有理，合乎大道。可兄弟囊中羞涩，借王兄银子还未归还，惭愧。"

王四九赶紧说："大人谬赞，可惜这几天大人就是不见我，其实我是在给你捞本的机会。大人尽管使出手段和他们斗，小的出银子，不要利息。"

龚福愣了一下，明白了，这小子不愧是生意场中人，他是在暗中跟了几天，发现他龚福一直在输。赌场没有常胜将军，更没有完败赌徒。赌博要靠运气，不能一直好运，也不会一直霉运。是时候翻本了。

很显然，王四九想搭车，赚几个银子，不限于那几个利息钱。龚福伸手指着王四九说："你们生意人算盘打得最响，你说吧，如何折算？"

王四九不好意思地笑一下，说："小的是看好大人，还敢和大人争？大人说吧。"

"也好，你供足银子，到五百两结清，给你十股之一。"

王四九环顾一下四周，说："大人，唐突了。"把龚福伸着那只手又拿出一根手指，十股之二。

龚福沉吟片刻，笑着说都依你。王四九说："如果输了，小的还得拿羊羔息，但大人放心，小的会优惠的。"

"奸商，你是一点不亏。店家，取纸笔。"

二人画押，以龚福宅子做抵押，龚福满意而去。龚福手里有五百两银子，但他并没有放开胆子，小心翼翼地试探着，在规模较小的茶楼斗茶，说来也怪，连续六阵，大获全胜，赢了近二百两银子。手里有了银子，龚福胆子大了起来，到听江楼去试试手气，一阵赢了一百多两。这是好运来临，他放开胆子，连续几阵，全胜，银子翻了两倍。

他算了一下，还完外债，再给王四九，所剩无几。他也发现这个斗法早晚还得陷进去。他准备金盆洗手。

次日，他把王四九找到一家茶馆，计算本利。王四九大喜，说："大人，小的是不是福星？"

龚福躬身一揖，又专门赏了王四九五两银子。王四九谢过，说："正好，这些银子有去处，小的正着急没有本银。"说着把契约拿出来递给龚福。

龚福问："还有这么大主顾吗？"

王四九眼睛瞬间瞪大了，狐疑地问道："大人在这行这么久，不知道明晚之事吗？"

"明晚何事？这一行有大事，还能瞒得过我？"

"临江阁这几天来了一个土包财主，在那里斗五阵，他只带了一千两银子，不过瘾。因小的在这一行有些名头，找到小的身上，再贷一千两。小的正愁没处筹措。小的告辞。"

"等等。"龚福来回踱步，停下来问道，"你说土包财主是什么意思？你见过他？"

"见过，从北海来的，好像也不太懂茶，是店家撺掇的。这个傻子，自以为银子是有根的。也不知道最后成全了哪一家。"

"奇怪，这大动静本官竟然不知。"龚福有心出战，心里没底，自言自语道。

"哈哈，大人，你这么精明的人还想不透？这个乡巴佬儿肯定知道你最近势头正盛，他银子没处花了？这次我们都赚得不少，可以了大人。告辞。"

第七回

欲罢不能赌徒沦陷　图穷匕见天使遇袭

　　龚福已经打定主意，再斗两阵，赢一些银子过活，以后再也不动。他赶紧叫住王四九，说："别忙，你把银子先留下，这个契约还有效，明天你和我一起去。本官把他那些全部拿下，除了你的出息，本官再赏你五十两。"

　　王四九连连摆手，说："大人，我就是做小生意的。小的已经答应人家，不好反悔。"说完就准备离开。

　　"站住，胡说，你我契约还有效，你来之前也根本不知道本官要还你银子。你就是被这一千多两银子的大斗吓住了。输赢是本官的事，又不是你的银子。到时候本官不差你银子就是。你随本官去，到时候你和店家把银子拿上去，你就在楼下等我，然后本利一起付给你。"龚福显然生气了，面沉似水。

　　王四九不敢再说。

　　次日，王四九在临江阁楼下吃了一点酒食，百无聊赖，到门口，拿出水烟，吸了一会儿。看龚福走了下来，他赶紧迎上去，笑着说："店家没把银子拿下来？这些懒虫，小的这就去拿……"说到这里，看龚福脸色不对，惊问道："大人，怎么回事？失手了？"

龚福在台阶上一屁股坐下，点点头。王四九赶紧问："那也得把剩下的银子拿回去，明天再来翻本。"

龚福摇摇头，说："全没了，真是怪哉，一阵都没赢，一千多两银子就这样打了水漂。"说到这里停下，半天没听见王四九声音，回头看时，王四九似乎傻了。

龚福喊了一声，王四九"哇"的一声哭出来了，说："大人，你害死小的了。告诉你实话吧，这些银子不是我的，是我在帮会里拆借的，小的已经告诉他们今晚拿本利银子，他们就在那边等着呢。他们是什么人，我们都懂。怎么办？你快想办法吧，"

"快走，过了今天晚上再想办法。"龚福低声喝道。他也有几分有恃无恐，自己是官府人，别人还能怎么样？

"走不了了，他们过来了。"王四九瘫坐在地上。

"王官人，我们都在这里看着呢？怎么不给动静，银子呢？"

"失手了。"王四九低声说。

"那是你们的事，我拿走那六百两就是。"在角灯照耀下，这人还是和气地说。看王四九摇摇头，他大惊说："输光了？你们怎么这么废物？契约呢？"

王四九老老实实地拿出契约递给来人，对龚福说："这是胡老爷，你们自己交接吧，小的先告辞。"

胡老爷大喝："不行，来人。"过来几个人架着二人，前面来了两辆马车。车上一个人说："有契约，就让王官人先走吧，咱们也常来常往的。把这个人绑上，塞到车里，走。"

龚福被绑着，蒙上眼睛，跌跌撞撞地来到一处，有人过来松绑，拿下眼罩。

龚福适应一下光亮，这是一个足够大的厅堂，是家庭居室装饰，几个大风烛明晃晃地照着，墙上挂着几张字画。他不敢细看，靠一面墙是一个高大古玩架，摆着琳琅满目的古玩，紧靠着是一个巨大案几，上面放着文房四宝。对面是居家摆的桌椅，主案两把椅子，两侧一溜排开，各有四套案几。

这是一个殷实人家。没有人坐，主案也空着，两边站着几个青衣大汉，看上去更像是庄丁。

"本官军户所龚福。"龚福心里有底了，这里不是帮会。

"喊什么喊！"是胡老爷，他把契约摆在案几上，说，"我们要的是自己的血汗钱，不管你们什么官府，咱们谈一下吧。"

龚福并不害怕，说："你们这生意做得太死，本官刚刚失手，你们就迫不及待来要。本官没见过这样做生意的，本官……"

站在他旁边的人上来就是一脚，将他踹翻在地，揪起衣领，在脸上左右开弓打了十个嘴巴。胡老爷说："再说本官二字，立刻乱棍打死，跪下。"

龚福这才知道自己判断错了，真是帮会的。他不敢出声，等候问话。"现在你还我们六百两银子，把王官人该得的也了了。"

"胡老爷，这得需要小的去筹措。老爷缓小的几天。"

"那好吧，就按契约办事，来人，准备去他府上。小七带路，你不是去过几次嘛。"

"小的在，小的回来就是带路，伙计们还在他府上守着呢。老爷，杀人时能不能把他家二小姐给小的留下，小的没见过这么好看的女子。"说话人想必是小七。

"瞧你那点出息！爷依你，不要和太爷说。还有，完事也不能留活的，斩草要除根，这是规矩。"胡老爷嘱咐道。

龚福魂飞魄散，恐惧自囟门而入，直达脚底，身体开始筛糠。不容他说话，早有人过来又给他把眼罩戴上，眼前瞬间漆黑。他顾不上其他，说："爷是做生意的，为何要杀人？容小的筹措银子。"

"好吧，反正你也是待死之人，说与你也无妨。我们平时不让人知道住处行踪，我们要了你的宅子，你是官府之人，将来必会报复我们。你们官府最无信义，留你们不得。"

"小的明白，小的这就写借据还你们一千两银子。"

"哈哈，我们对你了如指掌，你现在债台高筑，哪里来的一千两？今天就做个了断吧。"胡老爷恶狠狠地说。

龚福连连磕头，口称饶命。"胡老爷，太爷喊你。"黑暗中他听见一阵小跑声，不一会儿，一阵杂乱脚步声，接下来一阵桌椅的挪动声。

胡老爷说话了："就是他，是军户所照磨龚福。"

"这个人你们不能杀，把他眼罩摘下来。"过了一会儿，这人说："龚福，你认识我吗？"

龚福揉揉眼睛，看了一会儿，说："恕小的眼拙。"他确实不认识，他心里明白，即使认识也不能说，说了焉有命在？

"你的事我都知道了，先声明，我和他们不是一伙的，只是有些渊源而已。这样，我来做一个鲁仲连，给你们和解。"

这真是如闻天籁，龚福叩头如捣蒜，咚咚有声，眼看额头见红了。他颤声道："多谢老爷超生，来世当牛做马报答恩人。"

"不要忙谢，你看行才好。在下之意，你既然在军户所，那里有价值连城的东西，区区六百两何足道哉。龚福，你守着金饭碗却在要饭吃。"

声音不大，在龚福听来这犹如一声炸雷。明白了，一切都不言自明，这是连环计，一步步把他带入陷阱，眼前这些人不是什么所谓帮会，不是黄鸡党，纯粹是官府中人。龚福不相信他们敢杀了自己。他慢吞吞站了起来，说："这位大人，报一下名号吧。"

旁边的青衣又是一脚踹倒，刚要打脸，那个人摆摆手，说："你不要自作聪明，在下确实是官府中人，他们不是，杀你如同草芥。实话告诉你，你们衙门的几个蠢猪，惹上了巡抚衙门，恐怕要连累我们大人。听说他们和你有过节，正好过来拆解。你要是愿意，在下乐意做，你要是不愿意，在下这就告辞，就当在下没来过。"说着站起来就走。

龚福大脑急剧翻腾，有一点他放心，不是巡抚衙门。巡抚衙门来粤时日尚短，不会这么熟悉这里的情况，谅他们也不敢这么大张旗鼓下套子。这是本地三司所为。他们看军户所被抄，也知道军户所有一本暗账，恐怕这把火烧到了自己，遂来索要。这无可厚非，这也是一种自保的本能。

龚福明白，看这架势，今晚想全身而退已经不能。他喊道："大人稍候。容在下想想。"

身边青衣大喝："快点，谁耐烦陪你死！"

"大人，能否告知是哪个衙门？"

"不能。"只两个字，再不说话，还是一脚门里一脚门外，准备告辞。

"好吧，小的告诉你。"

"信你，你要是敢骗我们，他们断不会饶你。有一点在下可以告诉你，如果你们军户所出了事，在下保你没事。"

"不行，我们太爷说了，不能信他。"胡老爷吼道。

那人说："随你。"走了出去。

胡老爷无奈地摇摇头，对龚福说："你写出两个契约，一个是银契，一千两白银，台州足纹；再一个是把军户所暗账交给这位官爷。拿到东西，这两张破纸立刻还你。"

这是卖身契，人在矮檐下，不得不低头，他只好按要求写了。

孙远把消息报告给周忱和金英，龚福说他知道暗账，刘举要转移暗账，把地点都准备好了，转移到北面大朗一处巡检司。但此人多疑，看几位大人足不出户，怀疑在等待时机，遂不敢轻动。

周忱对孙远竖起大拇指，考虑片刻，说："继周，你随意安排，过几日兄弟和金内相去拜访三司，而后请他们吃饭。"

过了三天，孙远悄悄地告诉周忱和金英，龚福来报，刘举果然放心了，准备今天就送往大朗，在起更时分起运，由龚福押运。

这事情颇为蹉蹰，半路截下，动静太大，送到地方那就是鱼归大海，哪里还会找到？

周忱说："胜败在此一举，我们多日布局，方有今日，不能思前想后、首鼠两端而功亏一篑。继周，你尽管去安排，兄弟还一如既往，否则，会引起刘举警惕。"

金英说："恂如兄之意，半路打劫，那动静太大大了。这些军户所兵丁反抗怎么办？不好真杀人吧？"

"为什么不能杀人？今天必须拿到暗账。继周，记住，做大事不拘小节，挡我者死。何况这些军兵眼下也不可能放回去。"周忱说得杀气腾腾，把金英吓了一跳。

金英赶紧说："尽量不要死人，咱家认为，找地方把这些人圈起来。"

周忱沉吟一下，摆摆手说："也是，现在他们跑了也不怕了。子由兄，只要是继周弄来真的暗账，一切都好办。"

孙远说："放心吧，两位大人，继周必不辱使命。"

金英去找刘清和严凯，晚上请臬司官员吃饭，算是回礼。刘清借故差事太多，今天晚上不知道什么时候，婉言谢绝。严凯却愉快地答应了。

晚上回来时就出现了周忱遇袭这件事。他们回到衙门，孙远还没回来。郎中赶紧过来探视金英的伤情，也惊动了臬司。周忱向赵纯讲述了当时的情况，赵纯面色通红。郎中说，没伤到骨头，并无大碍。大家松了一口气。

金英说："咱家以为要成瘸子了，已经做好了准备。以后谁再说咱家是半残疾人，咱家就可以名正言顺地教育他，什么叫半残疾？咱家这是如假包换的真残疾好不好！谁承想不瘸，真令咱家失望之极。"大家都笑了。

周忱笑不出来，喝道："子由，休要胡说。"

赵纯走后，大家陆续散去，郎中给金英包扎后，也退下了。金英把下人都屏退，对周忱说："咱家疑错了，不会是臬司干的。"

"何以见得？只是看赵纯生气吗？这都不必当真。"周忱说。

金英摇摇头说："不全是，恂如兄想，如果你自己也在吃饭现场，你能动手杀人吗？在酒楼，他未与任何人交往，连自己随从也未靠近。兄弟注意了，他一次也未出那个门，如何能把消息传出去？"

"言之有理，也不可能是刘举，他是一个聪明人，不会干这蠢事。如果是明天以后，他完全有可能行凶。目前他还不知道暗账可能会丢失，不到图穷匕见的时候。现在只有两个地方了。"

这时周忱侍卫悄悄地进来，看着金英。周忱示意他说话。他说："今晚子清大人一直在问孙远将军和黑塔将军去干什么。有人告诉他，应该是随几位大人吃席去了。他连说不可能，现在看他魂不守舍的样子。"

周忱点点头，侍卫退下，周忱说："看起来刘清已经嗅到味道了。一会儿孙远回来，你不用管，尽管养伤，兄弟处理。"这时一阵闪电，一阵雷声，外面下起了大雨。

周忱回到金押房，焦躁异常。看今晚这样，似乎并不顺利。回想自己从永乐二年龙飞首科，由一个少年才俊，到两榜进士。那时候老师曾棨和自己的两位哥哥名列一甲，自己列在二甲十七名，虽然自己年幼，但也觉赧然。他们三位都入了翰林，眼见前途远大。

龙飞首科副主考官解缙，是纯粹太子党而遭忌，曾棨连同几个弟子既是解缙门生，又是吉水乡党。汉王到处散播谣言，说师徒四人走了解缙门路，传得神乎其神，说解缙亲自登门保证一甲。这事被御史科道闻风上奏，龙颜大怒，虽然查无实据，师徒四人被束之高阁。

尤其是他周忱被吏部扔到昆山，而后把他迁回刑部，两个考满，才勉强升为六品主事，同年都已经有升到四品知府，坐镇一方。

其实朝野都知道传言未必是真，尤其是文皇帝，他看过几人试卷，还曾经叹息过，到底生不如师，对一甲三人的策对赞不绝口，下旨刊印。只是后来解缙坏事，师徒四人虽未受到牵连，但都靠边了。

第八回

▼

触龙鳞张子玉罚跪　启暗账金子由建言

先帝朱高炽登基，夏原吉听过周忱的才名，迁为越王府左长史。周忱对夏原吉感恩涕零。但也有些不解，既然相中了他的治世经济，为何不直接迁官。后来别人告诉他，维喆大人在等待时机，先把周忱级别提上，最后准备外放州官。

正好皇上要巡视广东，夏原吉和杨士奇破格举荐了他。他深知此行的重要性，如果在此折戟沉沙，一生仕途到此打住。

周忱早已打定主意，宁愿鱼死网破，也不能灰溜溜地回京。这里水很深，有人想要自己的命，今天是劫后余生。明枪易躲，暗箭难防，今后不知道暗箭从哪里会随时射来。

周忱明白，已经把刘清得罪到底，严凯因清客一事也颇有微词，自己今后路更难走。胜败就在今晚。

周忱倚在凳子上假寐，闪电在窗子上连续划过，随后就是沉闷的雷声。在京师几年，已经忘记了南方的雷雨，真是惊心动魄，每一次电闪雷鸣都使他内心一阵阵发紧。雨打芭蕉的声音，平时是他最喜欢的旋律，今天听着却如此扣人心弦。

风声、雨声、雷声掩盖了更夫的梆子声，不知道是几更天。

一阵嘈杂声传进金押房，侍卫赶紧进来通报："孙将军和黑塔将军回来了。"

周忱一下子从椅子上蹦起来，只觉得眼前一黑，他赶紧扶住椅子，镇定一下，说："让二人直接来见本抚堂。"

孙远在外面脱掉蓑衣，浑身上下湿透了，站在那里，地上瞬间就是一摊水。见礼毕，他把手一摆，几个人抬着东西进来，揭开雨布，是六个大箱子。

周忱喜出望外，几乎昏厥，一把攥住孙远的手："孙将军，你救了兄弟的命。"

孙远吓了一跳，不知抚台大人为何有如此说法，赶紧回道："抚台大人言重了，黑塔在安置抓来的几个人，他们兵丁太多，标下擅自做主，放掉了。卑职以为，有这几个箱子足够了。"

金英由侍卫架着、蹒跚着走过来，也是一脸惊喜，说："孙将军，赶快布置好警戒，从现在起，巡抚衙门内外隔绝。看护好龚福等人。押到衙门这些人，谁也不许探视。"

周忱如梦方醒，说："只顾高兴，忘了正事。金内相，召集照磨、典史、书吏，连夜对账。对刘清和严凯如何交代？"

孙远说："这好办，就说是卑职私下所为。卑职这就去布置。"

周忱无奈地说："也只好如此了，就这么定了。告诉书吏们，就在这个屋子里清账，除本抚堂外，其他任何人严禁入内。金内相，准备上奏章。"

金英摆摆手说："恂如兄，莫急，以咱家之见，先不忙对账。"

周忱吃了一惊，疑惑地看着金英，问："我们费了多大力气，才把暗账弄到手！正可以趁热打铁，审出结果，给朝廷一个交代。你这是何意？"

金英一时不知道如何回答，看了周忱一眼。周忱脸上除了不解还写着不满。金英说："恂如兄想一下，我们看过明账和张焕的文札，实际数额与账面上相差七百多万两银子。广东三司、刘举有这么大的胃口吗？"

周忱瞬间怔在那里。金英判断他有些懂了，接着说："咱家久在宫中，见惯了蹊跷事，只怕这批银子去向有问题。我们要是启封看了暗账，恐怕有诸多不便。恂如兄三思。"

话说到这个份上，几乎明说了，恐怕这件事涉及皇家，或者是皇上不愿意让臣下知道的人和事。揭开盖子，不但抓贼容易放贼难，有可能遭圣忌。

周忱拱手一揖："多谢内相提醒，兄弟明白。再加一道封条，六百里请旨。"

金英伸出大拇指说："目前要紧的是行文通报都司、藩司、臬司，只说已经请旨，然后再派人去军户所。现在拟奏章吧，老兄。实话告诉你，你要得圣意了。"

这是周忱的第三份奏章，转过行在，朱瞻基一行已经到了广昌（今河北涞源），驻跸、警戒齐备，皇上升座，杨士奇、夏原吉、金幼孜、张瑛几位随驾近臣见礼。几人把奏章呈上，没有贴票。皇上明白，涉及方方面面，各位阁臣有所忌讳，未敢先读。

皇上阅毕，大家传阅。和上次奏章有重合之处，也有做出说明。广东军户所及各府州分所，自从刘举知所以来，未入账者，合白银七百万两。大多数是污人清白，说军户逃籍，有少部分是真正军户，为脱籍或冒籍贿赂银两。

周忱在奏章上说：他们只看了在外面的总账，这些白银去向，在分账上也写得明白。只是几个竹箱子都封存着，没有旨意，不敢统计。现在臣等候皇上下旨，臣计算后奏与皇上。

众臣传看完毕，跪在地上，不敢说话，等待皇上的雷霆之怒。皇上良久没说话，自顾喝参汤。几位近臣感觉一座大山压下来。

皇上说："郭瑄在广东几年了？"出乎意料，声音异常平静，似乎早都料到此事。这是上次议过的，阁臣不知道皇上何意，不敢接言。

蹇义不在，被皇上申饬，在府上休养，已经请旨乞骸骨，皇上还没顾上和近臣商议。大家互看一眼，夏原吉说："郭瑄不属于藩台，他在永乐二十年巡按广东，一年后，藩台丁母忧，文皇下旨，让他署理，次年迁为从二品，只是还没有最后旨意，也就没有正式任职。"

"吏部也真是，做事经常有头无尾，众位臣工戒之。皇祖考经常训诫朕，做事有始无终，乃朝廷大忌。今日说出来与众卿共勉。"

皇上在这里又说到吏部，大家不止一次听到，没有人敢再提蹇义。大家非常奇怪，不知道皇上为何对蹇义如此态度。

"朕看郭瑄快六十岁了，令其致仕。你们推举一个藩台吧。"

几人又吃了一惊，皇上这话说早了，还没有最后结案，一旦查实他与七百万两银子有关，如何处理？皇上是否太莽撞？几人眼下很难推举人选。皇上问："现在吏部谁在掌印？"

杨士奇道："是侍郎郭琎。"

"士奇爱卿，此人能否掌蠹吏部？"

"回皇上，据臣了解，此人忠厚有余，才气不足。尤其是不足以当大冢宰①，圣上明察。"杨士奇一针见血。

"蹇义老而无为，朕有心换帅，你们看呢？谁能接替蹇义？"

"皇上，臣有话说，要论年龄，蹇义和郭琎年龄相仿，讲资历和办差乃天壤之别。皇上这是舍美玉而就箕帚，臣以为不取也。"张瑛说话了，他向来如此，从来不留余地，经常令皇上不悦。

皇上这次有几分生气，说："张子玉，你这是御前奏对吗？明明是市井打架。朕问你，你了解蹇义多少？从实奏来，否则重重治罪。"

---

① 吏部尚书别称，有时也称呼钦天监监正。

"回皇上，臣与蹇义不熟，但不代表臣不了解他。太祖曾经问他是否是蹇叔后人，他沉默不答。太祖喜其诚，赐名蹇义，可见其为人忠厚老成，只知道尽忠皇上。先皇监国时，蹇义被汉王爷打击入狱，几乎死于狱中。复任后还是一如既往，无丝毫怨言。现陛下听信谗言，不辨真伪，要屈忠良之臣。"

张瑛声音不高，却掷地有声，每一句都敲打在众臣心里。这话说得太重了。尤其是听信谗言这句话，令杨荣对他更加猜忌。

室内死一般寂静，皇上显然是被他气糊涂了，半天说不出话来，吼道："张子玉，你目无君父，事主不忠，你打量朕好性，不能杀人乎？"

"回皇上，臣知道，天子之怒，血流漂杵，然雷霆雨露莫非君恩。臣奏对切直，若触龙鳞，恭请皇上治罪。"

"朕就要治你的罪，来人，把张瑛拖出去，杖一百。"殿卫跑进来，看到这个场面，面面相觑。

皇上喝道："朕说的话你们听不见吗？值殿御史为何不随驾？这样的狂徒为何立于朝堂之上？拖出去，要快！"

几位重臣慌了手脚，连连磕头求情。

金幼孜膝行几步，奏道："皇上，主正臣直，主明臣谏，皇上真乃千古一帝，喜得子玉大人这样的诤臣。皇上，臣以为，张大人虽然语言狂悖，然一片忠心事主，可稍作惩戒，戒其行而愧其心。皇上明察。"

夏原吉也赶紧求情。皇上看了一眼杨士奇，虽然也在求情，却表情冷漠。皇上说："张瑛，念你是朕的老师，免你这一百杖，到大纛旗下跪一个时辰，而后回京，闭门思过半年。"

"谢主隆恩。臣告退。"施礼毕，又与各位大人躬身一揖，张瑛退了出去。

皇上站起来踱了几步，似乎余怒未消，说："众臣工，说句心里话，朕也知道朝廷离不开蹇义，郭琎也确实难以服众，这事回京再说吧。先说一下谁可代替郭瑄。"

金幼孜说："皇上，臣以为，回京后吏部推举后再由皇上圣裁，最为稳妥。"

夏原吉说："皇上，臣以为时间过长，刘清他们差事就很难办了。皇上圣裁。"

皇上心里不舒服，大臣最会的就是皇上圣裁，再不就是乾纲独断。他看杨士奇不出声，说："士奇大人，你说呢？"

"回皇上，老臣正在思考这个差事，竟然蒙皇上动问，老臣有罪。臣以为，维喆大人说得很到位。臣举荐一人。在奏章中周忱褒奖的这个张焕。"

金幼孜说："皇上，臣也注意到了，只是他五品前程，差之甚远。"

夏原吉说："金大人，你说的是正常情况，你看周忱报告，张焕是从四品。"

金幼孜赶紧说："臣疏忽了，臣觉得那也差三级，一旦越级迁官，恐百官效仿，起悻进之心。皇上明察。"

皇上说："金大人再好好看一下奏章。张思安是在广东为数不多的直隶官员，在那里，一尘不染，两袖清风，朕有这样的官员，为何不用？如果百官有这样的操守，朕何吝爵位？问一下周忱等人，如果才学人品皆可就下旨。刘清回京，由南京户部尚书郭资赴广东办差。你们跪安吧。"

大家一愣，这个案子皇上只字未提，想一想，也许是还没理出头绪，众臣工施礼而去。皇上喊道："士奇大人，兵部的奏章你拿回去。"

虽然是春天，但春寒料峭，忻州这里桃李杏居多，半开半闭。寒衣还不能脱掉。傍晚西北风令人刺骨生寒。张瑛跪在大纛旗下，已经不觉得冷了，羞耻之心压过一切，他想，士可杀不可辱。来来往往的官员、宫里人，还有军将都看他，指指点点。皇上老师这几个字清清楚楚地传到耳朵里，他恨不能找一个地缝钻进去。

太阳就要落山了，侯显和夏至来了，说："张大人，太后娘娘说你跪的时间早过了，回去吧。"

这里不是在皇宫，这又是一件大事，新鲜事，几乎所有人都知道了。张瑛听说是太后口谕，更是无地自容，勉强看了一下天，说："微臣谢过太后，还有两刻钟。"

侯显过来拉他，说："张大人，你想抗旨吗？过来几个人，你们在那里看热闹啊？扶着大人回驻地。"

张瑛站起来，谢过太后，张瑛的侍卫早跑了过来，侍候着他回到驻地。这是征用的民房，一进小院，左右厢房，一眼到底。

张瑛喝道："赶紧收拾，连夜回京。"众人已经知道了情况，觉得连夜太急，在路上错过宿头，难道想在荒山野岭喂狼吗？但是大家看见老爷在气头上，谁也不敢顶嘴，开始收拾行囊。

很快天黑了下来。一个人悄悄地走进来，遮挡得严严实实。大家没当一回事，继续收拾，来人问："你们老爷在哪个屋？"

侍卫吓了一跳，赶紧跪下："杨大人，你……"来人是杨士奇，他摆摆手，示意噤声。

屋里的张瑛听见动静，赶紧迎出来，就要施礼，杨士奇一把拉住，说："不要大声，内室说话。"

"罪官见过中堂大人。"张瑛说着就要施礼。他是见过世面和官场的人。他与皇上说话一向如此，今日皇上却无来由大发雷霆，几年的教育之恩全无，他感觉蹊跷。看首辅亲来，判断事情不是那么简单，这里面有故事。

"子玉，今晚不能走，老朽也没吃饭，在你这里讨一盅酒吃。"

"没问题，今天大家应该是一样的饭菜。下官这里倒有几坛好酒，中堂不嫌弃，下官受宠若惊，求之不得。稍候。"张瑛走出去训诫几句，把闲人喝散，说："中堂，宣旨吧。"

"子玉尽管坐，没有旨意。皇上有意让你去办差，让兄弟和你商量。如果行，明天就动身。"

　　明白了，周瑜打了黄公复，是想瞒过曹阿瞒。皇上打我张子玉，又是要瞒何人？看首辅这身打扮，张瑛想了一下，不寒而栗。张瑛说："是去广州吗？下官愿往。"

第九回

苦肉计帝师领密旨　羞赧心总管遭杖刑

杨士奇心里赞叹，张瑛能有今天的地位、名誉，绝非浪得虚名。杨士奇被皇上留下，他心里知道是关于张瑛之事，皇上问他，他只推不知。

杨士奇不同于张瑛，张瑛当初是太子师，宦海沉浮，杨士奇深有体会。伴君如伴虎，你杨士奇虽然是首辅，响当当的中堂大学士，但这一切都是皇上给的，他说你是什么，你就是什么。今日威仪赫赫，明天可能就是阶下囚。杨士奇真正体会过，可谓冰火两重天。

永乐年间，太子和汉王剑拔弩张之时，他杨士奇也未曾幸免，被攀咬入狱，自从出狱后，他更加严恭寅畏，揣摩帝王心术炉火纯青。在皇上面前不能显示笨，皇上不喜欢愚钝大臣，但也不能显示聪明。圣上、圣聪，最聪明者莫过皇上。既要彰显见识，又要韬光养晦，就是不能彰显个性。

皇上笑着说："士奇大人应该猜到了。"

杨士奇赶紧说："不敢，猜到一点。具体请皇上示下。"

皇上为自己的决定得意，看杨士奇也一知半解，心下高兴，说："这个账不能留在广东，士奇你明白吗？"

杨士奇当然明白，这里面的事情自始至终都是他帮助皇上策划。这七百万两银子去向不明。他判断，三个方向，宫里，汉王府，涉案官员。没法追究宫里，那汉王和涉案官员如何追究？皇上刚刚训诫大臣，做事不要虎头蛇尾，没过一个时辰，这又是一件无头官司。

"回皇上，臣明白，只是臣心有不甘。下面官吏如此为非作歹，如何是好？官场不靖，百官不清，何以牧民？暗杀钦差大臣，足以骇人听闻。尤其是这七百万两白银，不是小数，宫里和百官拿了多少？有多少流向汉王府？臣心里没底，皇上天纵圣人，总会有惊人之策。臣恭听圣训。"

"朕有个想法，你应该看出来了。派人私下去广州，把暗账处理好。朕想来想去只有张瑛。"

"原来如此。"杨士奇做出恍然大悟的样子，"陛下确实非常人所能项背，老臣佩服，没有比这更稳妥的。老臣一事不明，责罚子玉是要迷宫里的眼睛吗？"

"非也，这次百官是朕的曹阿瞒，这是一；第二，朕要去见太后，开诚布公奏报这个案子，免得再为他人做嫁衣裳。"皇上看自己真的瞒过了杨士奇，心下着实得意。

"臣真的懂了，说句不敬的话，皇上虽然年轻，但智虑不在文皇帝之下。汉王爷确实有动作。第一，那个参军之死确有几分蹊跷，李睿在暗查。第二，汉王在南北两京活动太过频繁。皇上，不得不防。"

"朕也是如此考虑，现在不宜打草惊蛇。这个周忱不错，举荐者有功。周忱办差善于动脑子，先请旨再行动，也是怕惊动太大。先皇常说一句话，是疖子早晚会出头。朕再加一句，出头比不出头好。"

杨士奇愕然。之所以如此秘密，不仅仅是为了瞒住百官，皇上一些话明明是指向了统领后宫的皇太后张瑾。杨士奇这次却不是装的，他感觉此事关系重大，自己根本扛不动，由皇上挡在前面最好，自己也好有转圜余地。

下人端来酒菜，杨士奇却改了主意，摆摆手，对张瑛说："兄弟不敢待时间太久。记住，子玉，轻装简从，多备马匹，不准传驿，到广州除金英和周忱以外，不见任何人。拿到账册一刻也不要停留，注意，一定要封好账册。还有，告诉周忱，能起获赃银就更好了，有多少算多少。兄弟告辞了。"

张瑛说："下官问一下，是否可以让周忱烧掉暗账，下官意思……"当然是做一个假的。

杨士奇点点头说："此事兄弟难以回答，子玉兄还是问一下恂如和子由吧。另外，你顺便问一下张焕这人如何，回奏陛下。"说完，杨士奇遮挡严实，急匆匆告辞。

这不是在宫中，这是巡幸五台，皇上必须做到晨昏定省，早晚问安。朱瞻基喜欢出游，喜欢玩耍，这也是人的天性，朱瞻基正当青年，所有年轻人爱好他都有。

其实所有天子皆如此，只是受礼制约束，把常人固有的东西隐藏起来，某一时刻，便宜之时会迸发出来。侍母进香，无疑是最好的借口，向天下子民展示，母慈子孝。尤其是皇上仁孝，很快就会远播四海。

天子代天牧民，日理万机。太祖曾经讲过，一日怠政，天下不知有多少百姓就会冻馁而死。

皇上当然不喜欢侍母出游了，太拘束。何况母子并不是外面看到的那样和谐，相反的，裂痕日益扩大。天家出朝，地动山摇，这些事哪个不知？一次出游，银子流水似的淌出去。地方官倾囊所有，也未必能达到龙颜大悦。

太后出游也需冠冕堂皇。作为国母，母仪天下，垂范朝野。理由随时可有，这次是为儿子祈福，让儿子有儿子，为皇祚永续，绵延不绝。

太后上香祈福，儿子随侍，儿媳必须随侍，这是礼制，否则为不孝也。就在此时，出现了令人瞠目结舌的一幕，同一天发出两道旨意，一道懿旨，一道圣旨。懿旨宣由皇后胡善祥随驾，圣旨宣由贵妃孙敏随侍。

旨意发出后，母子浑然不知，大家都在紧锣密鼓地准备着。一切就绪后，皇上发现问题，问一下夏至，夏至说出实情。皇上暴跳如雷，在长宁宫门外杖责夏至二十下。

宫里杖责已经成了定例，各宫里都准备着条杖，叫责杖。不同于衙门的脊杖，是软的，杖责时可轻可重，看打得昏天黑地，实则如搔痒一般。

皇上清楚，夏至是太监总管，谁敢真的下手？于是令王泰和吉祥去监刑，只打得皮开肉绽，鬼哭狼嚎，皇上仍然恨声不绝。当然不敢恨母后，但是这二十杖责打在夏至身上，却打在太后脸上。

太后听到消息，行刑已经结束，太后愕然。这事确实不是故意的，作为太后，她只是按制办事，统领后宫。为子嗣巡幸，当然得带着皇后。按制，不论哪个嫔妃生的龙种，他或她只有一个母亲，那就是皇后。

只是太后没想到皇上竟然也下了旨意。

眼看启程日期迫近，皇上也没来见太后。太后撑不住了，把皇上召在清宁宫。见礼毕，闲谈几句，太后张瑾切入主题："皇上杖责夏至，哀家赞同，不是皇上杖责二十，哀家也会的。这奴才是怎么办差的？就不会通下气？"

皇上如芒刺背，这是骂夏至吗？赶紧跪下："回母后，打完夏至，儿皇也后悔了。这事儿皇做得唐突，滥下旨意，恭请母后责罚。"

"罢了，哀家办事也太心急了些。现在哀家听皇上的，如何裁处？"太后说得很诚恳。

朱瞻基当然有自己的想法，但和母后相左，如何敢讲？只好说："儿子听母后裁处。"

这件事看上去不大，但背后之事，母子二人都心知肚明。这是圣旨和懿旨之间的较量，哪个收回去，那就颜面扫地。还有一点，除非皇后有特殊情况，否则如果贵妃随驾，就是在向天下臣民昭示一件事，皇上不待见皇后，是废后的先兆。这一定会引起朝野震动。

"不是哀家驳回皇上，还是按制最好。这次西狩毕竟不是游玩，祈福是为了子嗣，皇后不去如何能行？"太后说得似乎有几分无奈，但掷地有声，令人无法反驳。

皇上赔笑道："母后见教的是，可是儿子已经下旨。儿子浅见识，可否二人同行？"

太后心里有气，如果同行可以，还至于这么犯难吗？祈福求子，非同儿戏，还要带着所有后妃吗？只是眼下实在无法拆解此事，只好应承，但太后心里蒙上一层阴影。

启程前一日酉时，红锦来清宁宫，奏报太后，皇后娘娘身体欠安，不能侍奉太后驾前，恳求母后恕罪。太后的眼睛当时就直了，半天才反应过来。

红锦是乾清宫宫门令，是皇上的身边人。胡善祥令红锦奏报，意思非常明显，皇上已经知道，并且同意。太后面色阴沉，把红锦打发回去。红锦本来打算解释一下，看这样，哪里还敢？

皇后这次先派人来告诉红锦，说身体不适，不能随驾。红锦赶紧告诉皇上。朱瞻基算是有定力的，但当时就吓傻了，一句话脱口而出："皇后不是要朕难堪，是想要朕的命！"

红锦赶紧劝解，最后说："主子莫慌，或许真病了也未可知。婢子想，皇上应该去探视一下皇后再作道理。"

皇上恨恨地说："朕凭什么……"没等说完，点点头说，"有道理，起驾坤宁宫。"

刚进大门，孙贵妃、吴贤妃，坤宁宫宫门令李嬷嬷带领宫人、太监跪在院里。走进大厅，盛寅带着几位太医跪在地上。案几上放着一张刚刚请好的方子。

皇后在珠帘帐里跪着见礼："陛下，臣妾不能亲迎陛下，万分惭愧。陛下万几宸翰，不要以臣妾为念。臣妾偶染风寒，不日即痊愈。"

皇上说："你歇着，别管我们。"说着拿起药方看了一下，有川芎、益母草、党参、红花。他明白是月信问题。看另一张方子有柴胡，附子、皇上脸色阴沉下来，也没让这些人平身，向里面走去。

红锦赶紧给各位娘娘见礼，把几位娘娘拉起来，然后对盛寅说："盛太医，皇上有话说。"随即跟了进去，盛寅也走了过去。

"娘娘千岁月信一直不准，总是推迟，最近一段却是不走，断断续续总是不止。娘娘开始没讲，臣等都不知道，就耽误了。臣有罪。"盛寅小心翼翼地奏道。

"这不怪你们，朕问你的是另一个方子。"

盛寅沉吟片刻，说："臣请过千岁凤脉，和前一段又不同。娘娘关脉虚而寸脉实，乃忧郁气闷所致，肝木过旺，肝木侵脾土，胸闷呃逆，溺黄便溏，以致胃火上升，不思饮食，怠懒倦怠，吃下这几服药再看。"

朱瞻基默然。总之皇后不能随驾，这令太后颜面何在？自从离京以来，朱瞻基每天请安，心里都忐忑不安，总有一种心虚的感觉。

这次有这七百万两白银的消息，皇上感觉腰挺直了不少。皇上见到太后张瑾，张瑾正在用膳，朱瞻基见礼毕，在外面小厅里吃茶候着。红锦侍立在门口，向外面看着，突然像发现了什么，眼睛瞪了半天，向身边两个侍女摆摆手，向外面指了一下，两个侍女匆匆走了出去。

皇上莫名其妙，低声说："红锦，你在干什么？"

红锦恢复常态，回道："回主子，没事，婢子想起一件事来，让她们去处理。"

"皇上，哀家说过几次了，不用总来立规矩，国事为重。"

"母后说得是，然儿皇不来看一下，总觉得睡不踏实。今儿个路走的可不近，母后还能吃得消？"

"放心吧，皇上，哀家还不算太老。要是没事，皇上就回吧。"

"儿子有件事扰母后……"皇上说着停了下来。张瑾摆摆手，闲人都退了下去。

兰儿亲自把低放的风烛剪了烛花，拉着红锦手走了出去。红锦说："贵妃娘娘来过了？"

兰儿说："太后娘娘口谕，白天车驾经常见面，就不用立规矩。贵妃娘娘来的就少了。"

"哦，刚才我看见出去的那个人不是巧儿吗？"

"你看花眼了吧？她这时候来干什么？"

红锦笑着说："这又不是白天，看错了也平常，我是想和她要一个鞋样子，明天去拿吧。"

"真有你的，是给贵妃娘娘做鞋吧？太后娘娘夸你巧，你做的便鞋太后最喜欢穿，你这个小蹄子把我们都比下去了。以后还是多顾皇上吧。我听说不是你做的便鞋皇上不穿，宁愿穿尚衣局的。红锦，我可听说了，金子由可是在外面办差都穿着你做的鞋子啊。"

红锦脸红了："呸，别听她们那些长舌妇嚼舌头。"

太后已经知道了广东的奏章，皇上要谈什么，她心里有数，默不作声，等着儿子奏报。皇上把周忱的奏章拿出来递给张瑾。

第十回

郑六苗不屑李和尚　朱瞻基暗忌胡善祥

　　张瑾眼睛明显花了，在烛光下奏章离眼睛很远，略扫了一眼，似乎吃了一惊，说："光是账面就是七百万两白银，太骇人听闻了。皇上知道，近六年宫里可没用上这么多。具体数字哀家不详，都是兰儿和太妃她们经营。哀家还是叫兰儿吧。"

　　"回母后，不必了，大致有个数就行，儿子只是想做个心中有数。"朱瞻基听出来母后的心虚，心里得意。在胡善祥这件事上母后似乎不依不饶，这次还有何话讲？

　　"大概每年二十万两，最多是三十万两。"张瑾心下赧然，被人家利用而不自知。竟然和敌手联合起来对付自己的儿子、丈夫和公婆。

　　不知道她是否有意，和敌人一起完美地让先皇大行了。她接着说："皇上，哀家上了贼人的当，这件事你作为皇上，一国之君，天下为公，如何处理，你自然有数。记住，要合公理，不要过多考虑我们。"

　　这是表明态度，张瑾说得大义凛然，告诉儿子，作为母亲不扯你后腿，其实还是掩盖内心的虚弱。皇上已经达到目的，其他已经不在乎了，他心里一阵轻松，说："母后放心，儿子会处理好的。"

张瑾看出皇上脸上的得意，这是自己儿子，岂能瞒过当娘的？张瑾又问一句："大臣里有知道这件事的吗？"

这句话立刻引起皇上的警惕，他赶紧说："目前还未扩散，这不是什么好事，就到此为止了。"前一句是解释，后一句就有警告和威胁之意。告诉太后，儿子不再追究，压下，你也不要再无事生非，杀人灭口。

太后装作不懂，点点头说："这样更好。哦，哀家突然想起来，张瑛今儿个可没脸了。"

这是一种试探，皇上心里一惊，以为露出破绽，赶紧说："回母后，儿子确实孟浪了，天地君亲师，朝野如何看朕？恭请母后训诫。"

"不然，天下为公，不能因为帝师而废公法。你去吧，办差要紧。"太后脸色平静。皇上放下心来。

从太后那里出来，皇上直接去了孙敏驻地，孙敏出来迎接。红锦准备告辞，看巧儿走在后面，悄悄喊了一声，巧儿点点头，不一会儿把一个小盒子拿出来递给红锦，连声说谢谢。

红锦一边客气着，一边打量她一眼，看鞋子上有一些泥土，说："巧儿，你又偷着跑出去玩了，你可要仔细了，贵妃娘娘是个精细人。"巧儿矢口否认。红锦告辞。

孙敏已经准备好酒菜，和皇上两人随意吃了几杯。侍女上茶，朱瞻基看案几上有几张宣纸，走过去看了一下，是临摹吴彩鸾的《玉篇》，临摹得惟妙惟肖。

朱瞻基点头赞叹说："爱妃其实不用模仿前人，你的小楷可以自成一派。"

孙敏"噗嗤"一声笑了，说："皇上，臣婢何许人也，还自成一派！羞煞臣婢。"皇上也笑了，看旁边还有一幅行草，也是孙敏笔迹，字体俊秀飘逸，皇上读出声："春去悲春春易老，夜来苦夜夜难眠。好对，对得工整，且有意境。爱妃真乃我朝第一才女。"

孙敏也走过来，笑着说："皇上历来判断准确，猜测事情无一不中。皇上，臣婢说一句冒犯的话，皇上这次却走眼了。不是臣妾所作。"看皇上疑惑的表情，她继续说："臣妾这性体岂能想出这样的佳句？这是皇后所写。臣婢去探望皇后，皇后新作一首七律，臣婢爱得不行，当场背下来，谁知臣婢糨糊脑袋，今儿个想起把玩，只记住这两句。"

皇上也笑了，又看了一下这两句话，脸色越来越阴沉。他读出了不一样的味道，字里行间含沙射影，怨毒之气跃然纸上。

出京之前，王泰回报，太医院吏目孙青负责惠妃药剂，与尚食局寒露一起监督煎药。王泰带人秘密审讯寒露，寒露交代，每次药剂成汤，她们加上一服药，说保胎药，这药剂有样品在尚食局存档，丝毫不敢错。

王泰问寒露，药从何来，寒露回道是太医院孙青送来的。孙太医说是皇后娘娘指定下的保胎药剂。王泰问她确定是皇后娘娘派人告诉孙青的？寒露说她没和那些人打照面，她就负责煎药，具体事情尚不清楚。

王泰带人去尚食局，把存档药拿出来看了一下，只有第一服药存的是保胎，后两服都不是，连王泰都不认识。王泰拿给皇上，皇上认出是蜈蚣粉、老沉香，龙颜大怒，严令不准声张，派人去拿孙青。等王泰赶到时，孙青已经服毒自尽，一起服毒的还有他的父亲孙太医。王泰没敢声张，把盛寅带到宫中。

皇上什么也没说，只是训诫他，要团结好太医，自尽之事再不要发生。盛寅不知道发生了什么事，还以为孙青因惠妃之死受了杖刑服毒自尽。皇上训诫，不敢回口，心里不服。

所有这一切都指向一个人，皇后胡善祥。她看上去柔柔弱弱，却如此歹毒。皇上暗暗记在心里。

广东一案，朝野还知之甚少，但汉王府已经了如指掌。自从朝廷派出巡抚，他们就一直关注着。线报走马灯一般来往乐安州，汉王府已经知道广东军户所被周忱盯上，赶紧令梅章去刘观家里。

刘观是一个聪明人，他不像吕昕。吕昕被汉王设计拉下水，已经没有回头路。刘观和汉王一直若即若离，也是以普通臣下的姿态示人。不管皇上是否忌讳，也得承认汉王及其他藩王是主子，有不周之处，上奏章参你无人臣礼，罪过也得自己顶着，皇上不会为你出面，尽管你和藩王闹僵皇上高兴。

汉王对刘观不薄，刘观这些儿子都在体面、实惠的衙门当差，还不是当初汉王的功劳！投桃报李，为汉王赚几两银子，他把这一切都责成都事程淦，到时候出事，把他推出去一了百了。其实他并不认为汉王会谋反。何况他还有一点，可谓有恃无恐，那就是他也是宫里的钱袋子。

接到汉王口信，刘观立刻派夫人进宫，很快传回来，太后已经过问此事，问题不大。

梅章找人带话，军户所已被连锅端，这一下刘观慌了手脚。他没有帮手。现在朝廷无事，君臣相得，没有人想无事生非，更没人想搅和到天家争端。何况有一点脑子的人都看得出来，朱瞻基面南践祚，大局已定，以后就是朱高炽这一系传下这万里江山，其他藩王自己在藩邸威风一下就好了。

原来有吕昕，刘观有事可以商量一下，他们之间也合作过几次，尹昌隆就是两人合作的典范，他们俩完美地把尹昌隆送上断头台。在两人合力想搞掉顾佐时，文皇帝驾崩，两人狐狸没打着，却惹了一身臊。

吕昕不受朝廷待见。新皇登基，多次指斥吕昕，现在吕昕活得像一条狗，苟延残喘而已。

刘观只好求助汉王。

朱高煦也在积极想办法。这事要是大白于天下，各省军户所都得暴露在光天化日之下。饷道一断，他们的计划就会彻底流产。大家都在协助汉王想对策。

这天朱瑞来报："王爷，好消息。据可靠情报，周忱并没有开箱查验那些账册。万里请旨处理账册。"

这真是匪夷所思。汉王赞叹道："当初孤家就看好周忱。朝廷不待见他，他急需施展才华，孤家曾经试探几次，不可能为我们所用。谭之，朝廷如何处理的？"

"回王爷，皇上玩了一把苦肉计，骗过大臣，暗派张瑛去了广州。"接着把情况讲了一遍。

郑六苗也在书房，听得他心惊肉跳，这么机密的事他们竟然知道得如此详细。他试探着问："谭之兄，咱家没明白，看这样，别说大臣，就连太后娘娘也未必知道。谭之兄如何获得消息，而且还如此详细？"

朱瑞沉吟一下，说："此易事耳。我们一直有人在盯着，张瑛大张旗鼓要回京师，连夜出发。我们的人看他行走匆忙，不走驿道，综合判断，必定如此。"这话当然是假话，郑六苗开始就没打算套出真话。

朱瑞又追问道："王爷，怎么办？"

朱高煦站了起来，来回走动。大家也只好站起来，只有一弘大师还在稳稳地坐着，老僧入定，念念有词。王进还是老规矩，手持折扇，忽开忽合，"啪"的一声，合上扇子。他似乎下了极大决心，说："杀了他。夺回账册。"大家都说也只好如此。

"不可，"和尚站起来，高宣佛号，"不能贸然行事，朝廷既然这样安排，那就是不想公之于众。老衲想，是涉及太后。我们杀人夺账，那就无疑在向世人宣布，此事是汉王府所为，引火烧身也。"

朱高煦连连点头，说："敬甫，孤王说过你几次，你是一个文人，不要动不动就杀人，你以为杀鸡呢？多听听大师的。大师，眼下我们如何动作？"

"殿下，老僧以为，这件事先放一放。目前要紧的是赶紧把各省军户所和我们有关联的掐断，尤其是涉及我们新立的几个卫司军兵，漏了就不好了。眼下把所有账册烧掉。你们想想，刘举乳臭未干，都知道留后手，做一笔账，其他军户所岂能没有？不管用什么办法，杀人也行，把账册逼出烧掉。"

看大家听得入神，他又是高呼一声佛号，接着说："第二，现在事情紧急，我们不能再等了……"

郑六苗看他故作仙风道骨，心下不满，说："大师，目前来看，没有迹象表明事情紧急，大师教我。"

"不要打断我，你们都能想到，还用老衲何用？出了这么大动静，朝廷却保持缄默，好像他们是叛者，这就反常。这就表明，他们已经怀疑我们了。现在我们要和一些将领摊牌。第三件事，朝廷说剿海寇，调去三总人马，朱将军去协调，是时候归建了。"

朱高煦已经站起来，仔细聆听。他现在对一弘大师奉若神明，几乎言听计从："大师，请详细一些。"

一弘大师点点头说："把我们平时议过的全部落实，现在我们有足够的银子，是时候花掉一些了。谭之将军，还是你负责到遵化去接洽，是铁就买，不怕贵，只要肯卖就好。"

朱瑞答应着，脸色犹豫，问道："大师，那里是自己人，没问题，可就是运输问题。上次在天津卫被吴老七截获，损失十万两银子，卑职心有余悸。"

一弘大师沉吟片刻说："想办法在永平做文章，直接下海，在登州府狼烟台登岸，这就到了我们的地界。还有，遵化如果能购到刀剑，不计价钱。"

朱瑞点头答应，但面有难色，看着汉王。王爷说："永平本王解决，现在卫指挥是赵纲，乃赵亮之子也。孤派人给他送信。他也只是以为本王要弄几个银子花，不会多想。"

郑六苗嗅出不一样的味道，这架势是要动手啊。他说："王爷，奴才没明白。一旦起事，山东都司火器库足够武装二十卫人马，为何冒险求购铁器？"

大家把脸都转向和尚。很明显，大家都有这个疑问。和尚说："战事一起，些许刀剑不能应付，多多益善。"说着向汉王递了一个眼色。这个动作没有逃过郑六苗的眼睛，他瞬间明白了，靳荣大帅和他郑六苗还没有完全取得和尚的信任。怕战事一起，靳荣一旦首鼠两端，军将没有武器，拿什么打仗？这是未雨绸缪。

"胡全，宣韦宏和聂远。"汉王下令。

和尚说："敬甫，兵器打造完了？"

王进笑着说："全部完毕，王爷真是天人，给出的办法臣服了。在王府周边墙根下埋了大瓮，打造之声，一点也传不到外面。"

"练兵场怎么样？"和尚面无表情地问道，似乎对王进的说法并未赞同。

朱瑞说："还好，前一段时间，守御千户所派人去问，褚三七处理得极好。送给几位将士一些鸭鹅也就混过去了。"

郑六苗知道他们还有几处练兵场，具体位置不详，只知道在山下、小河边。对外名义是鸭鹅场，里面鸡鸭乱叫，掩盖了练兵的声音。所有饮食都是王府亲自配给，十分隐秘。

"车驾到了哪里？"和尚又问。

"车驾走的是北道，驿道。探马回报时已经到了灵丘。算着路程，已经过了平荆关，进了太原府地界。"朱瑞回道。

青州左卫指挥使韦宏、右卫指挥使聂远走进来，给各位见礼。这是自己人。划归汉王府不久就被收买。他们也乐意投靠。胡全喊道："王爷升座。"随即屏退闲人。

大家重新见礼，分立两旁。大师在侧首坐下，手捻念珠，双唇默动，似乎对大书房诸事充耳不闻。给人以成竹在胸、不以为意的感觉。大家本来有些忐忑，看他这个做派，心情平复下来。

第十一回

厉兵秣马汉王造势　无事生非指挥结缘

汉王站起来，环视众人一眼，字斟句酌地说："各位大人，诸位将军，允炆践祚，邦家不造，骨肉分离，惨遭屠戮。先考谨遵祖制，奉天靖难，清君侧，诛奸臣。本王随父靖难，披坚执锐，攻城拔寨，大小数百战，始定鼎南京。先考面南践祚，恢复祖制，剪除逆党，民心渐稳。皇考之意，因本王靖难之功，欲储位东官。孰料奸臣惑主，皇考不得已，传位先帝。天不假年，先皇追随皇考于地下。幼冲登基，宠信奸臣，法乱朝纲。为使太祖之江山传之无穷，皇考之基业不为荼毒，孤虽不才，欲申大义于天下。举旗靖难，清君侧，诛不法。各位愿意随孤举旗乎？"

"臣愿意，臣等惟殿下马首是瞻。"

汉王很高兴，说："眼下我们在厉兵秣马，你们随孤打下太平江山，大家与孤同享太平富贵。大师，请指点。"

"阿弥陀佛"，一声佛号，一弘大师睁开双眼，威严地扫视一下大家。大家只觉心中一凛，浑身似乎涌起一阵寒意。这时候大家才意识到，此人虽佛号不离口，并非良善之辈。

和尚走到案几旁，拿出一个画轴，示意胡全托着，大家看时，是一幅地图。他说："诸位大人，老僧本化外之人，闲云野鹤，游走四方，平生不沾半点繁华场。北上京师，被王气所阻，误入乐安州，此乃天意哉。先师曾经预言，老僧有秉忠、广孝之际遇。老僧愿意辅佐大王成就一番事业，愿意帮众位大人博一个位列公卿、封妻荫子、青史留名。先师叮咛老僧，切勿乱花迷眼，功成名遂身退。老僧在此已经向王爷表明心迹。"

汉王赶紧说："诸位有所不知，大师不止一次提出，事成之后允许他终老山林，暮鼓晨钟。孤王尽管不舍，怎奈大师意坚，只好答应。"

两人一唱一和，似乎大功就在眼前，仿佛一觉醒来，汉王已经荣登大宝。一弘大师来路如何，人们一无所知，只知道俗家姓李，师从何人也无从知晓，只说先师，想必其师已回归仙班。

大师和汉王这番对话令众人对靖难成功深信不疑，位列公卿仿佛就在明天，没有什么可怀疑，不免热血偾张，齐声喝道："请大师吩咐。"

大师指着画轴上的地图说："诸位大人，整个山东现已经掌握在我们的手中。各处兵马、器械、钱粮尽为我们所有。老僧定下上、中、下三策，与王爷和各位大人商议。上策者，从乐安州南下夺取临淄，取道沂州、海州，攻下淮安、扬州，饮马长江，整顿舟楫，强渡大江，南直隶指日可下。继而巩固江南，夺取财赋重地，而后效仿太祖，兴师北伐，最后夺下京师，清君侧，除奸臣，复祖制；中策者，直取沧州，延运河北上，攻占蓟县、通州，兵临京师，京师即下，天下传檄可定也；攻占济南，巩固山东，待粮秣兵马备齐，兵强马壮之时，夺取两京，此下策也。"

和尚侃侃而谈，真是成竹在胸。看起来和汉王议过几次。

郑六苗听后心性完全变了，觉得大师确非凡人，有此人辅佐，汉王必成大业，看起来自己还是走对了这一步。他问："王爷，大师，奴才有些不解，直下京师为何是中策。奴才浅见识，京师近在咫尺，骑兵快速北上，几乎朝发夕至，北上京师，传檄而定，岂不最好？"

大家都附议，说，都是这样想的，和尚笑了。大家很少见到他笑，他笑起来嘴角向两边咧去，本来平和的脸上堆出几处横肉，有几分凶相。他说："老衲之意也是直取京师，王爷不许。王爷说，向北有重兵把守，众将随之靖难，还没享受到太平盛世，不能白白死掉。宁愿费一些时间，也要保存将士们。老僧听后十分感动。都说一将功成万骨枯，王爷为天下计，能如此做派，老僧有何理由不竭力辅佐？诸位大人放心，老僧定会倾尽平生所学，扶大王全程。"

大家摩拳擦掌，都问何时起兵。和尚笑而不答，汉王也只说快了，也许不日就可进京。众文武吃了一惊，意识到还有大动作，起兵应该就在今年。

銮驾到了五台县龙凤里，五台山就在眼前。驻跸之前，官员们都停下来观看，有的初次到此，才明白为何叫五台。山西藩司带着大小随员因沙暴被困在乐平县。知州正在太原府遵旨办差，已经向这里赶来。忻州同知邢宽和五台知县等人赶来接驾。他在给众人讲解，太后和女眷们在车里听着。

五台山原名清凉山，有五处高峰，东台望海峰，西台挂月峰，南台锦绣峰，北台叶斗峰，中台翠岩峰。邢宽说完指着山顶，大家看时，在夕阳照耀下，中台泛着银光，感觉有些刺眼。

邢宽说，这是沉冰，是常年积累的，到夏天都不化。有人看后很失望，原以为这样的名山必是郁郁葱葱，植被丰茂，正值仲春时节，草长莺飞，繁花似锦。谁料到却是光秃秃的山峰，虽然看上去有几分嶙峋，却毫无意趣。

邢宽注意到宫女噘起了嘴，心里大乐，但愿以后可不要再来了。这一次太原府、忻州倾囊所有，还债台高筑。邢宽说，这里既有青庙，即汉传佛教，也有黄庙，即藏传佛教。两处佛教道场交相辉映，香火极盛。

龙凤里这里却不同，这里大面积平原，背靠大青山，清水河和滹沱河流经此处，是忻州难得一见的鱼米之乡。这里植物茂盛，溪流淙淙。各种野果正在开花，各种花卉争奇斗艳，煞是美观。

房子早已经安排好了。皇上住在李姓家里，院子不大，甚是齐整，两进院落。红锦不解，这里是富庶地方，那么多高房大屋，为何安排这样的小房子。问了前哨官员，他们说是陈灏将军和张鹏将军亲自选的。

红锦心里不悦，自己带着几个太监找到前面。皇上正在和几位官员议事，向外一瞥，看见红锦过来，吃了一惊，赶紧让王泰出来问一下。

红锦回道："张云举将军在哪里？我找他有事。"张鹏正在和陈灏检查防务，看见红锦，没当一回事。他们已经很熟了，在昌平也算是一起在刀尖上滚过的。他还没听见红锦问他，就示意李九过来。

李九过来施礼，红锦说："你过来干吗？我找你们大帅。"她以为张鹏听见了，故意派下人来应付她。

李九赶紧通报，张鹏交代几句，过来见礼："嬷嬷吉祥。"

这一声称呼更令红锦不爽，说："张将军，我不是嬷嬷，我是乾清宫寝宫宫门令，记住了，下次别叫错。"

这时天色还早，张鹏在布防，几乎每一根神经都绷得紧紧的，看到红锦阴沉着脸，十分不悦，出于礼制不得不见礼，结果是这一顿抢白，他不由得心头火起，喝道："陈红锦，本将正在忙着，没有时间管你什么嬷嬷、娘娘、宫门令，有事快说。"

张鹏是局外人，别的还好，这个娘娘触到了红锦痛处。她在宫里是女官，无名无分，但和皇上的关系，宫里都知道，不清不楚，欲说还休。红锦登时大怒："张云举，你想死吗？来人，取兵器。"

张鹏吓了一跳，在皇上面前敢动刀剑？活得不耐烦了！但是一句话赶到这里，张鹏十四岁随父征战，打东洋倭寇，十七岁做百户、皇太孙亲兵队长。今年二十三岁，做到府前卫指挥，一向心高气傲。喝令御林军，给她兵器，让她到外面去比划比划。

正在不可开交之际，一阵细乐，有人喊道："嘉兴公主驾到。"这里和宫里毕竟不同，声音刚落，轿子已经进院。

轿子里传出声音："红锦，你怎么了？你是要打架吗？"

红锦跪下，大家齐刷刷跪下施礼。张鹏刚要跪下，轿子里，嘉兴公主乐儿又说："红锦，你是和那个傻大个打架吗？看样子他倒有些本事，你还是算了吧。告诉皇上打他二十杖。"

都说好男不和女斗，今天活该他张鹏晦气。他不敢发脾气，跪下说："启禀公主，臣不是傻大个，是皇上钦点府前卫指挥使张鹏，张云举。"张鹏不卑不亢地回道。

"你敢顶嘴！来人，杖责二十。"乐儿勃然大怒。随行太监都认识张鹏，一时不知所措。轿帘里又是一声怒喝："快动手，不然拿你们是问。"

正在不可开交之时，张升进来了，后面跟着陈灏，不用说是陈灏请来的救兵。

"乐儿公主，你到这里找谁啊？臣有礼了。"张升说着话，做拜状。

"舅舅免礼，你赶快打这个傻大个子，他不讲道理。"

张升赔笑道："公主，云举最懂规矩，臣的兵，臣最了解。红锦，你好好的为何跑到前面来，快把公主劝到后宅去，看公主要干什么，你帮她。"这是皇上亲娘舅，红锦不敢怠慢，赶紧命令侍女过来抬轿子。

公主也不敢再说，轿子走出去十几步，张鹏已经站起来了，刚要转身，前面喊道："傻大个，你叫什么名字？"

张鹏看时，立即呆住了。轿帘探出一张清纯美丽的脸庞，没等他细看，红锦慌慌张张地把轿帘放下，喝道："张云举，公主在问话。"

这一声断喝，张鹏才醒过神儿来，朗声答道："臣张鹏，张云举。"轿子已经走远了。

张升看他还在呆呆地站着，说："快去办差吧。"

张鹏刚要走，红锦又过来了，说："正事还没问呢。为什么圣上住这么小的院子？谁的主意？"

张鹏不敢对公主发脾气，对红锦就不那么客气了，说："是本帅主意，有必要告诉你吗？"

陈灏赶紧接过来说："红锦大人，张大帅考虑这是朝廷官员的宅子，安全。这里是蒙汉杂居地区，先朝这里大多数是蒙古牧民，恐有不虞之事。"

红锦点点头，说："有道理，张鹏，别看你年轻，还蛮有头脑的。对不住了。"

张鹏心里窝火，随口一句："算了，看在金子由的份上不和你计较。"红锦已经走出几步，回过头来看了一下，红着脸走了。

这时大臣已经告退，皇上在和公主说着什么，很快公主告退。皇上口谕，让张升见驾。

皇上也问，为什么住在这么小的院子里？张升回话，讲明原因："开始邢大人号下了房子，臣和张鹏去看了，足有这个院子五倍大，四进房子，一应俱全。但背靠山岗，容易受到攻击。是邢宽提起，有李大人府上在此。张鹏提议换到这里。邢宽起初不同意，怎奈张鹏坚持，只好到这，院子太小，只好把仪仗车驾都放在那个院子。"

皇上点点头，饶有兴趣地说："这是哪个李大人？"

"回皇上，行人司李金大人，刚刚臣问过了，他出使西域未归，这是第五次出使西域。"张升回道。

皇上说："朕想起来了，是皇祖还在世时去的，那个副使是陈诚吧？"

张升点点头，说："皇上好记性。但这次没有陈诚，陈诚已老。"

皇上说："把李金父母宣来说话。"张升迟疑一下，出去了。

很快两位老人走了进来，跪下施礼。皇上注意到，李金父亲看上去更年轻一些，六十多岁；母亲有七十几岁，头戴三珠凤冠，镀金钑花银坠，身穿鸳鸯纹缎背，外披鸳鸯纹霞帔。这是五品命妇，按制应称呼宜人。

市井称呼做官的太太皆为夫人，其实不然。大明朝自有定制，只有一二品官员正妻才称为夫人，而三品称淑人，四品称恭人，五品称宜人，六品称安人，七品以下称孺人，无品级称为娘子。

母亲仪态雍容，父亲却一脸猥琐，夫妻唱报职衔，父亲李玉。皇上让他们平身赐座，问："老人家，你儿子多久没回来了？"

父亲赶紧回道："大概有六个年头了。"皇上一个字也没听清。这是忻州话，李玉不会说官话。

母亲赶紧说："臣妇李那氏回皇上，犬子已经有六年没回家了，随着中使大人出使西域。"

"哦，听这名字你应该是蒙古人，你汉话说得好，老人家高寿？"

"回皇上，臣妇七十有六，拙夫六十八岁。"

皇上吃了一惊，问道："刚刚张升说，李金已经五十三岁。"李氏夫妇对视一眼，没说话。

张升走上前去，在皇上耳边嘀咕一阵。张升是舅舅，其他大臣，即使首辅也不敢如此放肆。张升也不知道这一家情况，皇上驻跸于此，不敢大意，遂打听实在。

原来这两位都不是李金的亲生父母，母亲其实是乳母，蒙古人，遭难逃到此地。那时李玉才十几岁，他本是孤儿，没有名字，衣不蔽体，家无片瓦。好在李那氏带着一些金银，为了孩子嫁给了他，为他起名李玉。后来又生了一儿一女，女儿远嫁，儿子李银，今年四十二岁，进过学，在家里打理。

朱瞻基肃然起敬，问道："令郎李银既然进过学，为何不去秋闱？"

李那氏说："回皇上，家事拮据，一个孩子读书已然吃力，当时只要老大上学堂，老二就由臣妇教一些字。后来李金侥幸，才让李银正式发蒙，已经错过读书的最佳年纪，好在进了学，这也是李家几辈子修来的福气。"

第十二回

李生员才高封七品　吉内相声悲报不虞

皇上恻然，舍弃亲生骨肉，供养子读书确实令人敬重，说："老人家识文断字，颇识大体，令人钦敬。日子可还过得去？"

"托皇上的福，还好，犬子几次出使西域，蒙皇上赏赐，又有俸禄，置下几亩田产。家有余粮，子孙绕膝，臣妇心愿足矣。"

"来人，宣李银。"

随着传唱声，进来一人，身高八尺，略瘦，身穿藏青色土布直裰，头戴四方平定巾，脚蹬青色快靴，面色黧黑，三绺短髭，浓眉下一双炯炯有神的眼睛，跪地山呼舞蹈。

"李银，进过学，考绩如何？"皇上问。

"惭愧，平平耳。家兄督导甚严，几次对臣动过板子，依然如此，参过两次秋闱，无缘功名，在家侍奉双亲，教儿育女，足慰平生。"

皇上点头叹息，突然说："雪化冰消日。"

李银一怔，随即说："风清雨疾时。"

皇上点头，说："丽日虽悬。"

李银道："东风未至。"

"丽日虽悬，水雨全无全雨水。"

李银跪在那里，思忖片刻说："皇上好学问，此透明琉璃①首尾联也，暗含雨水节气。容臣思考。"

皇上连连点头，说："你既然知道，就有一定学问，写下来朕瞧瞧，朕给你三分刻。计时吧。"

刚到一半时间，李银奏道："皇上，臣有了。"皇上令平身。李银走到案几前，饱蘸墨汁，大笔一挥而就，跪回去候着。王泰吹干递给皇上。徽体楷书：东风未至，春冬半显半冬春。

朱瞻基大喜，这副联不但对仗工整，还意境深远，又符合上联节气。皇上说："春景对得不错，这是眼前有景。也难怪。"说到这里停下来略一思考，说："李银，你作一首五律秋景诗如何？限八庚韵，朕给你一刻钟。"

说完，对王泰挥一下手，王泰明白，转身而去。

很快，几位随驾阁臣进来了，还有一个国子监祭酒曾棨。皇上示意谁也不要动，这几人躬立一旁。大约两分刻，李银说有了，站起来挥笔写就。

秋叹

> 黄花恨旧莹，衰草恋春情。
>
> 远客悲亭柳，伊人怨笛声。
>
> 风飘垂钓处，雨拂讨衰营。
>
> 无虑秋霜意，终留万世名。

皇上吃惊地看着他，说："李银，你也尽有些才气，为何在考场屡次失手？"随即令几位大臣看一下案几。

---

① 琉璃对，正反面看都一样。下文的首尾联就是首字和尾字相同。

李银又跪回去，说："回皇上，臣对律赋实在有限，也不擅此道。"这话别人听了犹可，杨士奇未经九考六论，听着格外顺耳。朱瞻基对律赋也有限，点点头。

几位大人览毕，都露出惊讶赞许的表情。这首诗对仗工整，用典准确，垂钓处，乃姜尚子牙公，八十钓渭滨。讨袁营乃曹操讨伐袁绍典故，曹操《龟虽寿》作于此时，老骥伏枥，志在千里。暗合秋景，还有颂圣之意。当然，颂的是太后。

杨士奇大加赞赏说："山野草莽，竟然藏龙卧虎，圣上洪福齐天。"

曾棨说："有他的兄长李金之才气，字体也像。单说这副首尾联，臣作不出来。皇上，臣以为人才难得，臣提议，到国子监读书。"

夏原吉摆摆手说："子棨大人，李银已过不惑之年，不适合去国子监。皇上圣裁。"

朱瞻基和气地问道："李银，朕有心抬举你，你说一下想去哪？只要不太过分，朕都可以考虑。"

李银赶紧磕头奏道："臣谢过万岁。臣山野寒门，鸠群鸭属。荷蒙祖宗有德，皇上恩典，生逢盛世，臣兄得以立于丹墀，已用尽几代荫蔽。臣何等草料，敢有奢望？臣愿粗疏淡茶，侍奉双亲，终老林下。"

皇上愈加钦敬，看着众位大臣，大家低头不语。这是一个秀才，不知皇上何意，不敢乱定级别。杨士奇心里有数，但自己未有功名，对于没参加科举的士子，也不好定级。

"宣忻州主官。"

邢宽见驾，见礼毕，皇上听他报职衔是从六品同知，皱一下眉头，夏原吉赶紧说明情况。皇上点点头，感觉见过此人，沉思一下，嘀咕一句，邢宽，随即笑了，大家也都笑了。邢宽不敢抬头，也尴尬地苦笑一下。

邢宽是永乐二十二年甲辰科进士。他在会试是第七名，会元是孙曰恭。殿试后放榜，邢宽是状元，孙曰恭是探花。后来有人说，文皇帝对孙曰恭这个名字不喜，曰恭叠起来是一个暴字。文皇帝已经垂垂老矣，最不想听的就是暴字，这和他夺取皇位的方式有关，所以他总想以仁治天下，岂容一个暴字当头？正好看到第七名邢宽，意义相反。文皇帝认为这是天意，遂钦点为状元。

这事不知真假，越传越烈。邢宽虽然选为庶吉士，但郁郁不得志。这是三年前的事，一年前，被外放忻州同知。

他当然明白君臣窃笑的原因。皇上说："状元三年就外放的可不多见，差事办得还顺手吧？"

邢宽听着心里别扭，外放并不少见，一个状元外放从六品官却是不多见。他说："回皇上，臣有上宪主官，差事容易得多。"

"哦，听你这话，凤雏一样的人物，非百里之才，是朕屈才了？"

"微臣不敢。微臣奏对失辞，请皇上恕罪。"

"朕就是随便一说，龙凤里民风淳朴，你们这父母官不错。这府上李银你熟悉吧？"

"回皇上，算不上熟悉，他是生员，打过交道。"

"朕给你们衙门送去一个官员，从七品判官，就是李银。"

大家瞬间怔住了，连杨士奇也一时没转过弯来。李那氏喝道："银儿，还不谢恩！"说着拉着丈夫李玉跪下谢恩。

杨士奇反应过来，跪下奏道："皇上真乃千古一帝，大出臣等意料。万岁思贤若渴，此举必将使山林隐逸、市井耆老出世，为朝廷出力。皇上也注定留名青史。"

在一片颂扬声中，皇上站起来，令大家平身，说："金幼孜，拟旨，李银迁为忻州从七品判官，选一子进国子监读书。李金赏四品职衔，李那氏赏三品诰命，朝廷旌表李玉、李那氏。"

众人散去，王泰过来，问："主子，今晚就宿在此处吗？"因在外地，没有宫中规矩，也没有太多嫔妃陪侍，王泰前来请旨。在宫里，有一整套礼制，沿用唐宋礼制。

皇上有尚寝局和文书房[①]，专门管理皇上的夜寝。根据礼制，皇上有一后四妃，九嫔，九美人，九才人，八十一御妻。按周礼划分时间侍寝，前半月和后半月。按品级轮流侍寝，前半月由低到高，初一到初九是八十一御妻，初十是九才人，十一是九美人，十二是九嫔，十四是四妃，十五是皇后。后半月反过来，由高到低，十六当然就是皇后，以此类推。

僧多粥少，自嫔以下，每九人共享一夜，妃每四人共享一夜。这才衍生出绿头牌。绿头牌本来是烟花柳巷的专属，被引进到宫里。九人共享一夜，银盘里就是这九人的名字，四人一夜也是如此。由女官尚寝负责拿给皇上，皇上翻到哪个，哪个就在夜间侍寝，并由文书局记载。

这一切，都由皇后打理。不在系列的，皇上不能临幸，否则被冠以"荒""嬉"二字，后人按此上谥号。

太祖高皇帝严格执行礼制，马皇后薨，由贵妃代替皇后，丝毫不乱。文皇帝时，徐皇后在世时，一切如太祖制，但皇后离世后，文皇效其皇考，不再立后。李贵妃没有皇后威仪，文皇帝渐渐就乱了。

到了先帝，还没等配备后妃就驾崩了，只专宠郭贵妃。到了朱瞻基这里，目前还没有足够的嫔妃，一切还按储位东宫一般，只专宠贵妃孙敏。

皇上说："不必了，朕在这歪一下也就四更了。刚刚红锦找你何事？"

"回主子，红锦大人唤奴才问张鹏一些事。"

朱瞻基双眉一挑，皱了一下，随即舒展开来，笑了，自言自语地说："是乐儿。"很快又问了一句："红锦问了什么？"

"问得很细，职位、家世、妻妾。"

"知道了，你去吧。"

子夜炮响过，子正时分，没等打更梆子响起，一阵惊天动地的爆炸声

---

① 负责皇上起居注的官员。

响起，房子一阵抖动后，高脚风烛纷纷落地。侍卫迅速集结在皇上周围，太监冲进室内，把皇上团团护住，王泰和红锦等人在给皇上穿衣服。

皇上下地，从已经震裂的窗户向外看去，一片火把通明，从院里向外面延伸，绵延数里。将士们顶盔挂甲，队伍整齐，刀枪耀眼。滴水檐下是御林军。这都是张升的家底。

张升、张鹏、陈灏戎装佩剑，手持令旗，肃穆而立。

皇上暗自赞许，这是府军卫、府前卫和锦衣卫兵马，训练有素，情况不明，护驾是第一要务。一阵阵火光在西南角冲天而起，把黑夜照得亮如白昼。五台山都清晰映入眼帘。

"宣张升。"皇上看张升在御林军那里卸下刀剑火铳等，他想说一句不必，最后还是没说。这是规矩，坏了规矩，有这次就有下次。

"臣见过陛下。现在情况不明，已经去人打探。臣看起火的方向应该是车驾所在的那个院子。臣无能，惊动圣驾，恭请皇上重重治罪。"说着跪下连连磕头。

"张文起，你是够无能的。朕驻跸地方竟然布防出了纰漏，真是匪夷所思，速去查来。惊动太后，如有不虞，朕夷你三族。"一声比一声高，带着口水，砸向自己的亲舅舅，夷族之语又在皇上嘴里喷出来。张升匍匐在地，不敢仰视。他心里也在嘀咕，村子周围几十里都把守得如铁桶一般，不知贼人从何处进村。他第一想法，家贼难防。是有内线暴露了目标，而且在高层。但是这话可不能随便说出口。

很快几个重臣前来问安。皇上看一人不缺，也没有受伤的样子，夏至来问安，说太后没事，惦记皇上。朱瞻基放下心来。

吉祥跑进院里，在外面跪下，号啕大哭："主子，行在遇袭，仪仗车驾随行几名官员和宫人，再加上房主，很多人都尸骨无存啊。还有上林苑的那些宝贝。主子，快下旨捉拿那些王八羔子，报仇啊。"

金幼孜赶紧出去，问道："你怎么逃出来的？"这也是大家的疑问。皇上缓下脸来，他知道吉祥他们出去办差，让吉祥进来说话。

吉祥进来见礼毕，跪在那里边哭边说："奴才和荣儿去外地办差，回来正好赶上，我们两个托主子的福，没被烧死。将士们一起救人救物呢。荣儿带人在看守贼人。"

吉祥本来是司设监奉御，皇上看他机灵，能做一些事情，遂调出来办差，也是有心抬举他。他与迟二小、荣儿是皇上亲自派差。

两天前，荣儿奏报，在来的路上，看见有人拎着一只只大公鸡向这边走来。迟二小和荣儿都有一个习惯，看见好的公鸡就琢磨会不会是斗鸡，能否斗几下。看很多人拿的公鸡，长腿大冠，满身健肉，不是斗鸡是什么？二小是个有心人，问了几人，都说在葫芦峪有人收，是普通公鸡卖价的五倍。

他悄悄地告诉荣儿，荣儿早已经注意到，二小不能随便觐见皇上，荣儿遂报告给皇上，说出了自己的疑虑。

皇上若有所悟，让吉祥和他们一起迅速赶往葫芦峪。

他们租了车子，带人很快到了葫芦峪，看见这是一个大峡谷，村庄有四五十户人家，只有一条通道，通往外界，离官道近十里地。在村外孤零零一个院子。院子足有一个校场大，看上去更像一个兵营。他们看见有人拎着公鸡到大门口交易。没错，就是这家。

二小在路边截住卖鸡人，高价买了几只威猛的公鸡，来到门口。二小说："在下这几只鸡，是西域货，不见庄主不卖。"

"你认识我们庄主？"

"早有耳闻，只是无缘见面。"

"庄主很忙，我是管家，你就和我说吧，你尽管出价，我不和你还价，这总可以吧？"管家说。

"你们庄主姓苏对不对？"二小试探着问。

管家瞥了一下嘴，说："一知半解，道听途说，我们庄主名讳确实有一个苏字，他是蒙古人，叫散酥，大伙都叫他散爷，叫顺口了，就叫三爷。你就说价钱吧，我们绝不会亏着你。我看一下你的货。"

二小疑惑地看着管家，管家不知道二小什么意思，转身想离开。二小脸色一点点阴沉起来，喝道："你什么意思？什么是货，你说什么是货？我的明明是宝贝，你竟然这样侮辱我，侮辱我的宝贝。荣儿，打他。"

吉祥和荣儿开始愣了，旋即明白了，大声喊道："岂有此理，你不买也就是了，竟敢如此侮辱我们！我们也不怕你们人多，和你们拼了。"喝令跟着的两人冲上去动手。

这些人半天没回过神儿来，这点事也不至于，赶紧赔礼道歉。吉祥早把摊子掀翻了。两个侍卫把公鸡笼子踢翻，公鸡大叫着往外跑，里面庄客看见，赶紧出来抓鸡。

公鸡呱呱乱叫，二小和吉祥等人大声喝骂，闹了有两刻钟，有人大喊，三爷来了。

二小一看，正是昌平七麻子的管家苏顺，他立即向吉祥发出警报信号。吉祥挥挥手，马车赶了过来。

"吵什么呢？把你们闲的吧！"苏顺大吼一声。

管家赶忙说："三爷，他们非要见你。"

"见我倒可以，怎么弄得这个样子？哪位要见我？"他一边问着，一边走到二小身边，一抬头，大吃一惊。

说时迟，那时快，二小哪里会给他反应时间，照面门挥手一掌，两个侍卫旋风般地过来，黑布蒙头，迅速拖到车里，走出十几步，停下车子等候。

管家醒过神儿来，喝道："来人。"

吉祥已经抽出手铳，对天放了两铳，喝道："没你们事，官府办差，找你们庄主有事，一会儿就给送回来，你们抱头进院。"

大家走进院里，吉祥看外面隔绝，喝道："都跪下，双手抱头。有乱动者，立即处死。"

这些人吓傻了，如何敢动？跪在地上，双手抱头，不敢仰视。

二小跑向车里，苏顺一脸惊恐，鼻孔里还在滴血。

二小笑了："散酥，三爷，蒙古人，看你这几个字，转来转去还是离不开你的名字苏顺。三页可不就是一个顺字，你算是有点墨水。你知道爷来的意思，爷不是报仇。说吧。"

第十三回

功败垂成二小无助　柳暗花明红锦释疑

　　苏顺脸色缓和下来。这样的人，敢在七麻子眼皮子底下捣鬼，当然有一定胆气，明白这些人要什么，说："你们弄错了，以讹传讹。麻爷的东西小的没拿。金银倒是拿了不少，这才买下这个废旧巡检司。金银你们随便拿，算小的孝敬爷的。"

　　二小上去就是几个嘴巴，苏顺嘴角渗出血来。"别废话，爷没有时间等你。"

　　苏顺被绑着双手，任由鼻孔嘴巴流着血。他打定主意，这些人是朝那本书来的，不拿到书，他们不会弄死他，等一会儿官府来到，自然会有办法。这里是废弃的巡检司，新址离这里不过三里地，有乡民从此经过，自然会看到这一幕，遂一声不吭。

　　二小冷笑一声，说："好啊，有种，耍清钱子①。你不要错打了算盘。把令牌给他看一下。"

_____

　　① 耍无赖。

侍卫拿出令牌在他面前晃一下。二小看他脸色变了，说："你是见过世面的，这个令牌不会错吧？我们是枭司的，你说出藏书地方，我们放你走。否则杀了你。"

"官爷，小的真没有。"

二小"嗖"的一声抽出短刀，一把拖过他绑住的双手，不由分说，一刀下去，双手中指瞬间被削平。一声惨叫，苏顺几乎昏厥。睁眼看时，二小凶神恶煞一般，正在解绑，嘴里说："小爷十一岁杀人成正果，杀人唯恐死得太快，今儿个让你尝尝滋味。"

"爷饶命，小的告诉你，在小的卧房正厅。"

二小把短刀在苏顺身上擦一下，插进皮鞘里，喝道："算你晓事，随我们一起回去。"说着示意堵上嘴，赶车进院，喝令管家上车，让他坐在车辕上。

苏顺在车里说："去卧房正厅。"

二小说："你们看好了，有乱动，杀无赦。"

苏顺在车里喊道："不要乱动，这是官府查案。"

几人到了正厅，苏顺喝散闲人，站在一边指挥，管家鼓捣半天，找出一个蓝色包袱递给二小。

二小打开检视，丝毫不错。他看了一眼藏书处，有几个大箱子。他心里明白，这是从七麻子那里偷的金银细软。二小看了一眼管家，喝令一起走。

吉祥和荣儿押着苏顺追赶圣上车驾，打听到了这里，不承想被贼人偷袭，所有东西被烧个尽绝，幸亏皇上没事。但吉祥和荣儿的宝贝都付之一炬。

朱瞻基让张升把军兵撤下去救火，然后对吉祥说："东西取到了？二小呢，怎么没一起回来？"

"回主子，我们找出东西，已经入更了，我们没有走远，吃了东西。二爷说他得回去一趟，也就差半个更次。奴才想，不用到天亮，二爷也该回来了。因为那时奴才走出去不远，看那里已经起火。"

皇上明白，这是制造假象，让人以为强盗冒充官府，杀人越货。二小是奶哥，比朱瞻基大一岁，朝野市井，官场帮派，三教九流，人情世故皆烂熟于胸。

皇上向外面看了一下说："在龙凤里驻跸一天，修养车马，后天拜佛祈福。红锦，天亮后你去恭请懿旨。"

天亮时，二小回来了，吉祥接着他，把他引到关押苏顺的小院。这次办差，只有他们五个人。

二小让侍卫在车上把两口箱子拿下来，说："这里有一些金银，我特意去取回来，给你们分一下，也算是随我办差一场。我无官无凭，你们信我，我也不让你们白跑。"

侍卫打开箱子，吉祥看时，一个箱子里有两个金元宝、几根金条、金饼子，还有几个玉杯、细软。另一个箱子里满满的银锭，足有三百两。

二小说："吉祥，把这两个马车毁掉，给这两个车主一人五十两银子，你不要出面，谁雇的车子谁去办。再给这个管家几两银子，让他远走高飞。"随后分派，剩下足有二百两银子，分给两个侍卫，严令保密，否则死路一条。

这些金银细软，吉祥和荣儿分了。两人非要二小拿一些，二小谢绝。

安排妥当，二小叮嘱他们看好两人。二小心里明白，这个管家活不成了。他们不会把银子给他，更不能留下这张嘴。他也只能在心里叹息。

他吩咐把书拿出来，吉祥从里间拿出来，一层层包裹，打开一看，是一本已经破损的书。荣儿酷爱斗鸡，对这本书当然也是垂涎三尺，从吉祥手里接过来，点点头，说是真的，爱不释手，翻了几页，变了脸色，随手翻到最后几页，喝道："苏顺，你使诈，这本书是假的。"

几人吓了一跳，连苏顺也吓了一跳。二小赶紧问："何以得知？刚刚你还说是真的。"

"二爷，这是组接的，前后几页是真的，后面的内容却是假的。完了，上当了，白跑一趟。"

吉祥怒不可遏，抓起苏顺，一把扯倒，拳脚相加，打得他鬼哭狼嚎，连喊冤枉。

二小感觉这里面有问题，苏顺到了那个境地，还敢骗人吗？二小想起七麻子临死时说的那句话，从此《斗场》绝矣。他摄定心神，看着苏顺，问："苏顺，当时你拿的是这本吗？"

苏顺坚定地点点头，说："没错，爷，这本书是小的保管，不承想是假的。小的真没说假话。"

二小无语，向吉祥他们摆摆手，说去面圣，走了出去。他的脚步异常沉重。他是皇上的奶哥，平时人们都高看他一眼，可是他们都把他看成是吃喝玩乐的草包。千载难逢之良机，自己却办砸了差事，不用说别人，吉祥、荣儿经常在一起的，都会耻笑他。

皇上正在和阁臣商量善后，看侍卫截住了二小，喊他进来。二小只是羞赧地朝皇上摇摇头，说："皇上，臣想请张鹏和陈灏两位将军办点事。"皇上似乎有几分明白，挥一下手，二小与二位将军一同走了。

陈灏和张鹏那次昌平之行也在场，两人不是很信。也没有人告诉他们是假书。张鹏哂笑道："什么破书就价值连城，不就是那个贾昌写的吗？"二小只觉得如芒刺背。

苏顺的手包扎好后，血已经止住。二小说："苏顺，你后来的表现爷还是满意的。现在爷问你另一件事。当时在七麻子那里，袭击我们的是什么人？你是怎么和他们牵上线的？爷不难为你，你说实话。"

这时候了，苏顺不再隐瞒。就在二小他们到达昌平前一天，有人找到他，和他做了一笔交易，条件是七麻子府上所有东西，包括女人，都是他苏顺的。

苏顺最觊觎的就是这本书。这本书价值连城，得到它，一生富贵，实在不行把书卖掉也会受用不尽。苏顺久在江湖，知道交易完事后，他们不会放过自己，所以趁乱逃了。他不敢在京师一带停留。听那些人口音是山东一带的，所以向西逃去，到了葫芦峪，自信没有人认识他，凭自己在七麻子那里学到的本事，操斗鸡行业，也想几年后赚下泼天家私。

谁知道还是被追到这里。结果辛辛苦苦，费尽心机得到的《斗场》原来是假的。

他说的话二小相信，二小对苏顺还是挺佩服的，在那种场合下他竟然能全身而退。七麻子不放过他，那伙人也不会放过他。二小说："你知道吗？那些人不会放过你，不管你逃到哪里，我们不找你，他们也会找到你，杀你全家。"

苏顺颓丧地点点头，说："听他们口音是山东人。"

陈灏眼睛发亮，明白二小让他们来的目的，遂问道："里面是不是有一个和尚？"

苏顺眼睛瞬间瞪大了："的确有一个大和尚，先生怎么知道的？哦，是将军。"当陈灏和张鹏两人一身戎装进来时，他明白了，这些人确实是官府之人，他感觉自己不会有生命危险。

"叫什么，你记得相貌吗？"陈灏口气有些发急，声音有几分发颤。苏顺摇摇头，说只是打一个照面，不是很清楚。大家都很失望。

苏顺突然说："有印象，不知道对将军有没有帮助。这个人很爱干净……"

陈灏大失所望，呸了一声，喝道："你去死吧。"

张鹏摆摆手制止他，说："你接着讲。"

"这个和尚芒鞋上沾了些许泥巴，他低下头去擦鞋，小的看见他头上的戒疤是新的。"

虽然这是一个很重要的线索，但是山东寺院那么多，新剃度的僧人不在少数，想找到这个人无疑是大海捞针。何况作为和尚，游走四方也属正常，到哪里去找？

吉祥说："咱家以为这事不难，行文山东臬司，找这个刚剃度不在寺里的，很容易。常言说跑得了和尚跑不了庙。"

陈灏摇摇头，说："此事不宜声张。"大家没了意思，尤其是二小，一无所获，同去的几人最起码发了一笔小财，他自己呢？没办法，去缴旨吧。

二小让大家去用早膳，他无精打采地向皇上驻地走去。他在门口徘徊不敢进，这时一乘小轿过来了，是红锦。她去太后处请旨，其实也就是通一下气，回来缴旨。

红锦先看到二小，喊了一声落轿。二小听到，赶紧跑过去见礼，口称红锦姐姐。他小时候在宫中走动，红锦也是他的先生。红锦示意他走过去，探在轿帘上问："你在这里等着见驾吗？主子去走水的地方了。"二小如释重负，就要告辞。

红锦说："二小，姐姐问你一件事，张云举有没有妻室？我问了王泰，他没说出子丑寅卯来。"

怪不得红锦在这大庭广众之下和二小搭讪，原来是为这事。小时候在宫里还好，大了他们就很少见面。红锦基本不出宫门，二小不进后宫。见面就这样交谈也属于违制。

二小说："没有，他发誓要找一个才貌双全、家世显赫的人。怎么？姐姐动了凡心？那子由怎么办？"

红锦瞬间红了脸："呸，下流种子，这几年不骂你了是吧？"说着就要起轿。她看了二小一眼，看他一脸沮丧，又让住轿，问道："二小，你看上去不对啊？现在有脸皮了，骂不得你了？"

二小赶紧赔着笑脸说："姐姐误会了，办砸了差事。"把事情简单地说了一下。这也不是什么秘密，在昌平时红锦也在场。

红锦说："对，当天我们都听见有人喊师父，这就对了。新戒疤？我想想……"这时远处传来细乐声，皇上车驾回来了。二小就要去见驾。

红锦说："想起来了，金英说他那次在山东办差，有这样一个和尚，他回来当笑话讲给我听，一个和尚那么爱干净。"

二小几乎惊呆了，惊喜若狂，说："姐姐，你救了兄弟一条烂命。"不等说完，飞一般去了。

次日，太后因圣驾被袭，心中不悦，未起驾拜庙。

又过一日，起驾显通寺，这里已经戒严，所有僧尼香客尽皆管制。女眷全部坐着软轿，而众位大臣一看这高高台阶，顿时气馁。皇上看在眼里，心里有数，这是九百九十九级台阶，这些老臣如何能徒步登上，遂下旨："众臣工可以坐滑竿。张升，你来安排。"

张升回道："回皇上，都备着呢。不知道哪位大人需要。"这位可是实实在在的国舅，其本身也五十几岁了，还依然如家仆一般。

众臣工还在踌躇，太后已经起驾，皇上坐上四人台护驾，大臣才松了一口气，坐上滑竿，登上天台。

眼前高大牌坊很突兀地展现在众人眼前，偌大魏碑体"显通寺"三个鎏金大字闪闪发亮。因为是雕花拱柱，没有对联。到了山门，在门楣上竖写四个徽体大字：大显通寺，左右有一副对联。

上联：慈光接引，缁素共入莲花嘉会；

下联：愿筏载归，圣凡同登净土法门。

皇上看母后在那边落轿，兰儿等人在监督宦官拦上帷幕。他判断还得等候一会儿，指着牌匾，看着众臣，说："这四个字朕看上去是真迹。"

邢宽赶紧跪下奏道："陛下好眼力，确实是宋徽宗御笔。"

皇上点点头，端详一会儿，又看了这副对联，嘴里嘀咕道："这副联禅意十足。邢宽，你来对各位大人解释一下，谁让你是父母官！"众人都笑了。

邢宽奏道："多谢皇上抬举，臣也是才知道的，听住持方丈讲解过……"

"也是，宣方丈。"皇上打断邢宽。

方丈就在一边候着，连声传方丈，他急匆匆走过来，双手合十，躬身一揖，高宣佛号。僧道不拜俗家，这是规矩，也是礼制。"贫僧寂空，见过皇上。"

皇上看此人身材高大，膀大腰圆，满脸赘肉，看不出丝毫禅意，眉头皱了一下，说："这副联是何人所撰，有何禅意？"

"回皇上，此联乃苏学士所撰，联中的慈光，意指诸佛大慈之光，可照引众生解脱苦难。而接迎一词，既对应着佛教中的接迎佛祖，又与慈光迎接相连。"

皇上未作回应，张升看皇上似有不悦之意，挥挥手，方丈退下。皇上也未提赏赐、布施。

君臣游览了文殊殿、塔院寺、藏经阁、万佛阁、广宁寺。夜晚宿在广化寺对面轿马场。次日，礼拜善财洞、天王殿、五圣殿。最后全体君臣、良贱轮番拜送子观音殿。曾棨代皇上，红锦代太后，拜读祷文。大做法事，整个五台山大小寺院一起鸣钟击鼓，法器大作。僧尼诵经声传遍五台，山下俗家，也跪下祷告。

太后大悦，一声"布施"，金银，钱钞，粮米，布帛，香油，灯草，泼水般地抛向寺院。一声"赏"，在山下官吏，把制钱甩得哗哗直响，在五台山下循环往复，回响不绝。这是赏给附近乡民的钱粮，军民大悦。

法事空前，一直到起更时分才罢。君臣缓缓下山，在药王庙前驻跸。君臣平时见到的药王庙都不大，而这个却不是一般庙宇，其实也是寺院。君臣大喜，在住持请求下，众人进院随喜。

皇上看这个住持年近七十，细高个子，面目清癯，须发皆白，能前来化缘，颇有一番胆气，遂道："药王庙香客不多，为何如此气派？"

"回皇上，老僧和几位弟子花费二十三年时间，游走长江以北化缘。托赖陛下之福，国泰民安，人心教化向善，信众布施近万两银钱，遂成此院。

只是庙宇新成，一些……"

"大师先去歇息，圣上和太后乏了。"是邢宽，打断住持。

杨士奇已经看出问题，在皇上身边说："山门没有门联，必是要求墨宝，皇上圣裁。"

皇上点点头，说："这无妨。大师，此庙有何特殊之处？"

住持听出皇上言外之意，大喜，说："蒙皇上动问，当地人称山上各寺院为大五台，老衲这里为小五台，其实有调侃之意，只是因为这里香火不旺。其实天灾病业全赖药王保佑。老衲狂悖，皇上恕罪。"

"不狂悖，这才是修行之人。取文房。"皇上赞叹道，随即略沉吟片刻，笔走龙蛇，一挥而就，退一步，对杨士奇等人指了一下。杨士奇躬身上前，吃了一惊，不由自主读了出来：

上联：小五台存大舞台，进山门症疲痴疫皆能落下；

下联：大世界有小释界，出槛外福禄禅禧尽可随身。

众大臣不顾住持，跪下山呼万岁。住持大喜过望，也忘了规矩，"扑通"一声跪下，口宣佛号说："皇上，赐福于庙，比布施强一万倍。"

皇上哈哈大笑，大喊一声："布施！"

第十四回

▼

走广东帝师戒巡抚　进都司御史询士兵

　　周忱、金英几人上奏章以后，耐心等待，不管三司如何来聒噪，只是不理，很快各府道的账也对完了。

　　完美收官。

　　这些账册完美得无可挑剔，周忱最擅长的是治世经济，他心里清楚，这里问题也不小。但是时机不到，看皇上圣旨怎么说。

　　刘清开始非常不满，对周忱三人视若仇寇。过了一段时间，看事情已经无可挽回，也逐渐平和，只是在生活上会多照顾弟弟刘举。严凯还是如此，交办的事情就用心去办，不告诉的也不去争取。他最关心的是那些清客。周忱只说已经安排妥当。

　　过几天，回来了九个清客，辞别回京。金英没有清客，是周忱、严凯和刘清三位的。这九人都已经晒得像海边的渔民。北方人本来就不服南方暑热，何况在外面做杂役、插稻秧。

　　有五个人是严凯的清客，回到严凯金押房，放声痛哭，大骂金英无义。严凯这才知道他们竟然去干农活，真是哭笑不得。问他们为什么不跑回来，答曰，找不到回广州的路。

这是清客，也算是朋友，尽管是来打秋风的。严凯听到回答，很吃了一惊，感觉这些人读书读傻了，问："从南京到北京，鼻子下有一横，这个道理各位先生应该知道吧？"

其中一人说："这个学生当然知道，语言不通，这里乡下人不会说官话，也不识字，想过跑回来，不知道雇主如何就知道了。刚走就招呼还要不要工钱。每天一两银子，我们当然要了。我们还不是贪这一两银子嘛！活儿也不累，干两个月，赚几十两，也省得给东翁添麻烦。那时有两个人不管这些，结伴跑了，不知道怎么回事，被另一家员外弄去了，吃住连猪都不如，还不给工钱。这两个人得空又跑回我们那里，死心塌地，我们都死心了。至于是否有这么多工钱，也顾不上了。"

"有辱斯文，周恂如到底要干什么？你们工钱呢？给了没有？本官才不信每天一两银子。真那样，本官也去务农，何必三更灯火五更鸡，受那十年寒窗苦！"严凯说到这里，忽然想起，问道："那些人呢？"

"东江大坝蓝实段不够坚固，南海县令出牌票加固大坝，时限两个月，衙门去人把他们送过去了。"

严凯更加觉得不可思议："他们就愿意待在那里？为什么不和你们一起回来？"

"工钱涨了，每日一两银子外，再加三串钱。当然，这都是咱们巡抚衙门许诺。工地发的是每日三十文，管三餐饭。"

周忱吏目来传话："各位先生洗漱换衣服，晚上衙门设宴。"

筵席开始，不但是这些清客，刘清和严凯也是脸若冰霜，酒菜已经上齐，大家没有丝毫食欲。大家都是饱学之士，读遍二十一史，没见过有如此辱没斯文之事。

周忱心里有数，站起来说："今晚，各位先生莅临本官宴会，本官幸何如之！恭喜大家脱胎换骨，体察民人疾苦。在吃酒之前，本抚堂要兑现诺言。九位先生，去蓝实体察民风，为朝廷制定政策提供资料，每人每天补助一两银子，来去四十五天，每人四十五两银子。来人，把银子呈上来。"

白花花的银子分放在九位清客面前，严凯眼睛瞬间绿了。他是正五品官员，每月禄米十六石，外加十五贯钞，还有其他少许进项。太祖高皇帝推行钞法时，钞一贯抵钱一贯，也就是一千文，折纹银一两，四贯折金一两，现在贵银贱钞，钞一贯只能折钱百二十文，一两银子折钞十五贯。按朝廷折价，严凯每月俸银不到十两。这是官面账，其实连五两银子也不到。

只这一下子，每人拿到四十五两银子，差不多是他严凯一年的薪俸。即使打秋风也不过如此，还得落一个把持官府、包揽词讼、擅作威福的罪名，一旦得罪其他官员，被御史、科道盯上，他严凯仕途就此谢场。

周忱接着说："本抚堂对广东不熟，为了解乡情，同时也为了保证这次差事不受干扰，只好出此下策，在这里给各位先生赔礼。我本人奉送每人十两程仪，作为回京盘缠。但本抚堂还有一事相求，把这段时间采风情况写成节略交给严凯大人。另外，那十二人在蓝实大坝继续留守，巡抚衙门已经去人，和官员打招呼，只是做监工，不再出苦力。每天一两银子加三串钱。各位就没福享用了。"

严凯坐不住了，站起来说："抚台大人，下官不解，这可是不小的数目，我们巡抚衙门听着不错，其实是清水衙门，这大数目银子从何而来？如果滥用官银，被御史、科道风闻上奏，大人如何应对？"

这是善意的提醒，周忱明白，对严凯躬身一揖，表示感激，说："各位大人，不用担心，刚才本抚堂说过，他们是官派采风，衙门已经有所准备。如果有事，本抚堂一人承担，绝不让几位大人有一丝牵连。"

几个人一阵唏嘘，不好再讲什么。这是奉命采风，一切都依律而行。九位清客刚刚还大放悲声，看真有这么多银两，瞬间感恩戴德，几人私下嘀嘀咕咕。刘清有几分不耐烦，喝道："你们有话在桌面上说，抚台大人在此，不得无礼。"

其中一人站起来说："我们几个商量一下，到大坝去办差。"

周忱哈哈大笑，说："迟了，几位先生，你们明天就得回京了。本抚堂已经做好了安排。"

这天周忱刚要歇衙，吏目报告，有一个人要见抚台大人，问他来路，他就是不讲。周忱有几分疑惑，没让此人进衙，他喊着金英直接出去。

来人青衣小帽，金英认识，是张瑛的家人。这人也顾不上见礼，告诉二位，张瑛秘密到达广州，没敢进城，在城外等候，令他先进城联络，也不进衙门，今晚办完差事，连夜回京。

金英回去告诉孙远，令黑塔留守，入更就把账册箱子放到车里，二更前送到指定的地方。金英说完和周忱换了市井服饰，一起去订的这家客栈，随着来人去接张瑛。二人看张瑛如此神秘，还带着吉祥，心里不解，也不便多问。

在客栈，一切齐备，大家洗漱，店家摆好酒菜，从人也在各个房间里吃饭。张瑛把圣上旨意说了一遍。这不是钦差，二人也不敢问圣安。周忱二人把这里情况作了详细的汇报。

张瑛让书吏全部记了下来，但是对周忱的清客做法很不以为然："恂如，你想过没有，你这么大张旗鼓地花费朝廷银子，朝廷早晚会知道，你的前途就算到此为止了。即使御史、科道不上奏章，刘清岂能容你！你太莽撞了。"

金英和张瑛很熟，不客气地说："张先生，如此说来，让这些篾片相公乱朝廷法度，四处讹诈捞钱才是正理呗？"

张瑛平时和大家也都这个口气说话，彼此习惯，也不生气，说："此言差矣，大礼不辞小让，做大事不拘小节。大家都这样，司空见惯，你标新立异，得罪的就不是广东三司，而是全国。你打破了大家都在默默遵守的潜规则。你想鹤立鸡群吗？你必定会遭到群鸡围斗。"

金英不服气，还要辩驳，周忱摆摆手阻止他。张瑛这些话周忱是赞成的。他虽然这几年官做得波澜不惊，官场规则也懂一些。这件事他也知道做得比较唐突，只是不会拆解。金英性体所在，他又无所畏惧，而自己在朝廷没有根基，怕这些清客帮倒忙，办砸了差事，又怕被弹劾。他诚恳地说："学生也很迷茫，这差事究竟怎样办才为合理？要不要把这些清客都请回来？"

张瑛看到了他脸上的真诚，摆摆手说："这次就这样，现在不能再变。以后遇见这样的事，见怪不怪，要压制清客，使他不敢胡为，既能弄几两银子，又不伤大体，不必认真。这就是官场。"

周忧心悦诚服地点头称是。金英心里还是不屑。

张瑛说了皇上之意，让张焕做藩司，二人意下如何。二人很高兴，都说皇上圣明。周忧把张焕作的一首词拿给张瑛。

张瑛也说了，赵纯如果在下一轮查账中无大罪过，就在臬司不动。让二人举荐一个同知和佥事，二人摇摇头。张瑛说起严凯，二人也不置可否，因为现在还看不出来严凯到底是哪一方人。

张瑛说："圣上让学生带话，你们尽管放手去办差，钱谷一事，事关朝廷户帑，不要有顾虑，皇上心中有数。军户所之事就由你们来拨乱反正。当然，等圣旨下来你们再动手不迟。"

二人明白这话背后的意思。两人费了九牛二虎之力才查出军户所案件，冲天大火被一盆冷水浇下，无声无息，怕二人心里不舒服。

周忧说："请先生转告圣上，我们心里也有数，明白朝廷之意，不得已耳。我们万事俱备，只等圣旨这个东风。"

张瑛沉思片刻，似乎下了决心，说："圣上在五台山龙凤里遇袭，本官很担心，应该趁早拔下这颗毒瘤。"

二人吓了一跳，明白是何人所为。金英说："真是疯了，先生，不能再等了。"说到这里，忽然觉得不对，问道，"先生应该早就动身了，如何得知皇上遇袭？"

张瑛指一下吉祥，示意吉祥告诉大家。吉祥把经过讲了一遍，最后说："还是你相好……"

"别胡说，什么相好？！这是在议事，不要把宫里那一套玩笑话拿出来。"金英训斥道。以前大家都是名不见经传的小人物，只是陪太子蹴鞠，斗蛐蛐，斗鸡，现在金英今非昔比，当然敢训斥他。

吉祥说："红锦说你曾经见过这个和尚，这才请旨，六百里加急，赶到这里，在路上遇上了张先生。"

金英坚定地点点头，说："没错，四十岁左右的大和尚，特爱干净，新鲜戒疤，目露精光，一脸凶相。咱家是在济南府灵岩寺遇见的，他就随侍在住持身边，没问法号。"

吉祥大喜过望，走过来在金英面前跪下，连连磕头，口称救命恩人，弄得众人面面相觑。

这时孙远进来，见礼毕，周忱问道："宵禁没有？"孙远答还没有。

周忱果断下令："吉祥，你带着自己的侍卫，趁城门未关赶紧北上，仍然用六百里。张大人，你们晚上走不了了，开城门以后趁天不亮就走。"

山东监察御史李睿回到济南，一路走来，感觉各处都在调兵。他心里疑惑，到都司去见大帅。监察御史虽然是七品官，但因为是风宪官，对百官，无论你是几品，还是王公、侯爷、驸马，都有监察纠劾权利，还可以风闻奏事，捕风捉影也敢上奏，错了也不获罪。而且可以指摘皇上错误，还可以连同六科对圣旨封驳。

靳荣连喊快请。李睿，字向之，三十岁中进士，为官十年，以刚直清廉著称，这样的官员，人们都敬而远之，除公事外，尽量少招惹。

李睿看大帅在都司，放心了不少，见礼毕，开门见山："大帅，下官奉总宪令，在本辖区采风，发现许多卫所军兵在调动。下官斗胆问一句，辖区内有什么军事活动吗？"

靳荣站起来，不说话，狐疑地看着李睿。李睿明白其意，站起来躬身而立，也不说话。两人僵持片刻，靳荣说："李大人，本帅奇怪，请教李大人，风宪官何时管起军伍之事？"

"下官奉圣命为风宪官，职责所在。大明律官制，风宪官分查百僚，巡按州县、军戎、狱讼、祭祀营作、三司出纳，且知朝堂左右及百司纲目。大帅，不知下官所述可否？"李睿不卑不亢，掷地有声。

靳荣知道此人风骨，看他如此做派，心生悔意，恐一时意气用事，得罪此人，在山东竖一堵墙。

靳荣赶紧笑着说："李大人误会了，本帅之意，大人也懂军伍之事，令本帅佩服。是这样，最近一段时间，登州、青州一带倭寇闹腾得厉害，朝廷下旨，由驻守乐安州王府三卫中的青州右卫前后两个千户队轮流助剿，必是在换防。每次人数在五个把总，看上去来来往往，其实没有多少人。"

李睿回道："大帅莫要误会，刚刚下官讲了，也是职责所在，一旦下面私下调兵，而大帅不知，下官视而不见，充耳不闻，算什么朝廷耳目？既然大帅都知道，下官就放心了。"

一样的话，反过来又是这样，这明明是在帮助靳荣，恐怕宵小私自调兵，私下役使军卒。这也是偃旗息鼓之意。

靳荣当然明白，赶紧说："多谢李大人，本帅有数了。一些军将死不悔改，有的被责罚数次，还是私下役使士卒，有的呼来喝去，形同家奴。本帅再派人查访，若有此事，定按军律处理。时间也不早了，李大人既然到了辕门，那就吃过饭再去。"

"多谢大帅抬举，然身为风宪，不敢有违朝廷礼制，下官告辞。"

靳荣听着不悦，风宪官见得多了，难不成都把脖子扎起来？他说："李大人一尘不染，本帅佩服，那就不扰李大人了。你在哪里歇轿？本帅令人送你。"

"谢大帅，下官在济南府蜗居，同知李郁是家兄。"

靳荣恍然大悟的样子："是了，这个本帅倒忽略了。本帅和令兄颇有几分交情。这样，把令兄和大尹曹弘请来，还有藩台大人和臬台程本大人。你在这里不要动，我们就在这里一聚。"

这就不能再过推辞了，一个小小的七品芝麻官，大帅这样挽留，怎好推辞？李睿只说："恭敬不如从命。"

靳荣大喜，看了一下，才到申时。暮春时节，天已经很长，立刻下拜帖。

当晚，靳荣在辕门大排筵席。藩台、臬台、济南府大尹和佐贰，和一些泉城京官汇聚一堂，吃酒一直到二更正刻方散。李睿随兄长李郁回衙。

李睿字向之，李郁字望之，是堂兄弟，只相差一岁。兄弟二人一同中举，次年李郁便中两榜。李睿却蹉跎数年才中进士。李郁现在官居五品。

两人随曹弘刚到衙门，通判在候着。通判是专责补盗，曹弘心知有异，已经快到三更天了，在此候着，一定是有大事，遂道："到金押房说话。"

灵岩寺出事了，有人潜入寺内，被值夜小沙弥发觉，没等示警，两个小沙弥都被杀掉。贼人也未处理尸身，直接冲进僧房，抓走了戒语。三人吃了一惊，不由自主地想到今晚酒局。李睿赶忙否定，告诉他们确实出于偶然。

第十五回
▼

都指挥假言露朕兆　大学士真心却翰林

曹弘两榜进士，已经五十几岁了，宦海沉浮，他判断这是官府人干的。他问："这也太有恃无恐了！刚入更就进寺里拿人，太不把济南府放在眼里了。这几天有没有官府人来过？兄弟说的是没有在府中备票的。"

通判想了一下，说："咱们济南府水陆通衢，每天南来北往之人不计其数，官员也不在少数，没有差事和牌票，也无人来报备。报备的有头面的官员今晚都在。"

李郁说："下官明白大人之意，这样差事肯定不是主官去办。一般情况下应该说专管补盗或行伍干的。"

通判想了一下说："亦失哈内相派人在登州卫征船，不知征船官员怎么和登州卫闹僵了，派人来靳大帅这里告状，在这里几天了，每天去都司闹，闹得大帅也不愿意理他，今天可去赴宴了？"

几人都摇头，曹弘对通判说："此事先不要声张，你今晚也不用想睡觉了，带人去灵岩寺，叮嘱他们不要喧闹，兄弟再想办法。"

过去这么久，灵岩寺能不喧哗吗？几人心里想到，没人好意思驳斥，通判告退。

曹弘令人上茶，问道："向之，我们都是老熟人，有令兄关系在这里，兄弟有一句话问得唐突，今日为何在都司赴宴？"

李睿发现兄长眼睛也在盯着自己，这确实是一个无法回答的问题。作为风宪官，职责就是纠劾这类行为，自己却先沦陷。一些事无法开口，正在措辞之时，李郁说："你尽管讲来，都是自己人。"李睿放心了，把自己进都司的事讲了一遍。

曹弘说："这就没什么了，你还有什么不放心吗？"

这是自己兄长的府衙，看起来大尹也是兄长相信之人。李睿说："两位是自己人，府台大人人品在朝野有口皆碑，下官没有什么好隐瞒的。说实话，没去都司之前只有三分怀疑，现在反而有七分怀疑。大帅用两件事来搪塞，现在用搪塞这个词不知道是否恰当？都司下辖各卫所，都有自己的标志，下官虽然不在军伍，也还知道这个道理。小弟根本就没看见有青州卫的标识。还有，役使士卒一事是小弟先提的，大帅随即打蛇随棍上，这令小弟更加怀疑。"

曹弘点点头说："有道理，即使是役使士卒也不可能这么大规模。望之，令弟疑得不错，兄弟以为，让令弟天亮即回京。"

李郁吃惊地看着曹弘，问："大人感觉有何不妥吗？"

曹弘说："望之，你我虽为同僚，然情同手足，令弟对我们倾心吐胆，兄弟说话也就不避讳了。济南府各地兵丁是否有调动，都是都司职责，我们无权过问，也不得而知。令弟几乎走遍山东，不止一地如此，各地卫司都熟视无睹，都不知道吗？那藩司、臬司呢？为何一言不发？二位，我们所处地位极为尴尬，不得不防。"

兄弟二人连连点头。李睿躬身一揖，说："小弟明日回京，亲自报告阁臣。大人，兄弟想问一下刚才通判大人说的辽东调船一事。"

曹弘笑了："贤弟，杯弓蛇影了。亦失哈其实不是辽东官员，他是奴儿干都司镇守太监。他最近几年都在京师，必定是建州一带有了贼情或官员更替，他要巡边。在建州，河湖密布，须乘船巡视。每次来往建州，都在登州起锚。"

李睿松了一口气，笑着说："下官这根弦绷得太紧了，辽东毕竟归山东管辖。"

李郁也笑了，说："藩司和臬司归山东，那也只是名义上的。自从孟善老公爷镇守辽东以来，山东基本不再管理。刘荣大帅，还有刚刚仙去的朱荣大帅都是文皇帝靖难功臣，对朝廷忠心耿耿。现任巫凯大帅，应天府人。文武全才，随张辅老公爷南征交趾，屡建战功，对朝廷也是忠心耿耿。就在一月前，还下了牌票，被辽东军卫抢掠到辽东的全部可以回籍，不想回的就地落下户籍，欢声雷动。兄弟佩服得紧。辽东民人有福了。"

这无疑是在打消李睿的疑虑，李睿放心了。曹弘说："你要偃旗息鼓，不可传驿，兄弟再给你配两名拳脚了得的侍卫。"

皇上回銮京师，已经柳絮扑面，雏燕呢喃了。张瑛也已经回京，不敢回府，直接见驾。其实他大可不必，他不是钦差。作为钦差回京，必先到行人司消凭，行人司把牌票传给通政司，通政司第一时间奏报皇上。有急务，皇上立即召见。否则，皇上说一句知道了，回京官员就可以回府。但张瑛这次差事隐秘，朝廷重臣都不知道首尾。

皇上紧急单独召见。见礼毕，皇上赐座。张瑛看了一会儿皇上，落下泪来。朱瞻基说："看起来是知道了，哦，见到吉祥了。仔细着御史奏劾你失仪。朕这不是好好的嘛！"

"皇上，这真是不幸中的万幸。老臣直谏，皇上一身系于天下，不可轻动，勿给宵小之辈可乘之机。"

"还有一句话，朕命系于天，宵小之辈又能奈我何？"

张瑛却笑了，奏道："皇上这话说到臣心里了。圣天子百灵相助，陛下德配天地，这才祖宗有灵，上天保佑。臣在想，偏偏就是李金大人的故里，布防之人想到这里换了地方。还有那次返京，两次都和不虞擦身而过。这岂非天意？话虽如此说，今后还是要谨慎为妙。"

皇上想，张瑛还不知道在昌平那次，更为惊险，如果不换地方，已经追随先帝于地下了。听张瑛说得有趣，皇上哈哈大笑："老师，朕心里有数了。说正事吧。"

张瑛随即向皇上密奏广东之事。皇上也接到了郭瑄和刘清弹劾的奏章。这次和上次不同，上次以文札形式写给上宪，这次一点面子不留，弹劾周忱六大不法事。

一、私设公堂，囚禁朝廷命官；二、当街吃酒狎妓，有失朝廷官体；三、擅作威福，与三司多有龃龉；四、未经三司商议，私自查抄军户所；五、查抄军户所财物去向不明；六、从京师带去大批清客相公，把持官府，包揽词讼，且周忱私自赠送银两，大坏朝廷帑币制度。

皇上先看上面贴票，开始还在笑着，这些都已经弄明白了。但是笑意一点点退去，看到最后，把奏章啪地甩到案几上，喝道："周忱负朕，有负各位大人举荐。下旨……"

张瑛"扑通"一声跪下，颤声道："皇上不可。臣此行广东，对此事已经有了大致了解。"

皇上手里拿着奏章，使劲抖着，说："其他先不讲，单说这清客如何解释？周忱想附庸风雅就不要应下这差事。广东一行朕是想在全国撕开一个口子，平明狱讼，均平赋税。他带去这么多清客，如何能做到公平？清客是做什么的？我们哪个不知？"

张瑛连连磕头说："皇上息怒，容老臣细禀。"接着把这些清客讲了一下。上次皇上已经知道了，只是不知道给出这么多银子，只怕开了先例，如何收场？听到最后，皇上竟然笑了，说："爱卿平身吧。这也是无奈之举。周忱有几个清客？"

"回皇上，他只有三个，据臣所知，应该是我们阁臣当中托付的。说实话，臣与周忱并不熟，对他这种做法也非常不赞同，当晚面刺其过。他也意识到此事有些孟浪，真如陛下刚刚所说，实在是无奈之举，陛下圣明。周忱说，他要自己出银子垫付，被臣制止。"

皇上已经彻底冷静下来，说："这件事也真不怪这几位天使。现在看来出外巡视还得中人更妥帖，他们就没有那么多友人，关系也单纯。"

张瑛沉吟一下，说："回皇上，臣斗胆驳皇上一句，不管朝堂的还是宫里的，还得看人品。臣恳请皇上尽快下旨，周忱他们也好安心办差。"

皇上点点头，笑着说："子玉大人，你说话太犀利了，一点面子也不给朕留着。你问过张焕之事了？朕对此人没有太深记忆，既是两榜进士，才学一定是好的。"

张瑛连连称是，随即在文袋里拿出一块绢帛，亲自放在皇上案几上。皇上狐疑，拿过来看时，是一首词，落款正是张焕。皇上读出声来。

玉漏迟·除夕雨中花市

序曰：于广州过年，入乡随俗，除夕夜逛花市，不巧落起濛濛细雨，不免引起乡愁，填词一首，聊以自慰。

同观千锦树，珠江夜雨，年宵花展。人海如潮，花俏醉迷人眼。富贵金橘鸿运，舞婆娑，夺目璀璨。正好处。也惧清雨，踌躇思返。

南城遥想诚斋，天遣赴南游，望乡思断。再忆太中，花海越王相宴。今夜芭蕉戏雨，怎得见，山高路远。天尽处，瑞雪故国怎见？

皇上点头赞叹，随即沉吟片刻说："子玉爱卿，绝美意境。朕觉得富贵、金橘、鸿运几个字有失雅致，破坏了意境。"

张瑛沉吟片刻，说："回皇上，臣请教了周忱才知道。这也难怪张焕，原来这是三种花卉，广东人过年必备，只是改了名称，图一个吉庆。富贵就是富贵子花卉；金橘，也叫金橙，取谐音今成，锦程；鸿运，全称鸿运当头，是最早素馨花别称。这几种是粤人最爱。"

"原来如此，处处皆学问。朕倒想起王介甫的'吹落黄花满地金'之语。赵佗是大越国王，诚斋显见是一个人了，何许人也？"

张瑛红着脸说："回皇上，微臣惭愧得紧，在广州来去匆匆未及请教，不是皇上说赵佗，臣还不知道他是国王。"

皇上心里明白，想张瑛这些饱学之士未必明白这里典故。人们都在苦读范本，不去研究学问，背下几十篇、几百篇范本，侥幸和题目相符，名列科甲。

皇上转换了话题："你现在有一个重要差事，去锦衣卫帮一下陈灏。"

张瑛一怔，旋即明白，刚要跪安，皇上说："张大人，现在朕已登基，你在詹士府的差事也结束了，你现在只是华盖殿大学士，你到哪个衙门，自己有打算吗？"

这是难得的殊荣，皇上亲问臣下要何职位，纵使张瑛见多识广也瞬间愣在那里，看皇上站起来，马上意识到自己失仪了，赶紧跪下，连连磕头，说："谢过陛下，臣何等样人！敢令皇上如此垂怜？只要能为朝廷出力，皇上尽管吩咐。"

"你应该知道，现在翰林院缺一个掌印的，朕有心让你出任，时刻随侍朕身边。你意下如何？"

翰林院属于清贵衙门，翰林院学士，虽然也只有五品，但那是读书人一生追求的最高目标，其尊贵可以和六部九卿比肩。

张瑛跪下奏道："臣谢主隆恩。皇上，臣虽然侍于帝侧，然德行不足以服众，学识亦不闻于朝野。臣未登甲第二甲，只是同进士，恐百官以为皇上私臣，有伤皇上识人之明。"

这大出皇上的意料，对张瑛越发钦敬，虚扶一下，令平身，说："子玉大人，在朕认识的这些大儒中，你才算是表里如一之君子。好了，朕有数了。那你就推荐一位。"

"陈循，陈德遵。"张瑛不假思索地说，"此人才学令臣折服，他是永乐十三年状元。才高八斗，学富五车，用于此人身上，丝毫不过。"

"是啊，张大人识人不谬，阁臣当中也有推荐此人，确实是不二人选，只是他现在编纂《太宗皇帝实录》和《仁宗皇帝实录》。"

"这没什么，两下并不冲突。"

"朕考虑一下。还有一件事，朕与你商量，虞谦向阁臣诉苦，大理寺没有少监，原来少卿胡概巡抚两浙。阁臣举荐几位，朕私下了解，不甚满意。你知道，文皇和先帝都注重三法司主官和佐贰，皇祖说宁缺毋滥。因而，朕委实难决。"

张瑛虽然耿直，但他谙熟官场。他心里打鼓，这是阁臣的差事，对官吏选拔升迁最难统一，都想把自己人拿上来，把和自己异心的人拿下去。这也是他们权力的象征，有时也是皇上平衡阁臣的手段。刚才翰林院学士一职，张瑛就已经意识到，自己要陷到阁臣争斗之中，这个少卿也是肥缺。

张瑛不敢再答，假作沉吟。皇上看在眼里，说："爱卿不要有顾虑，你那天因蹇义顶撞朕，朕已经意识到了，也派人去问了蹇义，蹇义提出由福建按察使佥事吕升上任。爱卿以为如何？"

听见是蹇义举荐，张瑛释然，说："臣有所了解，此人是绍兴人，为官清廉，举止有度，坚刚果敢，口碑极佳。只是此人举人出身，初为应天府溧阳教谕，后来才简拔为官员。都在哪里当差，臣不是很详细。还有一点，此人年纪也不小了。皇上圣裁。"

"爱卿跪安吧，宣杨士奇。"

杨士奇进殿，见礼毕，皇上令其平身，把张焕诗词拿给他，问："你看一下那典故，可解否？"

杨士奇看已经涂去名字，下面还折起一段，不知何意，默读一遍，也没敢打开折叠之处，说："作词人借三个名人表达自己的思乡之情。赵佗虽是大越国王，其实也是北方人。诚斋乃大宋杨万里，北方人，做广州刑狱提点；太中即大汉朝陆贾是也，前来招降赵佗，被封为太中大夫，也是北方人。此三人者，还有一个共同点，都是爱花君子，且卓尔不群。老臣以为，此作者必是北方人，眼下在广州当差。看最后一段，不只是思乡，一片忠君爱国之心跃然纸上。此人德才兼备，老臣恭贺陛下。"

"爱卿打开折叠处读一下。"

杨士奇小心打开，看只有八个字，是御笔，赶紧跪下读道："黄绢幼妇，外孙齑臼。"杨士奇读完，故意沉思一下。这句话取自《世说新语》，相传曹操与杨修对语，在曹娥碑后面刻着这八个大字。杨修解为：黄绢者，绝也；幼妇，少女是也，外孙者，女儿之子；齑臼，辛辣之味。此八字，可解为，"绝妙好辞"。

杨士奇本想装作不知道，想到刚刚跪安的是张瑛。那是帝师，必是铩羽而归，自己不必掩盖，遂道："绝妙好辞，皇上批得好。皇上无书不读，通今博古，令老臣汗颜。"

"这就是广东按察司金事张焕所作，朕也是刚刚读过。"

杨士奇明白了，说："贺喜皇上得良才，此广东藩台不二人选。"

次日五更鼓响过，天光大亮，百官在乾清宫排好班次，在外面丹墀上一直排到乾清门。净鞭三声，一阵细乐响起，总管太监一声声传唱，皇上在细乐声升座。高大的风烛在晨曦中摇曳着。礼部值殿官员大喝：

"天子升座，百官拜，兴；拜，兴；拜，兴。舞蹈。"

"万岁，万岁，万万岁。"

"礼成。"

"众臣工平身吧。"

"有旨，奉天承运皇帝，诏曰：华盖殿大学士、东宫侍讲张瑛勤谨仁勉，人品贵重，特简为正三品礼部左侍郎，食双禄。蹇义食三禄。"

群臣瞬间怔住了，刚一进殿时人们就已经发现，蹇义和张瑛都在。不是一个被夺官，一个在家读书思过吗？侍御史看半天没人说话，赶紧说："臣遵旨。"大家醒过神来，一起喊道。

二道旨意，陈循简为翰林院学士，仍在《仁宗实录》处办差。

三道旨意，广东按察使司佥事张焕迁为广东布政使司左布政使；福建按察司佥事吕升特简为大理寺少卿。

四道旨意，奴儿干都司海东、海西女直大打出手，民人各有死伤。而各卫不能制。下旨由御马监四品掌印太监亦失哈再赴建州，调停弹压。

五道……

旨意宣布完毕，亦失哈出班奏道："皇上，阁臣昨儿个通知奴才今天临朝听政。奴才有话说。奴才这几天在做准备，已经给随行在登州留守人员下了牌票，准备舟楫及一应事物，只等圣旨一下立即启程。臣在此走密云，永平，迁民镇出关，在广宁候着舟楫，乘水路达建州。这是奴才多年老路。谁料，这次登州卫不以奴才牌票为意，一味拖延，请主子下旨。"

"张本，怎么回事？"皇上语调严厉，在这空旷的大殿里回荡着。

"回皇上，臣接到亦失哈转来的阁臣文札，立即给山东都司下了牌票，也派人协助登州水师，目前还没得到回报。"张本赶紧回奏。

"你要连续派人去催，误了期限，朕说不得要拿你是问。"

第十六回

▼

奉天殿皇帝责总宪　诚勉堂侍郎审罗洪

朱瞻基看众臣工没有大事了，大殿一片寂静，说："储位之时，自以为我们大明朝，歌舞升平，百姓安乐。自承祚以来，才知道并不是我们在面上看到的那样。交趾到现在已经隔绝三月有余，你们兵部、户部就没有办法吗？行人司派人去，多派几次，每次多派几人，总不会都出问题吧？"

几个衙门主官赶紧膝行几步，连称遵旨。行人司官微职小，在大殿外面，听不见里面说什么，主管行人司的阁臣只好应着。

皇上让他们跪回去，接着说："我们大明朝立国仅仅六十年，一些事情烂了，官场烂了，烂到骨头里。周忱巡抚广东，上来的奏章触目惊心。各地官吏为非作歹，没有他们不敢做的。朕已经下旨，诸位臣工已经看到朝廷邸报，由巡抚痛加整治。我们还要派下去，找一些坚刚不可夺志、有风骨、不贪不占、操守好的官员去巡抚。朕相信你们，你们办好差事，朕奖赏你们；办砸了差事，只要不是贪腐，朕都给你们兜底。"

"老臣昏悖，不承想吏治败坏到如此程度，臣有罪。恭请圣上重重责罚。"蹇义出班表明态度。

皇上冷眼旁观，等着宪台说话。扫一眼，都察院几位正副都御史面无表情，无动于衷，皇上只觉得火往上撞，喝道："蹇义退下，这不是你们吏部的差事。"

这就是有意为之，虽然是都察院负总责，但作为吏部尚书能说毫无责任吗？刘观再也跪不下去了，赶紧膝行几步，奏道："皇上，臣有罪，臣一直在找解决办法。"

这是在为自己辩解。皇上在心里拿下他不知道几回了，奈于宫里有把柄抓在他手里，这才未动。皇上没理他，说："张瑛大学士说，孟昶《颁令箴》写得好，'朕之爵赏，固不逾时，尔俸尔禄，民脂民膏……小民易虐，上天难欺。'"

大家看皇上发了大脾气，这还是自登基以来，皇上首次大发雷霆，众臣工匍匐在地，不敢仰视。一阵细乐，皇上已经走了。

大家站起来，揉一下发麻的双腿。张瑛心里有事，赶紧转身要走，蹇义趋行几步，走到张瑛前面，躬身一揖，说："子玉大人，大恩不言谢。"

张瑛赶紧回了一礼，转身欲走，看见两双阴冷的眼睛。一双眼睛是杨荣的，另一双，不用说，是刘观的。张瑛心里明白，自己只看见这两双，肯定不止这些。他无奈地叹口气。

张瑛奉旨到锦衣卫见到陈灏。陈灏对张瑛可谓感恩戴德，他虽然出身世家，但没有军功，这几年也升迁无望。不是张瑛给的这次护驾机会，他如何能做到三品同知？锦衣卫上下官兵，眼界极高，平时鼻孔朝天，等闲六部、五司、五都府长官、佐贰也不放在眼里，对张瑛却礼遇有加。

陈灏亲自迎出来，跪地磕头，张瑛连喊使不得，看他拜了两拜，无奈之下，张瑛回了半礼，说明来意。

此事属于高度机密，只有刘勉和陈灏知道。张瑛对其他人只说是来办私事。因不是刘勉差事，他知道张瑛此来何意，也故作不知。

陈灏对张瑛说了一句："随末将走。"他看着张瑛上车，他也上车在前面带路，出了锦衣卫，过了鼓楼、钟楼，向东拐进成贤街走去。来到国子监，车子略站一站，直接进院。张瑛看到国子监高大的集贤门大吃一惊，又满腹狐疑。他开始以为是吉祥通报的和尚之事，看来到这里，开始有些把握不准，但这个差事十分机密，这是一定的。

这里张瑛来过多次，最近一次新皇登基后，在正月到此讲学，所有讲义都是张瑛准备的。

礼制要求，新皇要在辟雍讲课一次。在南京国子监，有专设辟雍，也有习礼堂，京师还没有真正辟雍，也在习礼堂讲学。

但张瑛来到这里，如果没有里面官员引领，仪卫也找不到。这里广厦千间，屋脊相连，层层叠叠，千门万户，根本找不到想去的地方。过了太学门，走过碑林，来到敬一亭，马车停了下来。

陈灏前来恭候，张瑛下车。环视一下，没有任何一个官员迎接。他明白，这差事和国子监没有关系。否则，祭酒曾荣，司业吴观都会来迎接他，不说他是新任礼部左侍郎，他还是华盖殿大学士，是同行。

锦衣卫可以到任何衙门随便捕人，唯独到这里不行。国子监的太学生们，没事还想找点事，这是天子门生，动辄就给皇上来一个万言奏章，或者弹劾某人。各衙门没事尽量不招惹他们。

这次必定是有话，达成一致，锦衣卫来去自由，他们并不过问。来到诚勉堂门前，出来几个人，竟然是府前卫指挥使张鹏。张鹏向两人拱手示意，也没说话，只做了一个请的动作。

看见张鹏，张瑛确定是要鞫审和尚。他很吃惊，又非常佩服。在这里鞫审犯人，谁会想到？

张瑛随着二人走进诚勉堂。这是监生犯错或学业不合格遭惩戒之地。这里已经腾空，看来往人的装束，都是军兵，没有这里的吏目和从仆。他们直接来到国子监丞的金押房。张鹏把差事讲了一下。

和尚戒语是张鹏和陈灏两人亲自在济南捉拿回来，也讲了一下经过。

戒语到这里后一言不发，任你费尽心机也无济于事。他们把苏顺找来当面对质，戒语也是一言不吐，大家束手无策。

张瑛没明白，审案应该去找三法司，自己并不懂这行，几乎对鞫审律例都一无所知。他想一下也就明白了，此事不可公开，更不敢惊动太大，这是极秘密的差事。

吉祥进来见礼，说："两位大帅，咱家服了，这个贼秃一个字不吐，也不顾干净了，衣衫不整，不论什么美食，视而不见。这都饿了四天，咱家看撑不了两天，还是准备后事吧。"

见到吉祥，张瑛茅塞顿开。这是金英提供的情报，张瑛暗暗佩服皇上，明白其中奥妙，这是他们的又一次秘密活动，不想惊动三法司，三法司四处漏风。而张瑛在广州时就已经知道，此事出自吉祥之口。

张瑛得先知道这件事，知己知彼，遂道："皇上差下官来，只是不想把这件事情扩大。皇上猜想，学生已经知道了你们出去的事情。上次吉祥和金英说话并没有背对学生。"

三人连连点头，吉祥说："怨不得主子让大人来，这就对了。"

张瑛说："学生还不知道你们上次的具体差事。"吉祥在广州已经讲得差不多了，他无所顾忌，把事情讲了一遍。

张瑛尽管猜得八九不离十，知道皇上私自出宫，心里有气，恨不能一脚踢飞这个阉竖。他强压怒火，思量对策。几人都在观察他的脸色变化，看他一点点平和，都松了一口气。

张瑛说："走，过去见见。"

戒语戴着大枷脚镣，面色憔悴，衣衫不整，身上到处都是血迹，看起来动了大刑。他仰着头，靠在椅背上微闭着眼睛，张瑛看他闭着眼，心中大喜，说："睡着了？"

陈灏明白，走到前面喊一声："和尚，张大人有话对你说。和尚，和尚。"连喊几声没有回应，陈灏说真睡着了。

张瑛低声说："真睡着了。那我就无所顾忌了。皇上圣明，刚刚找到下官，说不用再审，别再折磨他了，处死吧，怎么死法你们决定，只是不要声张就好。"

"张大人，那我们岂不白忙活了？"陈灏瞬间明白张瑛之意，也压低声音说。

"不白忙活，本官告诉你们，金英……"说到这里停下，张瑛注意到，他说金英时，戒语身上轻轻抖了一下。张瑛向外面指了一下，众人点头，悄悄地走到隔壁。

张瑛接着说："金英回来了，查明一切，又押回来三个。这个和尚的家也找到了，他不是和尚，才出家的，他叫……"声音越来越小。

陈灏连连点头，长嘘一口气说："这还好，不算白忙活，一会儿把他押回宫里，拖到上林苑喂那个花豹吧。张大人，他家人一个不留？这也太……"

张瑛发火了："你懂什么？你这是妇人之仁，他这是谋大逆，又没立功，按律要夷三族的。"几个人"啊"了一声。

张瑛疑惑地瞪了他们几眼，问："看这意思，你们还同情他，是这意思吧？"

张鹏赶紧躬身一揖，说："张大人说笑了。只是看他也是一条好汉，有几分可惜而已。"

"那就施刑吧，别为这事牵涉着。本官这就回去缴旨。"说着向大门口走去。

"等等。"在大家都悬着心的时候，戒语说话了。

张瑛不理他，说："这么说，本官的话你听到一些了？那也无所谓。有什么要求你就和他们说吧，朝廷是有律法的，出红差之前可以提条件。"说着脚已经迈出门槛。

"大人，小的有话说。"他看明白了，是这个文官说得算。张瑛判断，他是官府中人。普通百姓看几人服饰，知道张瑛是五品官，而那两个是三品，张瑛应该是下属。只有官场人才知道，文官高过武官阶级。当然张瑛也是三品，刚升为正三品，还没顾上换服饰。

张瑛停住脚步，说："好，听说你是条汉子，本官就听一下你的遗言。"

"不是，大人，我全说。我不是和尚，我是山东都司监军府百户罗洪……"

没等他说完，张瑛摆摆手，说："本官都知道了，你就和他们说吧，说得详细些，有皇上不知道的，你就立功了。本官得回宫了。"

张瑛回到国子监监丞金押房，心急如焚，躁动不安，最后对胥吏说："你告诉大帅，本官先回去，拿到供词立即进宫，不要在他处逗留。"这时张瑛全明白了，这果真不是件简单的案子，皇上分明看到这一点，才让他张瑛亲自来过问。

崔彧是冤死的，这毋庸置疑，至于他死得冤否已经无关大局。现在问题是山东都司大帅靳荣和监军郑六苗。靳荣有问题，这是一定的。郑六苗是关键，不管他是否投靠汉王，罗洪失踪，郑六苗焉有命在？罗洪一个百户，所知道的谅也有限。

张瑛回到宫里已经过了午正，值守太监说皇上在交泰殿。他顾不上吃饭，也顾不上大不敬还是谋反，直接就向交泰殿奔去，这一路走了一刻钟，他觉得似乎走了几年。到了大门前，跪下候着，让太监通报，说有紧急事情回奏。

他候着足足有两刻钟，还不见动静，他的本性暴露，不顾太监拦着，冲了进去。所有宫人、太监大惊。宫内值守太监把他团团围住，他大喝："快去通报，十万火急。"

这时一顶小轿在掖门抬了出来，几个宫女扶着轿子从张瑛身边走过，还不忘对他白眼相视。值守太监知道他是皇上近臣，也都认识，不敢说话，朝远去的轿子努努嘴，意思是大人可是明白？张瑛有什么不明白的？这是自己学生，他还是了解的。

"朕正在用膳，谨遵祖训，用膳不办差。爱卿差事办完了？看这样贼人都招了。"皇上虽然有些慵懒，但精神尚好。

张瑛顾不上寒暄，把情况讲了一遍。皇上听完，张瑛不等审完，匆忙回宫缴旨，到现在饭还不曾吃，时令已经快到端午，年近不惑之人在这大日头下，在偌大宫里跑过来，真是难为他了。

皇上心里有几分赧然。但这个消息令他震惊，他很快镇静下来，说："疖子还是早出头好。"

张瑛点点头说："陛下，臣以为目前最要保护、也要尽快返京的是郑六苗，刻不容缓。"

朱瞻基点点头说："随朕去乾清宫。王泰，宣阁臣在东书房候着，朕这就到。告诉门禁，不用跪候，进宫直接到东书房。"

阁臣们刚刚聚齐，张鹏三人也进宫了，皇上让他们把情况通报一下。张鹏奏道："罗洪交代，郑六苗和参军关系不睦，至于如何不睦，到了什么程度，罗洪不知道，郑六苗没告诉他。一切事情都是郑六苗操办的。郑六苗让他诈死，答应他一年后升为卫指挥使。"

皇上叹了一口气说："你们先到外面候着，一会儿有话问你们。"皇上说完看着几人退出，沮丧地说："是朕杀了崔彧啊。金英这个阉竖，既然看出一些端倪，为何不让刀下留人？朕要治其罪。"

大家看皇上有几分气急败坏，都匍匐在地。张瑛刚刚听皇上说是疖子要早出头，可是一旦事情临头，也不愿意此事发生。他说："皇上，臣以为，金英无罪有功。"

"张子玉，你又要和朕打擂台吗？"皇上冷冷地问。

"臣不敢。朝廷礼制，军伍自有兵制，也有自己的司法。军将死囚由地方军伍施刑，朝廷派人宣旨，属于复奏。宣旨之人不是钦差，无权过问。金英是一个懂规矩的人，他不会逾制干涉词讼。他反而探到这个戒语，也就是罗洪。不然，这个案子无出头之日，崔彧永远沉冤海底。"

第十七回

▼

李时勉两下锦衣卫　朱守信再护光禄卿

杨士奇赶紧出班说："老臣有话说，臣以为，张大人言之有理，问题不在办差之人，在朝廷律法。这是太祖高皇帝所制，允炆废太子那时废除，军伍和地方相同。文皇帝登基，恢复祖制。先帝在位时，李时勉提议废除，先帝已经在考虑。后来李时勉上奏章惹得龙颜大怒，这事也就搁下了。这事真的与金英无关。"

皇上没了脾气，听杨士奇的话，如果皇上继续这个话题，朱允炆废太子对了，倒是文皇帝错了。

皇上摆摆手说："先不争论这件事了，郑六苗附逆，这已经坐实，他是死是活也不在这一时半刻。说起李时勉倒让朕想起来了，都说此人凌辱先帝，可是有的？"

杨士奇和众臣工一下子愣了，这都火烧眉毛了，皇上还是不紧不慢的样子。杨士奇一时不知道怎样开口。夏原吉赶紧出班奏道："皇上，当时臣在场，先帝说，李时勉当廷辱朕。臣已经解说开来，先帝释然。"这当然是在为李时勉开脱。

张瑛暗暗赞叹，李时勉和张瑛性体很像，但更像解缙。

李时勉本来叫李懋，字时勉，和解缙是同乡，江西吉水人，是永乐二年龙飞首科赐进士出身，和周忱是同年。秉性和解缙也相似。但解缙是状元，自然有资本刚直，也有资本目空四海。

李时勉开始也被选为庶吉士，入文渊阁学习，后参与《太祖实录》，迁为刑部主事。文皇帝对实录不满意，说有悖历史真相，下旨重修。李时勉又参加修史，这一件事做了六年。书成，迁为翰林侍读。

李时勉一直默默无闻十多年，永乐十九年，京师三大殿走水（失火），皇上下了罪己诏，也下旨求直言。这时候文皇帝已经老矣，和开始登基时大相径庭，因乱服丹药，性情大变。宠臣夏原吉反对皇上亲征北元，被下了锦衣卫诏狱。人们噤若寒蝉。

所谓罪己诏和下诏求直言都是朝廷礼制，汉家礼制，流传几千年，没有人真的会相信。这是由《左传》一句话引起："禹、汤罪己，其兴也勃焉；桀、纣罪人，其亡也忽焉。"禹、汤这样仁明君主，有事罪自己，而桀、纣这样残暴君主，有事罪他人。后世君王，要学禹、汤，勿效桀、纣。

李时勉在翰林院多年，名不见经传，这真是一个千载难逢之良机。他一直对迁都北京耿耿于怀，觉得北京在各方面都不如南京。这时机会来了，他上了万言书，洋洋洒洒说出南、北两京的优缺点。

文皇帝大怒，当庭发作，把奏章扔在金砖上。后来感觉有些道理，或者是自己求直言面刺，这样没有度量，文皇帝自己把奏章拾起来。赦免了李时勉。

大家以为这事也就过去了，孰料不到一个月，有人上奏章，说李时勉为他人关说，妨碍词讼，被太宗文皇帝投进锦衣卫诏狱。

其实这事并非如此。五城兵马司指挥使尹力，在夜查时，有几人犯了夜禁。朝廷律法，犯夜的如果是醉客当时杖责。这几个人不服杖责，说是鲁大帅家人，竟然动起手来。

尹力是一根筋，鲁大帅是左军都督府同知，睁一只眼闭一只眼也就过去了。他不吃这一套，各杖二十。其实是褫刑，就是拿木条抽一顿，无大碍。

鲁大帅管家觉得打狗欺主，拿着拜帖直接找到刘观，说当初还有证人，就是阁臣蹇义。刘观怎么敢去问蹇义，他移文锦衣卫，到兵马司把尹力抓走了。

事有凑巧，李时勉在刑部做过主事，行文之人正是同僚，对李时勉讲起此事。按理说这事和李时勉无关。但他是穷人出身，看不惯作威作福之人，觉得尹力冤枉，想去锦衣卫作证。锦衣卫可不是谁都能进去的，尤其是总台张昶，是皇太孙舅爷。

李时勉空有满腔热忱，铩羽而归。

李时勉正赶上在殿外候旨和杨荣一起跪着，就把这事讲了。杨荣也听说了此事，也听说那个人与蹇义有关系，他很气愤，让李时勉去找张昶，说明原委。如果张昶不见，就提他杨荣名字。

张昶是一个讲道理的人，把事情很快就审问清楚，释放了尹力，自己还亲自登门向鲁大帅说知此事。鲁大帅根本不知道，把管家骂了一顿，这事也就淡了。

可是没过两天，云南道监察御史和兵科给事中上了奏章，说李时勉关说司法。不是是非事，而是是非人。文皇帝一看是李时勉，不问青红皂白，将李时勉投入大牢。杨荣上奏皇上，李时勉无罪，是蹇义打击报复。皇上才知道又搅到党争里面，不想纠缠，李时勉无罪释放，官复原职。李时勉无辜在诏狱里遭了半年罪，按常理说应该吸取教训。

这事过去两年，文皇晏驾，仁宗昭皇帝即位，下诏百官直言，提倡上疏奏对切直，不准无病呻吟。这是新皇，大家相信这是真的。戈权直言奏事，由白身一下子升到大理寺少卿，这是商鞅立信，大家信了。

这样的机会李时勉不能错过，上了奏章。那时还不用阁臣贴票，通政司直接拿给仁宗昭皇帝。仁宗看了以后，龙颜大怒，把李时勉宣进西偏殿质问他。李时勉跪在地上侃侃而谈，毫无退让之意。

昭皇帝下令值殿武士，用金瓜击打李时勉，好在这个武士只是击打身上，打断李时勉三根肋骨，打得李时勉奄奄一息。先帝不依不饶，下旨，把李时勉下到诏狱，等候三法司审问。

李时勉在诏狱只剩下一口气。诏狱不同于刑部大牢，进到里面九死一生，好人也会被慢慢折磨死。李时勉这样的状态，这里人只等着通知犯属收尸就完了。

李时勉当初救了尹力，尹力风骨得到张昶的赏识，迁升这里做了副千户。他听到李时勉这件事，大惊失色，不管从哪个方面讲这都是恩人。他出银子延医买药，精心护理，李时勉得以不死。没等鞫审李时勉，先帝龙驭宾天。适逢大赦，李时勉被释放，也没有旨意，在府上闲居。

此刻朱瞻基面上平和，那是故作镇静，郑六苗一事使他怒不可遏，看到眼前跪着的阁臣，气上加气，喝道："来人，把李时勉拿来，朕要亲审这个衣冠禽兽。"值殿武士领命而去。

杨士奇看皇上镇定下来，说："皇上，今儿个巳时，迟二小带领两个士兵来到内阁，是交趾回来报信的。"

"有奏章吗？"皇上急促问道。

"没有奏章，有杨实、杨打忠、罗通三人签署的书函。"说着就要呈上去，皇上摆摆手，示意他说一下。

杨士奇说完，皇上半天没有作声，最后有气无力地说："王通这形同叛国，虽然现在隔江对峙，败退是迟早的事。柳升、沐晟都是死的吗？"皇上终于绷不住了，胸膛似乎要炸裂。他说着，"哗啦"一下把案几上的所有东西推下，喝道："李时勉还没来吗？不用了，王泰，传朕口谕，直接押到西华门杀了吧！"

王泰看了一眼阁臣，都噤若寒蝉，就连一向敢谏的张瑛也匍匐在地。

王泰带人走了出去。

杨士奇是首辅，每到这个时刻，他却不能缄默。只是没有办法施救李时勉，他奏对交趾之事："皇上息怒，老臣浅见识，还得派人去交趾，这次是派钦差。皇上下旨，令王通回京，人马归柳升和杨打忠节制，升杨打忠为都指挥同知。战场之上由他们临机决断，不受镇守太监和总兵辖制。还有，要大赏回来这两个军士。"

大家都附议。皇上问派何人出使交趾，塞义出班奏道："臣举荐戈权，此人胆识过人，到交趾可临机决断，皇上应面授机宜。"乍一听这是给皇上下令，其实不然，这是变相面谀皇上。

皇上当然是最高明的，戈权出使，皇上面授，一切就迎刃而解。皇上说："金幼孜，拟旨，就按刚刚议的办理。这两个兵丁，都是白身，升为百户。"

杨荣奏道："皇上，臣有事。光禄寺少卿赵甲和钦天监副孙秀两人都要告御状，都上了奏章，被臣扣下。"

皇上正在气头上，听后一怔，似乎在消化这句话。这两个衙门确实有许多交集之处，但也不至于上奏章互相攻讦啊。"皇上，是因为这次选秀。"杨荣加了一句。

众臣基本都知道了这件事。皇上登基，宫中乏人，按制纳妃，还差许多。虽说是有制，但历朝历代皇上，为了给朝野一个勤政形象，也为了留名身后，也为了谥号，都没有那么多嫔妃。太祖高皇帝九个妃嫔。太宗文皇帝多一点，但也不会超过二十个。先帝还是登基前的妃嫔。

这次太后下旨，宫中女官选五十人，其他王爷每宫十人，不论就藩或者在京。这亲王当然是先帝皇子，当今天子的弟弟们。

宫中选嫔、答应、常在、美人各五人，其他在原有宫女里选拔。各个大婚的亲王选秀五人。宫里再补充宫女一百人。

朝廷自有制度，不是随便就可以参选，不论文武，在京文官五品、武官四品以上，十三岁以上、十七岁以下女儿或女弟。懿旨中特别强调，只有官员女弟，夫人女弟不算在内。有敢弄虚作假，罪之。

懿旨一下，京中五品以上官员数以百计，大家就像是见到血的苍蝇，到处托关系，找门路。有的虚报年龄，有的冒籍，有的赶紧过继。其实宗人府、礼部和太常寺也心知肚明，差不多也就过去了。毕竟僧多粥少，即使报名参选，层层选拔，未必就能选上，乐得卖个人情，还有几两银子拿。

问题是这次钦天监副孙秀小女入选常在，而身为光禄寺少卿的赵甲女儿却落选。光禄寺就是前朝的宣徽院，负责宫里饮食起居，所有东西都经过他们之手后，再交到尚食局、尚衣局等，设有大官、珍馐、良酝、掌醢四署。

光禄寺银库就是内帑库，掌管皇家银钱，和宫里主子有着千丝万缕的联系。本来赵甲女儿已经过了头选和二审，在宫里住了十天，最后被选掉，大家都觉得很可惜。

终选是宫内太监、女官、嬷嬷的事，监督的却是主子，就是那些太妃、太嫔们。赵甲身为光禄寺少卿，和太监、女官、嬷嬷过从甚密，以为万无一失。谁知道大意失荆州，被点额 [①]，名落孙山。

这些人也觉得赧然，少卿大人的银子也拿了，又是同在宫中做事，无奈只好告诉赵甲实话，就在孙山后，再多一个就是她。

这话等于没讲，宫中选秀多年来成了定例，多一个也不行，少了可以，宁缺毋滥。这白花花的银子不能白花，赵甲毕竟有些门路，就去找了朱守信。

朱守信，皇家血脉，当今天子的叔叔，领宗人令，一般人怎么能见到？这就是光禄寺的优势。朱守信看在同僚的份上，当然也是偏袒光禄寺少卿。他告诉赵甲一个秘密，选上的秀女中有孙秀的女儿，孙秀是钦天监

---

① 秋闱、春闱考试落榜。这两次考试为鲤鱼跳龙门，未能跳过去点额而归。这里指未选中秀女。

副。

赵甲认识孙秀。钦天监和光禄寺相比，是一个名副其实的清水衙门，但是他也有自己优势，极似太医院，人们经常找他们去看阴阳宅子，查看黄道吉日，自然也有些人脉，比光禄寺少卿结交的人还多。尤其是宫里人，因宫中阴气太重，经常找他们破解。

赵甲也找过孙秀查黄道吉日，开始真不好意思撕破脸。但是富贵动人心，这不是一般的女官，这是实实在在的常在，选上就是国丈。

朱守信的意思也是孙秀级别不够，他是六品官。赵甲把这个消息透给六科给事中。这也不是大事，六科并没有上奏章，而是直接把这个事告诉礼部。礼部看被六科盯上，慌了手脚，告诉他先不要上奏章，礼部赶紧找到孙秀。

孙秀知道被人家首告，愤愤不平，问他的女儿下一个人是谁？礼部如实相告。他心中有数了，派人调查后发现了问题。赵甲只有一个女儿，早都已经嫁人，还未迁都北京时就在南直隶嫁人了。这个女子是他弟弟的孩子，是侄女。

孙秀大喜，也出首礼部。礼部尚书胡濙不好自作主张，去宫里请示朱守信，朱守信毫不客气地说："本令不管那些，只要数字够了即可。"很明显，在偏袒赵甲，也不想得罪孙秀。

胡濙是阁臣，按理说这事可以不管。赵甲和孙秀两人把官司打到了都察院，刘观也一筹莫展。最后两人上奏章告御状。通政司大使顾佐还在丁忧，其他官员见不到皇上，只好杨荣代奏。

皇上正在气头上，喝道："还有多少这样弄虚作假的？查，彻查！这两个人的女子全落选。"

阁臣无人敢接言，杨士奇无奈，赶紧出班奏道："皇上不可。这是由来已久的事情，大家都知道，都装糊涂。因为这无伤国体，六品官员以下的女子未必就不行。这多年都这样过来的，每次选秀懿旨一下，就有几千人参选。哪有那么多京官？这些勾当，太祖、文皇帝、先帝都心知肚明。以臣之见，皇上大可不必管这些事，把奏章留中，随他们闹去。山东这事是最要紧的。"

金幼孜已经拟好了奏章，走过来跪着放在案几上，说："臣以为杨大人言之有理，臣附议。"大家都说"附议"。

皇上没表态，看着奏章，说："可以，马上录黄、用印送给当值给事中。"这是圣旨的程序，拟旨是草稿，皇上会押存档，录黄就是正式圣旨，用过印给当值御史、科道过目，如果没问题就用最后一道印鉴、玉玺，由通政司早朝在大殿宣读，而后发出。单独给某人的，派人直接送去。需要返回的还要当时就带回来。

还有一种可能。御史、科道和这道旨意意见相左，那就要封驳，皇上和阁臣还得再议。

第十八回

▼

翰林侍读起死回生　府前大帅心灰意冷

皇上说："你们先回内阁候着，有差事朕再喊你们，退下吧，让陈灏他们进来。"指着杨士奇、夏原吉和张瑛说，"你们几位先留一会儿。"

皇上听到唱报声，皇上以为是陈灏几人，说："不要施礼，站着听朕说，朕……"

"罪臣李时勉见过皇上，吾皇万岁，万岁，万万岁。"进来的是李时勉。正好陈灏他们也到了门口，皇上摆摆手，陈灏他们又先退回去了。

皇上看了几位阁臣一眼，他们也是一脸茫然。皇上问值殿将军："为何没去西门？"

"臣没接到去西门旨意，皇上口谕，让臣去拿人。"值殿将军一时慌了手脚。起居注的官员就要过来。

杨士奇摆摆手说："皇上刚才下了两道口谕。那道是给王泰的。王泰是中人，必须走掖门，而这几位是五品以上官员，可以走正门。"

将军赶紧说："在承天门不敢走正门，臣从东华门进宫的。"

杨士奇接过来说："皇上，臣以为，这是错开了，此人不管如何十恶不赦，从这一点看，有一定造化，皇上先问话再作道理。"

张瑛接着说："臣附议，我朝凡死刑必五复奏。"

这还是骂人，骂皇上不顾律法，草菅人命。皇上不理他，看了李时勉一眼，他身穿六品服饰，五十岁出头，三绺短髭，微胖，有些肿眼泡，脸上一股书卷气，举止不慌不忙，不卑不亢，这令皇上心生好感。皇上问道："李时勉，你为何称罪臣？"

皇上说出这句话，很出乎众臣意料，他们意识到皇上已经消气了。"回皇上，臣逢大赦，还未做最后鞫审。"李时勉回奏道，声音洪亮，语言清朗。

皇上龙颜大悦，说："那你就说说吧，为何下狱？"

"回皇上，臣上了一个奏章，逆了龙鳞，先帝生气，杖责臣，而后下了锦衣卫诏狱。"

皇上又打量了一下他的服饰，喝道："你六品小吏，萤火虫一样的前程，竟敢当庭触怒先帝！告诉朕，你到底在奏疏里讲了什么？"

"臣上奏章有六项，臣还记得，流民、马政、官制、钞法、旌表。"李时勉说完跪在那里等候发落。

皇上听得正认真，说："这几项还说得过去，这是五项，还有一项呢？"

李时勉嗫嚅半天，最后说："就是这一条逆了龙鳞，臣进言先帝，居丧守孝期间，不宜过度近嫔妃，更不宜远太子，有失父子天伦。"

朱瞻基愣了半天，原来李时勉是为了他朱瞻基几乎丧命。皇上脸色已经缓了下来，和气地说："能否详细讲一下？"

"时间过长，臣已经年过知天命，只能记住这些。"

皇上感觉他有苦衷，问道："维喆大人，你当时在场吗？"

夏原吉赶紧说："回皇上，奏对之时，老臣回避了。只是后来听先皇说起。既然有奏章，一查便知。"

皇上听出不一样的意思，必是有难言之隐。他点头称是，口谕："赶快去架阁库找出去年五月李时勉的奏章。"

皇上不再理他，喊陈灏他们进来，说："你们赶紧去济南，无论如何要找到郑六苗，活要见人，死要见尸。还有，李睿自从上次上奏章，再无动静，你们也和他联系上。"

张鹏说："如果找不到，臣……"

说到这里停下，大家明白，不能说得太直白。蹇义说："济南府同知李郁是他的堂兄，你们可以去问他，他必然知道。"

"你们退下吧，和子玉大人商量细事，诸事小心。这次是绝密，不准透出半个不字。李时勉，你也要注意。"

"皇上，臣耳背，什么也没听见。"大家都笑了，张瑛跪安，和几人急急忙忙走了。

很快奏章托了上来，皇上打开蜡封，前面五条都在，第六条以后都被涂抹。心下叹息，一定是不雅之语。

皇上让人拿走，蜡封放回原处，问道："李时勉，你有原稿吗？"按理说这样的奏章，不可能没有原稿。

李时勉迟疑一下说："回皇上，臣怕再惹祸，已经烧了。"这话不一定是真的，但是这令人钦敬。

皇上说："李时勉，你是忠臣。来人，赐服，李时勉官复原职，不，迁为翰林院侍读。"

虽然同为正六品，侍读却高一级。杨士奇和夏原吉在南北两京，侍于驾前，还第一次看见当时就赐服，这是难得的殊荣。有人托上服饰，李时勉到里间换上，很快出来，纱帽圆领，粉底皂靴，鹭鸶补服，令他看上去器宇轩昂。

皇上大喜，说："士奇大人，李时勉还去你们那里编纂《太宗实录》。朕还另有任用。李时勉，你跪安吧。"说到这里，皇上看门口有人站着，是王泰和两个小太监。皇上喝道："王泰，你这个奴才，是才来的吗？这么没规矩！"

王泰如梦方醒，跪爬着进殿，连连磕头，咚咚有声："主子恕罪，奴才糊涂了，以为看花了眼。差事没办成，回宫看时，要杀的死囚却换上了新官服。奴才以为在做梦。"

皇上一怔，随即哈哈大笑。几位臣工都笑了。

张鹏几人和张瑛谈了一会儿，告辞回去准备。张瑛对张鹏又面授机宜，郑六苗和李睿是关键，无论如何得找到其中一人，活要见人死要见尸。

张鹏告辞时，已经到了申正时分，他不敢停留，把迟二小喊上。陈灏扮成皮货生意人，张鹏、吉祥等扮成小厮。陈灏坐车，其他人骑马，向济南府奔去。张鹏告诉二小带人在后面走，沿途注意官轿，主要是打探李睿的下落。

陈灏是南方人，也一直在南方做官，从未涉足山东，军伍没有熟人。张鹏则不同，他家乡就在济南，一直随父亲在登州剿匪，保不齐就有熟人。张鹏先不到济南，和吉祥带着李九直接去了乐安州。

他们到乐陵时已经三更，在城外找了一家客栈睡了两个更次，牲口歇过驾，继续南行。到了乐安州，先找了一家客栈，吉祥换了一身服饰，带着两个人去找郑六苗。

吉祥大摇大摆地来到辕门前，说是郑六苗亲戚。出来一个佥事告诉吉祥，内相老爷去了登州狼烟台。吉祥问是什么差事，这个人也没瞒着，说去处理亦失哈总镇舟楫一事。吉祥谢过，回报张鹏。

这件事张鹏刚听说了，放下心来，当机立断，去登州狼烟台。那是他父亲的地盘，父亲张十一做了两任卫指挥使，他办差相对容易些。他想好了，也不用藏着掖着，他心里清楚，当他们踏进乐安州的那一刻起，就已经进入了汉王视线。

他们未作停留，直接向登州府奔去。他们到了登州府所在地蓬莱，已经是第三天酉时。城门有大批军兵在盘查过往行人。张鹏未作理会，以前也经常如此，这里是倭贼经常骚扰之地。吉祥示意他看城门上，贴着海捕文书，吉祥劝张鹏小心为妙，他说总感觉这事太巧了。

张鹏然之，几人太累，几匹马也太乏了，只好找一家客栈先住下，打听一下。

他们在客栈后院上二楼，看到处都贴着海捕文书，落款是登州府衙和登州卫司。日期就是近几天，几个人也没当一回事。吉祥告诉店家把酒菜端到房间里吃。店家朝奉看几人腰藏利刃，提醒道："几位做生意的吧？你们这身打扮惹眼，小的建议把东西藏好，说不准一会儿又得来查。这一天都查三次了，昨天更多，在门口还放上岗哨。"

张鹏说："我们这里出什么事了？有倭贼吗？"

朝奉听他说话是当地口音，说："原来爷是本地人，那就好办了。听口音是济南府的，我们这里人不说官话。爷说的是咱们山东官话。小的告诉你们，前天这里火拼了，死了好多人。"

张鹏心里咯噔一下，心里明白，这世界上没有那么多巧合之事。他问："什么人火拼？因为啥？"

"小的本来也不知道，夜来来往军兵还不说，今儿个松了一些，那个府衙青衣说卫司将士和朝廷来的官兵火拼了。朝廷来这里征发船只，卫司和府衙都不同意，因为每次去辽东都到这里征船，走时候好好的船，回来就报废了，一次次，这里民人不堪重负就发作了。"

这些勾当张鹏知道。辽东只有都司，没有臬司和藩司，名义上归山东管辖。一旦到辽东去公干、调兵、赈济等，都在登州府这里起锚。一次造船少则几十艘，多则几百艘，每家摊派。有时候为了缓和民人关系，等课税时一起收。登州府一年两课，夏赋秋课，秋赋冬课，原本就不少，再加上增加的船赋，民人确实受不了。

前几年闹旗子①，如张鹏父亲张十一，就是拉旗子出身。最近几年闹佛母，这里几乎民人相食，易子而食。船税尤其重，这说的是靠下海为生计的渔民。可是别人不是采珠户，却偏偏加上这道赋税。这一定是当地官员抵制发生的惨剧。张鹏不知道郑六苗是否参与。

大家赶紧吃完，还没等店家拿下杯盘，几个士兵走了上来。这些不是青衣，是卫所兵丁。他们拿着画像对这几个人看一下。张鹏怕被他们认出来，低着头。

带队的是一个总旗，喝道："把头抬起来。"张鹏无奈，只好抬起头来。

这人似乎吃了一惊，沉吟片刻，恢复平静，说："有没有看过这个人？"其实张鹏听店家讲完就开始注意画像这个人，感觉面熟，看了人名，叫秦双六，想不起来这个人，摇摇头。

这人说："他是卫司百户，煽动兵变，杀了上面来的人，负案在逃。海陆都已经布下天罗地网，一定在本城。你们在来的路上有没有看见？"

张鹏不好一直不说话，回道："在城门时只看到有军爷在搜查，进来不管，只管出城的。"总旗意味深长地看了张鹏一眼，没说话，带人走了。

张鹏和吉祥商议，明天自己去卫司。吉祥也没有好办法，尽管冒险，也不得不试一下。

人困马乏，几人早早休息，三更炮响过，一阵急促的脚步声惊醒了张鹏，很快有低沉敲门声，是店里伙计，睡在外面的侍卫开门。伙计说："有一个官爷让小的把这个给爷。"说完匆匆走了。

"张少帅，速逃。"吉祥也过来了，看到这张字条，问明原委，看张鹏在犹豫，果断下令几个侍卫撤退。

几人刚走到院里，解开马匹，店家朝奉过来，说："哪位是张少帅？"

吉祥不客气地说："这里没有张少帅。"

---

① 占山为王的贼人。

"你们还没赏账吧？就这样走，是要逃账吗？不管你们是不是张少帅，看你们穿得光鲜，不像是吃霸王餐的吧？"朝奉一反常态，和之前几乎判若两人。

李九过来说："你这个朝奉好记性！刚刚住店时候就给了你一贯钱，说好余下赏你，为何又说我们逃账？"

朝奉哈哈大笑，说："一贯钱也就是一个人的花销，你们还有这么多牲口，哦，你们牲口和人一样，就一样算了。"

李九大怒："你放屁，你才和牲口一样呢！再胡说八道，屠了你。"

"什么意思，耍三清子？问问你们少帅，这是什么地方？来人，拿算盘，我在院里为你们算一下。"

张鹏看出其中的蹊跷，朝奉这是在故意磨时间，遂喝道："你是不是认识我们？我们不和你计较，你说银子数，我们付给你，乱说一句话，别怪我们不客气。"

"这口气倒是像你老子，你以为我怕吗？原来你也是贼啊？做了贼，当了鹰犬，结果还是贼。"朝奉吼道。

张鹏大吃一惊，这是许多年的事了，还有人记得，他不敢纠缠，喝道："快去开门。"吉祥给朝奉一块银饼子，店家掂了一下，懒洋洋地去开门。

楼上楼下都惊动了，各个房间灯光一一亮起来。大门外有嘈杂声和马蹄声。朝奉迅速打开大门，喊道："官爷，贼人在此。"侍卫牵过马来，另一个冲过去，对着朝奉就是一铳。朝奉有些见识，赶紧躲避，腿上挨了几弹，倒地哀号。

李九大怒，对侍卫喝骂道："谁让你开火的？蠢货，保着大帅冲出去。"

张鹏说："不用，你们保着吉祥内相。我们不能从正城门出去，得赶紧向东门走，那里不设防。"

这曾经是张鹏的一亩三分地，他十分熟悉。吉祥说："大帅，东门不是向大海跑吗？"张鹏没回答，因为官兵已经到了。张鹏示意李九。

李九喊道："你们是卫司的吗？这是原张大帅公子。"

"军爷，他是贼，原来他老子就是贼，山东人恨不能食肉寝皮。军爷快打死他。"朝奉使劲号着，喊道："筛锣，就说张十一来了，打死他。"

一阵锣声，几个伙计一起大喊，很快各处都筛起锣来。前面官军保持沉默，没有骑兵，打着火把，也不厮杀，只是堵住去路。

张鹏听他们如此恨父亲，心里一灰。想父亲英雄一世，自以为为朝廷、为百姓做了诸多好事，结果山东人，尤其是登州人却如此恨他。

第十九回

▼

杀民人吉内相泄愤　遵旨意贺大尹护私

　　张士原名张十一，本来是秀才，家里颇有家私，被蓝玉手下的将军觊觎，设计陷害。张士年纪尚小，侥幸逃脱，在山东孝堂山入旗子。当时山东境内大大小小几十家拉旗子的，以孝堂山为首。

　　张士后来做了大旗主，被山东都司指挥使孟善收复，在他的带领下，各旗主下山接受改编。当然不接受改编的，被张士带兵剿灭。张士由副千户一步步升任登州卫指挥使，后来做府前卫指挥使，在护送当今天子北归时被贼人杀害。

　　各处火把向这边冲过来，而拦住去路的官兵却不见了踪影。张鹏心里明白，官军这是要借刀杀人。吉祥说："大帅，这是阴谋，郑六苗已经死了。"

　　"不用慌，我们走出去，以静制动。听某号令。"张鹏知道，阴谋是肯定的，郑六苗也没有活路了，但不是为国捐躯。张鹏审过罗洪，已经知道了崔彧之死就是郑六苗所为。当然，这样说法，吉祥打死都不会相信，尽管他当时也在场审讯。郑六苗在官里是道德之神，是良善的化身。

百姓已经从四面八方围过来，店家朝奉腿上包着一块白布，在一块门板上躺着，几个人抬着，手持农具护侍。朝奉喊道："乡邻们，这个大个子就是鹰犬张十一之子，张十一害惨了我们山东人，他儿子落单，大家报仇。"

令人奇怪，朝奉声音并不大，人们都停下来听着，看他说完，就像是在油上点燃一把火，人们瞬间爆发，手持各种器械冲了上来。李九对天开了一铳，丝毫没有阻止他们冲锋。

吉祥下令，他们再冲十步，你们就开火。侍卫们看着张鹏。张鹏已然明白。不开火，那是坐以待毙，会被这些愤怒的人剁成肉酱，开火正好落入某人设好的圈套。看这架势，早有人联络。

千钧一发时刻，容不得张鹏半点犹豫，说："不要伤到要害。"这话没有一点力度。这如同两军交战，刀剑无眼。

吉祥管不了那么多，大喝开火，自己手中四眼铳先开出一枪，冲在前面的人像被人扔了出去，轰然倒地，身上瞬间流出鲜血，挺了几下，没了气息。

四面民人看得清楚，大概是没见过这样的杀人利器，片刻怔在那里，吉祥又开了一铳，后面一人又被撂倒。大家怕了，拖着倒地两人，转身即逃，灯笼火把瞬间少了许多。

他们逃出百步左右，有人大喊："赶快报官，贼人行凶。大家一起上，他们人少。"人们反应过来，又冲了上来。

这大动静，不见有人出面，李九也看出端倪，说："内相，我们今天怎样都走不了了。怎么办？"

没等吉祥说话，张鹏笑了，说："九子，今天你倒有些见识，回去本帅得抬举你。"大家看他竟然笑着，还口称回去，放心不少。这是张鹏的安抚之计。

李九被赏识，信心倍增，看民人一步步走过来，知道他们已经有了怯意，喝道："乡邻们，你们上当了，是有人想要我们的命，你们不要再搅和。再往前走，我们还会杀人的。"

大家无奈，只好在这里拖延时间，到天亮再作计较。张鹏他们心里都有数，要他们命的不是这些民人，而是官府，多数是卫司。

正在民人无奈之际，一阵火铳声从街道西面传来，火铳声越来越激烈。民人发一声喊，退到一边。张鹏不知道发生何事，不敢轻举妄动，喝道："都不要动。"

这边民人和张鹏都成了看客。那边虽然持续着，听起来并没有大规模交火，也没有太大的喊杀声。天渐渐亮了，那边逐渐平息下来。一些人开了过来，为首的看上去是一个百户，喝道："你们在干什么？"民人跪下哭喊道："有贼人，杀人了。"吉祥想上前搭话，被张鹏拉住。张鹏今晚就想以静制动。

百户令人过来看一下，真的死人了，说："赶快让大尹的人过来。刚才误会了，现在还他人情。"说完不理众人，带着队伍策马而去。看得出他们晚上也一直在行动。

但这不是巡夜。

灯笼火把已经熄灭，鼓声传来，已经卯时，西面一阵鸣锣声，登州府衙对牌，对牌过后一辆马车走了过来。民人都跪下，喊大人做主。张鹏看一下，来人五品服饰，这是通判。

朝奉被人抬着走上前禀告："夜来这些贼人，吃饭住店，半夜要走，不结账还打人，小的与他们理论，他们竟然带着家伙，打伤了小的，小的鸣锣，乡邻们都赶来捉拿，谁知道他们行凶杀人。不是刚才一队军兵，我们这些人都死无葬身之地了。"说完号啕大哭。

吉祥和李九对视一眼，哭笑不得。张鹏心里有数，这是最好的托词，他不能说是张少帅，那性质就变了。张鹏这几人都站着，真是鹤立鸡群。

通判也不废话，大喝一声拿下，李九大怒就要动手。张鹏摆摆手。张鹏现在判断，刚才和那个百户交火的就有此人。青衣过来，张鹏先把手铳和佩剑递过去，看青衣要搜身，对主官摆摆手。主官早看出蹊跷，下令不准搜身，也没锁上，带回府衙。

审案是通判的事，但这些人不是普通人，只要是还有脑子就能看明白。通判下令青衣们去吃早饭，派人去请大尹。他让张鹏等人落座，他在客位相陪。

一位四十多岁的四品官急匆匆地走过来，通判起身见礼。这人摆摆手，说："几位在哪个衙门公干。下官登州府尹贺敬。"转身问判官情况。

作为府衙通判，五品三府，背靠明镜高悬，手持惊堂断木，动辄催签火票，随发海捕文书，看似威风八面，其实个中苦楚何人能解？晚上几乎从来不敢吃酒，不到二更不敢就寝，还要和衣而卧，不知何时就有大案，可谓身心俱疲。夜来折腾一夜，还得强打精神饿着肚子审案。

通判当着几人面前讲了过程。

半夜三更值夜青衣来报有人在此闹事。已经有了死伤，死伤多少不详。一听说死了人，通判先慌了手脚，不敢迟疑，连轿子都不敢坐，也不敢打执事，怕太慢，坐上马车，亲自带着衙役向事发地点奔去。

走在路上，远远被一些人拦住去路，不问皂白，一阵火铳声。虽然是朝天而放，可自己带的这些人是衙役，是府衙青衣，不是兵丁，何时见过如此阵仗？瞬间魂飞魄散。不用问也知道有火铳的是卫所官兵。

通判喊话几次，对面置若罔闻，过去差不多两刻钟，这些士兵自行离去。府衙人摸不着头脑，不去理他，来到事发地，已经死了人。

张鹏知道原委，内心赞叹，背后这双手，干得漂亮，这些官兵明明是在等待张鹏他们杀人才离开，放通判他们去审案，坐实张鹏等人杀人事实，他张云举就是长一万张嘴也说不清楚了。他清楚，不报出身份料也难脱身。张鹏对李九递了一个眼色，李九拿出腰牌递给贺敬。

贺敬并未吃惊，点点头说："下官判断也是上支下派，哪位是长官，下官请更衣。"

　　张鹏示意吉祥他们候着，自己随着贺敬走进仝押房，张鹏自报家门，然后说："贺大人看着面生得很，是哪年到此任职？"

　　"下官永乐二十一年升迁至此，听说过令尊的英雄事迹，不胜钦佩。将军到此公干，下官不敢多问，如果差事办下，可否立即离开登州？"

　　他不问差事尚属正常，他不问为何与民人动刀剑，这就有些反常。张鹏说："最近这里出了案子是吗？我说的是大案要案。"

　　贺敬看了张鹏一眼，眼神中似乎有几分奇怪。他说："下官以为将军就是前来处理此事。由于征船一事，卫司兵丁做出过激之事，百户秦双六率兵抵制，最后和都司来使刀兵相向，杀死监军郑六苗，负案在逃。这是军伍案件，按制由他们自己处理，他们只是下了协查牌票。"

　　"贺大人讲得明白，和本将最初的判断吻合。咱们长话短说，本将怀疑这里有人做文章，需要大人协助。"张鹏眼下只有求助贺敬。这是地方府衙，很少参与军伍之事。

　　贺敬心里有数，做到知府，那当然不是泛泛之辈，早已经嗅到山东地区飘着不一样的味道，也嗅到了一丝危险。对面站着这个人是府前卫指挥使，等闲之人不放在眼里，今天所求之事必是大事。他赶紧躬身一揖："大帅为何如此相信下官？"

　　"看得出来，贺大人是一正经人，当然，如果和贼人同流合污，祸不远矣。今天有两件事需要帮忙，第一，放走本将属下的两个人，由你的人带路，去芝崖狼烟台守御千户所找千总沙大虎。然后带他们直接去卫司。第二，一会儿民人肯定要追到府衙来，你来应付他们，怎样说由你。卫司必定会趁机前来索拿本将，不管发生何事，你都要无动于衷，不要向上宪报告。"

　　第一条犹可，第二条听得贺敬一头雾水，他不好直问，赶紧去安排。把吉祥几人刚刚派出去，府衙前已经人山人海了，开始还在窃窃私语，很快声音嘈杂起来。张鹏向外面看了一下，已经到了巳时，自己和属下几人还没顾上吃早饭。当然，府衙人也如此。

府里同知带着随员出去说了一阵，人们还没散去。张鹏懒得听，心里明白，无非是要府衙交出杀人凶手。很快贺敬也走了出去，人声反而更加鼎沸。李九说："大帅，他们要冲进来。后面那些人抬着死尸，这里抵挡不住。奈何？"

一动不如一静，张鹏心里有数，到了紧要关头，卫司定会出头。他们不敢把他张鹏怎么样，只是想把他合法留下。哪怕关几天，至于他们到底要干什么，张鹏不像金英，金英久在宫中，皇家勾当略知一二。张鹏不知道，也不想知道。

"哗啦"一声，衙门的门框被民人推倒，一些人已经冲进来了。有的人在外面敲起鼓来，震天的鼓声，整个登州府都听得清清楚楚。青衣在院子里排成人墙，民人全然不惧，把尸体抬进来，放在阴凉处，向里面大声吆喝。

贺敬大吼道："你们擅闯衙门，已经犯了大明律法，现在赶紧退出去，本官权当什么事也没发生。至于你们说的凶犯，正在本衙门鞫审。因事情涉及一些机密，不宜公开。鞫审过后，本衙张贴告示，咸使闻之。"

这些汹汹民意似乎被压了下去，不知道谁喊了一声："他们就在衙门里，他们没带刑具。大尹护私，我们冲进去。"民人向里面看一下。

天气太热，衙门六扇门全部打开，里面人物尽收眼底。在院外看不见，冲进院里，连屏风江水海牙的波浪颜色都看得清清楚楚。李九耐不住性子，一遍一遍走到窗子那里向外张望，早被民人看个正着。人们好像千日干柴被点燃，瞬间又爆发了。一声怒吼向六扇门冲来。

衙役在拼死抵抗，后堂又冲出来一些衙役支援，但是这是滚滚洪流，无法阻挡，冲破这道脆弱防线是迟早的事。

"砰""砰"两声火铳响，压过了嘈杂的人声。有人一声大喝，早冲进来一队军兵。带兵将领说："你们想造反吗？这性质可是变了。冲击衙门，最轻的也要杖一百，流一千五百里。你们想尝试吗？"大家出于对兵丁的畏惧，闪开一条道路。

将领说："此人知道我们卫司杀人犯下落，我们押回去鞠审。完事后给乡邻们送回来，随你们处置。本将之意，人死不能复生，你们节哀。但是总得让杀人犯受到经济惩戒，你们可以向府里提出赔偿，本将以为，大尹老爷会答应的。本将可要办差了，乡邻们随意。有人想打歪主意，你可要看好了弟兄们手里的家伙。"说着带人走到里面，把手一挥，军兵冲过来，就要上手段。

李九大怒，拔出佩剑。张鹏摆摆手，侍卫们把刀剑、手铳交给来人，府衙真的没有为难来人，张鹏随他们来到卫司。这些乡民真的未敢再闹。至于他们怎么样安排，张鹏没有心情再管。

一位三十五六岁的卫司佥事在辕门候着，打量着张鹏，问道："你是张少帅？"

李九喊道："这是大明朝府前卫指挥使张云举，为何不拜？"说着把令牌丢过去。

佥事没捡，单腿跪下行个军礼，说："大明朝登州卫指挥司佥事劳立见过大帅。"张鹏没理他，向里面走去。

劳立感到没趣，自己慢吞吞站起来，来到金押房。劳立说："大帅，说起来惭愧，这段时间大帅、二帅都不在辕门，是卑将在坐纛管理，这时才知道管理一卫人马是何其艰难。这几天事故不断，先是和亦失哈总镇派来征舟楫的兵丁闹起了摩擦，打了一架。这次竟然火拼，死了人，尤其是郑内相，那是监军，朝廷内相，卑将如何向我们大帅、二帅交差？"

第二十回

▼

见天使惊醒温柔梦　护府帅保全兄弟情

张鹏看他诉苦，不想接这个话音，只说："你们大帅、二帅的去向本帅没兴趣。本帅的差事，是把郑六苗带回去，活要带人，死要带尸。我们也不敢打扰，一会儿就走。"

劳立一脸苦相："大帅要回京，卑将不敢阻拦，只是郑内相已经尸骨无存，被这些没人性的士兵刀砍斧削，最后丢进了大海。凶手在逃，至今还未捉拿归案。卑职无能。"

"你是够无能，这样吧，你……"话未说完，涌进一群将军，大家都朝张鹏跑来，都口称少帅、云举、大帅、将军，乱喊一通。大家不由分说，要请自己的少主子吃酒。

人声嘈杂，劳立显得不耐烦了，说："这么又嚷又争的也不是个办法。你们抓阄做东。按制，军伍不准饮酒，这次少帅荣归故里，你们都想叙叙旧，尽一下地主之谊，本金帅理解，放你们一马。你们自己决定吧。"

见到先考故旧，张鹏也很高兴，这些人轮流做东，美酒佳肴，玉人妙音，张鹏每天大醉，尽管着急，也不好推辞。

而李九等人，最近风餐露宿，饥饱无常，这次一下子掉进蜜罐里，每天有美酒佳人，谁肯就此回去？几人每天喝得烂醉。这时官场还可以狎妓，只能是歌伎，敢游走于烟花柳巷，那是违制的，被御史、科道风闻上奏，会丢官罢爵。

这天，一张字条，才点醒了张鹏。只有"刘备招亲"这短短四个字。这个典故，一字不识的人也明白，鼓词、听戏都有这一段，何况张鹏自幼读书，才学堪比乃父。孙权想用温柔富贵困住刘备。

张鹏仔细看一下笔迹，和客栈为同一笔迹。请自己吃酒这些人虽然是父亲的老哥们儿，但已经变了。自古官禄财帛动人心，这些人被汉王收买，幻想着和文皇帝大封的靖难功臣比肩，爵列公侯，封妻荫子，子孙万代，富贵无穷。

张鹏被点醒了，也更加清醒，他走不出去，这类似软禁。现在看来事情已经很急，汉王爷很可能有了计划和时间。张鹏干脆装作不知，等沙大虎来了再作计较。他还是试探一下。让李九找来劳立，提出告辞。

劳立还是老话，这些都是大帅旧人，不吃一段时间酒怎肯放归？张鹏试着让李九回去，走到辕门被一些将士热情地拉了回来。张鹏不再挣扎。

又过了几天，张鹏刚刚吃过晚饭，有了几分酒，沙大虎和吉祥他们来了。这是守御千户所千总，从四品，和佥事品级相同，直接归都司辕门管辖。但是属于当地卫司托管。

见礼毕，沙大虎问起张鹏。劳立开始还王顾左右，沙大虎告诉劳立，这是张鹏大帅一起出来办差的内相，他们分头行动，吉祥去了千户所。沙大虎知道张帅在此，特来拜见，如果张鹏差事已经办下来了，他请张鹏去自己衙门盘桓几日，连夜回狼烟台。劳立不好再说，只好让他征求张鹏意见。

张鹏和沙大虎是发小，他比张鹏大三岁，张士和沙大虎父亲沙老虎是金兰兄弟。因此张鹏才让吉祥去找他，除此以外，他不知道还能相信哪个。

　　张鹏辞别劳立，和沙大虎回狼烟台。张鹏看劳立这么痛快就答应了，心下狐疑，是不是自己疑错了？走了一段，沙大虎问："兄弟，这是什么情况，看架势你被软禁了？"

　　张鹏说："大哥，不要说话，记住，不论谁找你，只要是议论朝廷，你就要警惕。还有，小弟得赶紧回济南，情况紧急。你赶紧给兵部写信，就说小弟在山东遇到紧急情况，请朝廷早作准备。我们出东门走几里地，小弟再折返济南。"

　　沙大虎停下来，脸色异常难看，问道："他们真要动手了？"张鹏心里也没有十分把握，只说一句，现在还不好说。

　　两人带着侍卫急速出城门骑马向东面疾奔。张鹏心里发慌，怕陈灏他们惨遭毒手，这次逃脱樊笼，忙忙如丧家之犬，急急如漏网之鱼。大家辨认一下星斗，沙大虎说走出城门五里地了，就此别过。

　　话音未落，一阵箭雨射来，大家猝不及防，瞬间几人被射中。

　　沙大虎右臂中箭，他大吼一声："何处宵小，敢暗算你沙爷爷，敢不敢报一下名号？"没人搭话，回答的又是一阵箭雨。

　　沙大虎明白了，自己是陪衬，张鹏才是他们的箭靶子，这就说明，张鹏身上背负着重大秘密。他喝道："云举兄弟，带人向南冲，来去的路都走不通，他们一定都布下伏兵。快走。"

　　吉祥催道："大帅快走。"

　　张鹏对吉祥喝道："放屁，本帅绝不能让别人替死，尤其是沙大哥。大哥，咱们一起撤。"

　　沙大虎侍卫已经快死光了，沙大虎喝道："胡说，你看我们能跑出去吗？你回到朝廷汇报，我有你重要吗？傻兄弟，快走。吉祥，你这个阉竖，快保着大帅撤退。大帅有一点点好歹，我做鬼也去骚扰你。"

　　吉祥、李九和几个侍卫过来拉起张鹏就跑。张鹏大怒，说："你们再拉我，我劈了你们。"

吉祥无奈，只好退而求其次，说："李九，趁他们顾不上，你赶紧找个地方藏起来，结束后你想办法去报信。"

李九哭了，说："内相，这时候卑弁怎么能离开？"

吉祥喝道："这是将令，别废话，快点。"

沙大虎喊道："兄弟，你再不走就过来劈死我吧。我们都死了，谁给我们报仇。快走，不然大哥我自己结果。"说着手铳对上了自己的脑袋。

千钧一发时刻，不容多想，张鹏哭了，喊了一声大哥，在吉祥和几个侍卫保护下向南边冲去。后面喊杀声已经停止了。张鹏心里明白，这些人不会留下一个活口。他们在一片庄稼中间的小路奔着，只有吉祥和两个侍卫，府衙的差役也死了，尤其是沙大虎。

张鹏悲从心来，自己没来由地把兄长拖进来，他大声喊道："大哥，小弟一定要他们血债血偿。"

"扑通"几声，几匹马一下子摔倒，把几人甩了下来。一阵刺耳的连环弩的声音。几人赶紧抽剑拨打，已经迟了，两个侍卫挡在前面被射成了刺猬，吉祥挺剑过来护侍。

张鹏把他拉到自己后面，喝道："靠后，逞什么能！"边退边拨打羽箭。怎奈箭下若雨，张鹏左臂中箭，他心里一灰，轻声喝道："吉祥，你快跑。"嘴里说着，手中宝剑丝毫不敢松懈，看这样李九已经阵亡，眼下只要跑出一人就大功告成。可是对方箭阵越发密集。

正在此时，一个黑影掠过，在前面拨打羽箭，轻声喝道："向北，顺着城墙跑，那里有坐骑。不要去济南，直接回京。"此人压低声音，因蒙面，沙哑中有几分瓮声瓮气。

两人一起拨打羽剑，来人是个高手，力大无比，有时射过的箭被他拦腰斩断。边打边退，退出一剑之地，这人轻喝一声，快走，自己斜刺而逃。

贼人后面有了火光和人声，贼人不敢再射箭，张鹏和吉祥向北逃去，果然有四匹战马，二人翻身上马，向北逃去。

两人不辨方向，只向北斗七星奔去，走了二十几里，三星已经在正中。吉祥说："大帅，马跑不动了，歇一会儿，咱家给你包扎。"张鹏然之。

两人找到一个隐蔽的地方，马搭背上有一些银两和铜钱，还有金创药，干粮和水。吉祥大喜，对着星光把箭拔出，箭头已经深陷肉里，好在没毒。吉祥拿出金创药，帮张鹏包扎好，在这里坐了一会儿，吃喝一些，补充体力。东方已经显出鱼肚白。

吉祥说："大帅，天气太热，这伤口容易发了。天亮咱们直接回京。"

张鹏痛得直哆嗦，间或哼几声，摇摇头说："不能回去，他们在回京路上一定伏下重兵，我们无疑是自投罗网。他们万没想到我们会去济南府，我们就反其道而行之。"

"不行大帅，你这样了，如何去得了济南？大帅文武全才，明白留得青山在、不愁没柴烧的道理。绕道也得回京。"

"着急回京做什么？"张鹏问到。

吉祥以为自己听错了，天已经亮了，吉祥的脸有几分错愕。这个问题太幼稚了，他说："当然是报信，有人要造反？"

"有人造反？谁造反？"

"肯定是汉王爷。还有何人？"吉祥说得斩钉截铁。

"证据何在？"

"证据……"吉祥停下了，仔细回忆一下，这都是一面之词，没有一件事和汉王爷有关。别说是王爷，普通民人鞫审也需证据定罪。吉祥无力地低下了头。

张鹏看在眼里，说："我们两个和秦双六是一类人了，我们杀死了芝崖狼烟台守御千户所千总沙大虎，畏罪潜逃。"吉祥点点头。张鹏继续说，"我们先去乐安州。"

"我们真要找到汉王爷罪证吗？那里可是有进无出的地方。大帅三思。"

张鹏点点头说："你怕吗？要不你先去济南和陈大帅会合。"

"大帅尽管放心，咱家也是经过点事的，这点事还吓不倒。我们一起去，咱家也好照顾大帅。"

两人一起来到乐安州，一路上并未遇到严格的盘查，也没发现有他们二人的海捕文书，只是发现各处军兵在调动。二人把另两匹马在路上送给了民人，不敢卖掉，也不敢放掉。老马识途，放回去无疑暴露了行踪。他们在一家小客栈里落脚，当天太累，吃喝睡觉补充体力。

次日清晨，张鹏让吉祥如此如此。

一切安排停当，吉祥扮作货郎，在胡全府门前吆喝。一天不离地方，只喊南直隶刺绣绷圈。到了午后申初时分，一顶大轿回府，在门口没站，直接抬了进去。

吉祥连喊几声南直隶刺绣绷圈。过了一刻钟，出来一个官员，在门口一探头，令吉祥大吃一惊，出来的竟然是熟人，是宫里死而复生，而后随即失踪的太监胡十三。

在这里看到胡十三，绝非偶然。这是朝廷的最后一把牌，是张瑛把张鹏找出去面授机宜。这时张鹏身边没有他人，只有吉祥，现在两人可以说是莫逆之交，一起从死人堆里爬出来逃命至此，没有什么可隐瞒的，遂让他来办这个差事。

吉祥看见胡全出来，马上躲开，想把脸背过去。

胡全道："绷圈是新的还是旧的？"

吉祥大喜，赶紧说："似老爷这样有身份的，新的自然不在话下，小的认为旧的更好用一些。今儿个老爷怎么亲自来买东西？"

胡全明白，心领神会，点点头笑道："不怕你笑话，夫人不缺这个，我偶然喝醉，耍了脾气，砸碎了，这不是刚歇衙，还没进屋，赶紧补上一个。"说着买了两个，一新一旧，付了制钱，踱着方步回去了。

进了夏天，入二更天才黑下来。胡全青衣小帽来到客栈。互相介绍见礼。吉祥认识他，他并不认识吉祥，看着面熟，看面相知道是同辈中人。

张鹏把伤口掩藏起来，免得惹出不必要的麻烦。

胡全把王府情况介绍了一下，信誓旦旦地保证王府一切正常。说起郑六苗，胡全连连呸了几口，说："按理说，这是咱家的大恩人，不承想他自甘堕落，自甘下贱，做出不仁不义之事，死有余辜，要不然咱们主子也不会饶他。张大帅，人是会变的，变得让你再也认不出来了。"

张鹏开玩笑地问道："胡内相是否有变化？不会也认不出来了吧？哈哈。"

胡全打了一个冷战，赶紧赔笑道："哪能呢？任何时候，咱家都是皇上奴才，看门狗。咱家得赶紧回去了，时间久了引起怀疑。告辞。"

送走胡全，张鹏两人深舒一口气，都放松下来。但是心情截然不同。吉祥认为一切都烟消云散，这一切和王府无关。张鹏放松的原因，是胡全不必再隐藏了，他把胡全身份暴露给吉祥，心里深感不安，感觉对不住皇上和张瑛，现在释然了。

见面短短一刻钟，他已然发现，胡全比郑六苗陷得深，郑六苗走到如此地步，应该和胡全有直接的关系。这样也不用保护胡全了，汉王杀了他岂不更好。

张鹏看吉祥满脸轻松的样子，提醒道："吉祥，假象。"

吉祥沉吟一会儿，嗨了一声，捶了一下自己的脑袋，说："是啊，这么浅显的东西咱家竟然没看出来！大帅，我们连夜就走，这里危险了。"

张鹏笑了，说："放心，我们这几天，今儿个是最安全的。有人想对我们下手都做不到。因为胡全盼着我们赶紧回京师上天言好事。"

吉祥也笑了，沉吟片刻，说："三两天登州卫就得来报告，我们那时候又危险了。"

张鹏点点头说："没错，明天我们就去济南府和陈灏会合。"

到了济南城外，张鹏两人发现，到处都张贴着张鹏画像的海捕文书。张鹏不敢进城，现在看来，进城也不可能见到陈灏他们。两人商量，吉祥进城去找李郁。

第二十一回

▼

夏津口三喜惊府帅　奉天殿阁臣缺晚朝

吉祥很快回报："大帅，出大事了。陈灏大帅杀了都司靳大帅的亲兵队长，原因不详，现在臬司也不明情况，去了几次大帅府，靳大帅余怒未消，谁也不见，已经上了奏章。"

张鹏虽然早有预感，但心里还是一沉，问道："李睿在哪里？"

"李睿一个月以前就离开了济南，当时说回京。李郁知道弟弟没回京，已经意识到危险，也明白其中必有缘故。他不敢来见我们，让我们赶紧回京，到夏津县渡口水驿找洪重六大使。大帅，我们有兵部车驾司和行人司的牌票，到水马驿乘驿北上也属正当。"

两人不敢骑马，吉祥看海捕文书上没有自己，拿这两匹马去换了一辆车子，把张鹏扮成疟疾病人，盖上大棉被在车子里躺着。他赶车向夏津渡口奔去。张鹏心里越发沉重。

陈灏肯定是被设计陷害，但是他把人杀了这件事多数是真的。这是功臣第三代，从来目空一切。靳荣是陈圭带出来的兵，在济南他陈灏当然有恃无恐。他被人家利用了这个关系，钻了空子，现在来看凶多吉少。

张鹏从张瑛话里判断，靳荣恐怕已经陷进去了，到底陷入多深，不得而知。张鹏明白，自己如果不尽快赶回京师，朝廷不知就里，下旨就地处决陈灏，一切都功亏一篑。

夏津是山东和北直隶交界处，过了黄河就是河北地界，北邻衡水，南靠德州。这里曾经一度繁华，隋朝大运河修通后，规定三十里一驿，这里设置水、马两驿，称渡口水驿，为过往官员提供食宿，提供车马、船只。南来北往船只云集此地，成了商品流通、货物吞吐的集散地。

前朝末期，黄河在武阳决口，运河淤堵，黄河夺淮入海，汶上以北到天津卫全线停运。夏津渡口一片萧条，人口流失，直到永乐十四年，运河清淤，黄河虽然改道，但小清河和大寺河汇入黄河故道，重新通航，不出几年，又繁华如故。渡口已经废弃的屯粮所又重新启用，隶属工部的武功卫兵丁重新入驻。

张鹏两人到时，天色已晚。渡口和水驿站都不在县城，离县城大约三十里。马驿在县城。

吉祥拿出符牌递给驿卒，驿卒看得很仔细。大小驿站都是根据品级设置肉菜，没有酒。小驿站只提供食物，自己去煮。这是大驿站，官员可以吃现成的饭菜，因而盘查较严格。

不论大小驿站，兵部车驾司并不发放钱粮，而是自筹，也就是地方摊派。查验符牌要走好几步，最后才能见到大使。吉祥明白这些手续，这个驿卒问起病人，在这里可不敢说是疟疾，只说偶感风寒。因为不敢亮出符牌，驿卒不肯通融。无奈之下，吉祥说："把洪重六找来。"

很快一个瘦高个，身穿宽大鹌鹑补服的四十多岁官员走了出来。吉祥侍立不动，这人过来报职衔，竟然是正九品，这是驿站大使级别最高的，有的是从九品，大多数未入流。

吉祥示意他赶散闲人，他迟疑一下，挥挥手，驿卒避开。吉祥说："李睿在哪？"

洪重六吓了一跳，说："老爷，你说这个人卑下不认识。你要是为车子里面的人找下处，卑下可以把金押房腾出来，其他事卑下不知。"

吉祥拿出一个字条递给他，是李睿和李郁二人合写的几句话。洪重六点点头说："老爷不要生气，受人之托，不得不为耳。请。"说完向车里示意。

吉祥说："他就是到处画影画形要捉拿的那个人。他受伤了，无大碍。说正事。"

洪重六不敢再问，把二人领进金押房，说："二位把车子先放在这里，随卑下到寒舍。卑下有一事不解，这到底是怎么回事？到底谁是好人，谁是奸臣？卑下愚直，请赐教。"

张鹏说："闲话休叙，既然是李睿所托，必是一个正派人。我们还在饿着，赶紧安排吃食再说。"

吃过饭，张鹏独自一人随洪重六来到家里。这就是普通民房，前后两进，各四间。张鹏说："都说你们水马驿和递兵铺的官员都肥得流油，看你府上，也并非如此。"

"大帅见笑了，别听那些传言。我们算哪等草料，竟敢称官员！别看我们穿着补服，其实我们根本不隶籍吏部，只是在兵部车驾司挂一个名，俸禄也都出在乡民身上，谁敢、谁又狠心多占？"说着走进大厅，有一个老仆过来奉茶。洪重六在他耳边嘀咕几句，老仆走了出去，很快，一个人跟在后面走了进来。和洪重六见礼毕，站在那里候着。

洪重六说："大帅，这是李睿大人的家人三喜，有事就和他谈吧。在卑下家里住了七八天了，哑巴一样，什么事也不肯讲。三喜，这是府前卫张大帅，是你们府上李郁大人差来的。你们谈。卑下去给二位弄点好茶。"

三喜警惕地盯着张鹏，张鹏看他不时动一下右臂，说："你受伤了？那可是同病相怜。"说着把自己伤口给他看了一下，接着说："三喜，我们受皇上委派，到济南府接你们家老爷，误入奸人的陷阱，这是谁的画像？你看一下。"说着在文袋里拿出海捕文书递给他。

三喜看了一会儿，很认真地对了一下，"扑通"一声跪下，抽抽噎噎地哭了起来，说："我们老爷生死不明。让小的先藏在这里，然后把一个东西交给朝廷。小的现在不敢乱动，也没有人可以商量，可把你们盼来了。"说得支离破碎，好在还能听懂。

"你怎么和李睿分开了？他说去哪？"张鹏急促地问道。

"老爷没有目的地，只是把贼人引开。贼人只注意我们老爷，不注意我们。我和老五分方向逃跑。老五逃向南京去找马太监老爷。"

张鹏听说找马太监，心下一惊，知道李睿等官员不知内情。在汉王这件事上，马太监和张辅都不是可靠之人。

张鹏判断，李睿凶多吉少："三喜，把东西拿出来。"三喜毫不迟疑地在内衣里拿出一个蜡丸。张鹏不敢打开，看包着蜡丸的是一块白绢，打开看时，是蝇头小楷。他看不明白，连续看了几遍也不明白，好像是几个字。这时洪重六进来，张鹏还在沉思。洪重六不敢打搅，也怕多有不便，还要出去。

张鹏说："洪重六，你是个正派人，宅心仁厚，必定福报不浅。待本帅回京，一定把你升为正七品官员，由朝廷发禄米、隶属吏部的真正官员。"

这不是乱许愿，站在眼前的是天子御林军大帅。洪重六有些见识，赶紧跪下磕头谢过。张鹏说："你看上面这是字吗？"

洪重六看了一下，笑了说："大帅你们平时字写得好，你想，我们不认识几个字，平时写字大分家，和这个差不多。前面这个合起来是一个'汉'字，后面这个卑下不认识，是这个字。"说着比划一下，张鹏看明白了，是一个"逆"字。

洪重六笑着说："两个字写分了，也反了，大帅如何能认得清？"

张鹏仔细看一下，的确如此，他心里在捉摸着两个字，乱了，反了。大脑就像响起一声惊雷，他最不愿意看到的东西："汉逆反了。"

张鹏瞬间惊呆了，拿着蜡丸的手微微颤抖，哆哆嗦嗦地挤出几个字："山雨欲来。"

北京七月，丝毫不比南京凉爽。三声号炮，已经进了戌时，太阳恋恋不舍地落下西山。天际一片片晚霞，被太阳余光烧得火红，还在向大地释放着热量。受虐过后的大地似乎无法排泄，在太阳隐去后，它疯狂地报复，把一整日积存能量发泄似的释放出来，空气中弥漫着令人窒息的热浪，混合着躁动、迷茫的气息。

百官早已经排好班，跪候着皇上升座。奉天殿高大的风烛在灼烧着，仿佛在为热浪助威。百官们已经跪候半个时辰，净鞭也响了几次。人们挥汗如雨，眼睛瞬间就被汗水眯住，又不敢乱动，恐被御史弹劾大殿失仪。这时，人们开始羡慕品级低的官员，他们在殿外跪候，不管咋样，毕竟比室内通风、凉爽些。

朱瞻基登基一年多，虽不及文皇和先帝勤政，这种情况也极少。有时缺朝，早早传下旨意，大家也就散了。因为这些官员都有自己的衙门，自己衙门的差事，千头万绪。为使国家机器运转正常，他们往往宵衣旰食，这么跪候，浪费这半个时辰，急得心如火烤。

一阵细乐声，都知监太监大喊皇上驾到。大家赶紧匍匐在金砖上，不敢仰视，在司礼官传唱下，大家山呼舞蹈，皇上令平身。宝座前香烟缭绕，大家不敢抬头。皇上说："张辅丁忧时间还没到吗？"

大家一时怔住，跪候半个时辰，皇上先问起来大臣起居。大家进殿就注意了。武官除缺张辅外，还有皇上舅舅张昶也不在。文官处，有两位阁臣的位置是空的，杨士奇和夏原吉。他们位置突出，平时也很少缺朝。

皇上升殿，也不见几人身影。大家心里有一种莫名其妙的恐慌。

"臣兵部尚书张本有本奏于皇上。交趾后来去的几批使节，都没有任何动静，臣担心，交趾出了大事。臣请旨，亲往交趾，一查究竟。还有一件事，兀良哈部最近一段时日对大宁和广宁侵扰日甚，并以和瓦剌开战为由，侵入宣化腹地，臣请旨定夺。"

"朕知道了。你目前不能轻动。"

张本接着奏道："禀圣上，辽东总兵官都督巫凯上奏，金州地临大海，倭寇不时出没而缺官守御，现在军情紧急，臣请旨。"

皇上看了一下众人，张辅丁忧，分管兵部阁臣杨士奇不在，问道："张大人，你有人选吗？选一个老成、可任边帅者可也。"

"回皇上，臣请教过英国公张辅和杨士奇阁老，都说陕西行都司都指挥佥事周敬可用。臣请旨。"

金州不同于其他地方，皇上心里不在倭寇，而是山东，今日晚朝之所以迟到，正为此事。金州和登州隔海相望，不能有丝毫大意。"既然如此，朕即下旨，命周敬驰驿往辽东金州掌卫事。朱冕迁太原卫司指挥，想必在辽东已经动身，六百里，在周敬未到之前，暂时署理金州卫。"

这个旨意下的令张本莫名其妙，金州只是几个倭贼而已，何至于此？

"臣工部尚书吴中有本。大浑河区域降下暴雨，连日不晴，水位暴涨，在沈阳左卫白塔堡决口，受损房屋七百多幢，一万五千人无家可归。好在这里人烟并不辐辏，死伤、失踪不多，但军民亟待朝廷赈灾。"

"朕知道了。浉河这次决口，你们工部做得很好，反应迅速，民人得到赈济，河堤迅速修复，当地巡抚已经报了上来，朕给你们记优行。"

"臣礼部尚书胡濙有本。还有一个月时间就是秋闱，臣上的奏章关于人数的事，皇上还没有旨意，臣请旨。还有，臣已经拟出南京应天府乡试考官，南京右春坊右谕德林志，南京翰林侍讲余学夔。"

"这件事正在商议，下朝后，这件事就定下来，不能再拖了。"皇上应道。

胡濙赶紧又奏："禀皇上，臣还有本，臣报上孔彦缙袭封衍圣公一事，孔彦缙进京已近旬日，在等皇上下旨。"

皇上沉吟片刻，说："告诉他后天陛辞，赐钱一百贯，钞一千锭，彩币三表里。"

"臣钦天监正袁忠彻有本。臣几日来观天象，月犯五诸侯，有流星大如水杯，色青带白，光华四射，后有二小星随之，出织女星西行入贯索，炸散。昏刻月犯太微垣，昨夜四更，有流星，其大如斗，色青带赤，光华灼目，向东南而去，落地炸散，声如巨雷，众星摇动。"

皇上看众位臣工脸有惧色，心下明白，问道："忠彻爱卿，你是天官，报一下吉凶，也好令诸位大人做一个心中有数。"

"回皇上，月犯诸侯和太微，恐主刀兵，斗大流星在东南炸散，京师东南方又起刀兵。臣作为天官，不敢不报。"

"忠彻，你一向勤谨，朕岂不知？你先和阁臣议一下。"

"臣刑部尚书金纯有本，羽林前卫指挥使陈广贪酒暴横，结交市井无赖，为盗杀人，被我刑部所获。刑部已经鞫讯明白，当以斩罪，陈广有母七十有五，是功臣国恤之家。她到大理寺哭诉，大理寺转过牌票，臣委实难决。"

皇上站起来，冷笑一声："哼，陈广一案，朕已悉知，他一个三品正官，受禄不薄，还竟然为盗杀人。这只是冰山一角，窥一斑而知全豹。军伍将帅贪暴不法，比比皆是，不杀何以整肃纲纪。还有，现在内外军职谁非功臣？不诛陈广，是藐视法度。不用请旨，按律施刑即可。"

"臣南京户部尚书郭资有本。浙江台州府黄岩县去年六月大雨昼夜不止，水溢平地六尺，伤田稼六百三十六顷有奇，臣请旨户部蠲其全年税粮。"

"好，朕知道了，明日早朝后你去右顺门，朕还有事与卿和维喆大人商议。今天就到这。还有需要奏本的爱卿，明日早朝再奏不迟，有紧急公务递牌子。你们回衙吧。再不回去点视，官员们就要骂娘，他们早该歇衙了。"皇上说完，一阵细乐，扬长而去。

文武大臣心里不悦，在这跪了这么久，饭还没吃，皇上到这里打了一个花唿哨，应应景，散朝了。有一些敏感大臣意识到朝廷可能出了大事。

第二十二回

▼

洪重六怒击登闻鼓　杨士奇巧荐六品官

这时杨士奇、夏原吉，正在右顺门西偏殿，他们在和一个九品官说话。这个九品官衣服上有斑斑血迹，看起来一脸颓丧。在这里能见到九品官已是稀奇，九品官竟然坐在脚踏上，真是令这些太监、宫女大开眼界。

这个九品官是夏津口水驿大使洪重六。他到了京师已经三日，根本无法上达天听。他受张鹏委派，私下进京。他官微职小，和任何人都没有交集，也不知道朝廷会有人准备造反。

在这些低级官员和升斗小民眼里，作为王爷造反，那纯粹是吃饱了没事做。亲王之尊，钟鸣鼎食，使奴驱仆，有用不完的钱粮，吃不尽的酒肉。一人之下，万人之上，出则前呼后拥，入则拥罗偎翠。最主要一点，和皇上是近亲，血肉相连，有亲亲之义，不会刀剑相向。

洪重六就是这样人。尽管三喜在其府上住了几天，张鹏来到，他也意识不到有人真的敢铤而走险。张鹏心里明白，目前在山东，朝廷官员插翅也飞不出去，想送出一张纸片比登天还难。李睿分明看到了这一点，这才把三喜托付给洪重六。

张鹏孤注一掷，和吉祥商量，他们就在山东地界转悠，令对方放心。明修栈道，暗度陈仓，令洪重六以进京去兵部车驾司公干的名义，大摇大摆进京。他们丝毫不会怀疑一个水马驿大使。

一路走来，洪重六感觉到了紧张气氛，过河前被检查了多次，最后一次，被脱得精光检查，连一个小纸片都难以存身。他过了重重关卡，到了京师却遭遇尴尬。

洪重六先到了兵部，在门岗处就被无情地拒绝。他到了行人司，行人司一查官凭，没有这个人，当时就被赶了出来。他在京师住了两晚，心急如焚，一是怕误了张鹏的大事。还有一点，这件事如此隐秘，必是大事，很有可能担着天大的干系，时间过长，京师也会有人注意自己。更有一点，这个小蜡丸在隐私处，几天来饮食都受到影响。

这天中午，趁通政司吃午饭，他闯了进去，直接找到通政司副使，说想到兵部车驾司，结果被轰了出来。他孤注一掷，进了未时，跑到承天门，敲起了登闻鼓。登闻鼓是朝廷为了开通言路而设，"人有穷冤则挝鼓，公车上表其奏"以便于"下达于上而施于朝"。普通百姓可击鼓。朝廷设专职人员，大多数是御史、科道官员。

到了永乐朝后期，人们击鼓相当频繁，在地方官那里自认为受了委屈就进京击登闻鼓，越级告状。朝廷不堪其扰，遂下旨意，不论士庶军民等，击登闻鼓者先脊杖三十。因而人们不是有极冤屈的事不来击鼓。

洪重六出此下策，实属万般无奈。值班御史带着兵丁冲了出来，看见一个九品官员在击鼓，二话不说，拖到金水桥边，下令杖责。

这些士兵每天就烦有人击鼓，否则他们这一天要多清闲就有多清闲，下手毫不留情，打得洪重六后背皮开肉绽，最后才问击登闻鼓何事。洪重六语出惊人，要面见皇上。御史大怒，感觉被戏耍，这明明是一个疯子，下令叉出去，扔到金水河。

洪重六不顾身上伤痛，打滚哭喊，只说有要事见皇上。哭声在承天门和大明门之间回荡，经久不息。这是五部衙门和五军都督府办差地方，平时异常安静，早惊动了部总。

夏原吉正在户部办差，赶紧差人去礼部，让他们出人来问一下。礼部郎中况钟亲自带人来问，御史看是各司掌印的，也不敢过分，简单讲了一下。况钟问："你的名字，职衔，好好地重新报一下。"

这是机会，洪重六明白，这个官员在判断他洪重六是不是疯子。他赶紧跪下叩头，说："卑下夏津渡口水驿大使洪重六见过大人。"说完按朝廷礼制规规矩矩地施礼。

这是一个正常人。况钟问："你知道这是什么地方吗？"

"知道，皇上和各部大人们办差之地。卑下有紧急情况见皇上。是受人之托。"

况钟心下一动，这人肯定有秘密使命，尤其是从山东而来，他更不敢掉以轻心。在南下接驾之时，惊心动魄的一幕才过一年，他如何能忘记？遂道："洪大人，能否告诉本官，你受何人所托？"

"不能！"洪重六丝毫不犹豫，斩钉截铁拒绝。

况钟走过去，看一下他的后背，下令："把他的身上打扫一下，本官带他去见司徒大人。"

夏原吉把闲人屏退，洪重六还是不开口。夏原吉无奈，把况钟也赶了出去。洪重六当然知道眼前这人是谁，大明朝无论朝野士庶，没有不知道的。不知道皇上是谁犹可，不知道夏原吉的那就是没见识了。

洪重六作为官员，对这个名字可谓如雷贯耳。但事关重大，张鹏和吉祥千叮咛万嘱咐，不见到皇上绝对不要讲出真相。但是几天来，洪重六已经看明白，想见到皇上，那势如登天。今日有幸见到阁臣，和皇上只有一步之遥，不容错过，他只是简单地说了一句："张鹏，张云举。"

夏原吉脸色大变，怔了一会儿，缓过神来。从这一系列判断，洪重六更加坚信，出大事了。夏原吉作为阁臣，户部尚书就做了二十年，要的是气度，喜怒不形于色方为大儒。

夏原吉说："你身上有棒伤，要不要先找太医看一下，上一些金创药？"

洪重六很感动，感觉鼻子酸酸的，几天来的遭遇，让他真的认清什么叫官微职小，什么叫人情冷暖。看阁臣如此，更坚信阎王好见小鬼难搪。他摇摇头说："大人，一刻也不能耽搁，卑下在京师已经耽搁够了。"

洪重六来到右顺门西偏殿，皇上和杨士奇都在。他顾不上酝酿情绪，也顾不上礼节。他平时习学的都是官员见面礼节，还不会面圣。他这个级别，这一生也没有面圣机会，谁知道机缘凑巧，造化弄人，九死一生，得以面圣。

洪重六大放悲声，他并不是害怕，也不是为朝廷着急。不知道为何，他就是想哭，应该是为自己这一段时间的离奇遭遇而哭。值殿御史大惊失色，想下令又出去，又不敢。

夏原吉和气地说："重六，你把情况对圣上讲一下。"

洪重六止住悲声，讲了李睿，三喜，又讲了张鹏和吉祥。听得三位君臣心惊肉跳。皇上脸色已经变了。看起来没人阻挡汉王造反。皇上说："张鹏有信吗？"

"回皇上，张大帅没有信，不敢写，只是把李睿的蜡丸交给臣带给皇上。臣也不敢大意，吃到了肚子里。张大帅在臣衣服上写了短短几个字。"说到这里，眼泪又下来了。

当时他不打算吃掉蜡丸，因为空口无凭，只有把李睿的信传回朝廷，才会令人信服。这个蜡丸，他已经吃了三次。拉出来，洗干净又吃进去，弄得他连饮食都没有一丝欲望。

皇上非常感动，示意杨士奇把洪重六扶起来，晚朝的钟声一遍遍敲响。杨士奇说："皇上，宣太医吧。"皇上点点头，盛寅进殿，把洪重六带到隔壁。

君臣看着更漏，时间一点点过去，值殿御史来催了几次，眼看半个时辰就过去了。最后夏原吉说："皇上，不如我们先上朝，早早歇朝，回来再处理此事。两不误。"

皇上说："也好，你们二位在这候着，朕去去就来。"

皇上还没回来，洪重六已经处理完了，太医给他服下药，在后背上又敷上金创药。两刻钟后开始排便，排得天昏地暗，总算蜡丸问世。太医们赶紧清洗，扶着洪重六回到大殿。

杨士奇和夏原吉看他一脸疲惫，赶紧令人去准备饮食。洪重六摆摆手，说话的力气都没有了，哪里还来得食欲？看两位阁臣在等候问话，挣扎着坐在小凳子上，把见到张鹏的情况讲了一遍。

皇上归来，人们已经把衣服上的字显出来。皇上令洪重六免礼，赶紧口谕王泰，切开蜡丸。皇上看了一会儿衣服上的字，似乎未解其意，两位阁臣看后，夏原吉眼睛投向杨士奇。

杨士奇心下明白，这君臣二人都未明白。他躬身一揖，说："皇上早已经看透，在候着臣等奏对。臣浅见识，几个笔画合为两个字，而且写反了。"

皇上点点头，脸色凝重，看着案几上蜡丸信，拿起来细心看几遍，脸色越来越苍白，示意杨士奇等人看一下，李睿把查到的汉王的事情简单地写在上面，杨士奇暗自叹息。

皇上嘴里叨咕一句："二叔果反。"说着忽然意识到了什么，挥挥手，大家都退下。洪重六早已经站起来，一时不知所措。

皇上说："二位爱卿，洪重一个微末小吏，却颇知大义，这一行九死一生，又有缘见到我们君臣。你们看一下，给他一个合适职位，在吏部领凭。"

洪重六赶紧跪下，连说不敢。二位阁臣听见皇上特意把洪重六说成洪重，明白重六二字犯了皇家忌讳。太祖高皇帝二哥盱眙王朱兴盛原名重六。

杨士奇和夏原吉也颇感为难，因为皇上说了合适二字，目前洪重六不拿朝廷禄米，把他列为从九品都是升官。可是这话二人如何敢说。

皇上看二人沉默不语，明白自己话有漏洞，强调说："你们尽管说，阶级超了也没关系，臣工们也不会封驳。洪重这不是悻进，这是拿全家人性命换来的。"

其实杨士奇早都有了想法，在皇上临朝时，他就在考虑，想法已经成熟，皇上如此一讲，那就没有什么顾虑。他躬身奏道："回皇上，臣倒是有一个职位。广东军户所大使，也隶属于兵部，不用再改换门庭。周忱和金英给兵部发过两次札函，张本找臣商量。臣看他已经招架不住，臣也在积极想办法。只是级别太高，六品，臣觉得怕不太合适洪重。臣恭请圣裁。"

这就是奏对技巧。其实经不起推敲，觉得不合适还荐举？荐举要有风险的，连坐。大家也都明白杨士奇所说的招架不住。朝野上下都知道广东军户所空着，那是一个肥缺衙门，人们都在削尖脑袋往里钻。

皇上当然也明白其意，只是他目前心情十分沉重，又很焦虑。把洪重六打发走也好议事，他说："这真是一个合适职位。洪重是一个正经人，不会贪贿。洪重，你愿意去吗？"

洪重六早都已经怔在那里。张鹏答应给七品，他并未当一回事，他只有一个目标，成为吏部入籍官员即可，能做到从九品就烧高香了。不承想一下子正六品，他赶紧磕头，在金砖上咚咚有声，哭着说："皇上，臣活了三十八年，天缘凑巧，得遇明主和两位大人，臣何德何能，使皇上如此垂怜？臣敢不肝脑涂地，以报朝廷！"

皇上脸色稍稍转晴，说："你到驿馆候着，很快就有旨意。你就直接上任。朕赐名洪忠，字士卿。夏津水驿，兵部会想办法。"洪重六告退。

夏原吉说："皇上，老臣不解，这样是否会惊动汉王爷。"

皇上叹口气，说："你们看到了，这是李睿冒死传回的消息，二叔果然反了。现在情势已然如此，朝廷还有什么可隐瞒的。张文博还未到吗？"

说的两个近臣连连点头，皇上问话，杨士奇赶紧答道："未到。皇上，臣不知道文博大帅办何差事。"

"有人看见梅章进京，进了张公爷府上，未时朕下旨要张昶侦刺。"

二人不敢接言，现在张昶已经不在锦衣卫，按制不应该再插手此事。听皇上之意，对张辅有几分不放心，却令张昶去查。这两人是结拜弟兄。当然，张昶颇知法度，未曾有以权谋私等传闻。

皇上看二人不说话，只好接着说："梅章还见过何人，目前不得而知，只有等张文博回信。现在朕最担心的是山东各卫所都已经烂了，那李睿和张鹏等人就危险了。"

杨士奇对现在形势还无法做出判断，试探着说："洪忠对山东之事并不了解，张鹏对他说的话也有限，对于陈灏等人，臣还是相对乐观的。从李睿信中判断，靳荣已经靠不住了，但他目前还不至于对陈灏等人动手。一是劝降，劝降不成软禁，即使他们举旗，也不会难为陈灏，毕竟陈灏是陈圭的后人，靳荣不得不考虑。"

夏原吉说："皇上，目前最要紧的是逮捕梅章和另外几人，再派人去山东巡视，臣以为，明暗两条线。暗线去通知回北京驿路的各地官员，接应张鹏和吉祥。他们回来，一切都明朗了。当然还有李睿，臣以为李睿恐怕已经遇难。"

王泰进来，奏道："主子，各位大臣在外面跪候两刻钟，让奴才问一下主子，何时见驾。"

第二十三回

▼

见圣驾国舅奏汉府　索赃银司徒说钱粮

朱瞻基沉吟片刻，感觉这样也商议不出结果，令速宣各位大人进殿。

今天这些阁臣，心里非常不满，晚朝从衙门直接到奉天殿，晚膳还没用，在大殿跪了半个时辰，在这里又跪了两刻钟。他们都不年轻，天气炎热，几乎昏厥。皇上无旨意，不敢离开。

几人鱼贯而入，见礼毕，皇上良心发现，大发慈悲，赐座，每人一碗参汤。大家吃下参汤，才摄定心神。

皇上先对张本说："致中，朕说的那些大仓都备好了？"

"回皇上，都备好了。宣府大镇，在榆林设四处大仓，粮草足够十万人支应一年。大宁和开平有五处大仓。辽东宁远一直到营州左右卫都能支撑一年。臣把开平作为重中之重，在那里囤积近六十万石。这和兀良哈南侵有直接关系，他也许是觊觎这些粮草。"

皇上轻蔑地一笑，说："跳梁小丑，他也就是想想，还未必敢动。他还没有那么大胃口。致中，你处理得很好，朕处理完这些事，亲征兀良哈，令其不敢正眼窥视朝廷。"

大家吃了一惊，尽管早已经露出端倪，但一经皇上说出，大家还是有几分不高兴。杨士奇说："皇上，臣以为，陛下万金之躯，不宜轻动。下旨给边帅，择机出战。皇上，兵部接到薛禄札子，蓟州边镇无常备兵，这是一个隐患，大宁等地靠此镇接应，无常备兵，一旦有警，现提调人马，容易误事。皇上是行家，打仗是靠战机的，战机稍纵即逝。皇上圣裁。"

"好了，朕有数了。致中，杨大人之言，你要记好。朕问你，最近山东各卫司如何？"

张本瞬间怔住，一脸不解，站起来躬身一揖，说："皇上，恕臣愚钝，没明白皇上之意。山东都司和其他都司一样，平时练兵备战。不知皇上有何旨意。"

皇上听他如此回答，心中不悦，说："你这个兵总当的。山东是抗倭最前线，朕还是很重视的。朕的意思，他们各卫司和兵部来往公文都正常吗？"这是想公开了。

"回皇上，一切都还正常。"这时他有些明白了，作为兵总，没有这敏感的政治嗅觉是不行的。

"好的，朕有个想头，责成要员和中人专门巡视各都司，就像巡按地方一样。你要有个准备。你跪安吧。思正爱卿。"

吴中赶紧站起来出班，躬身而立："臣在。"

"朕立即下旨，你赶紧派人持圣旨，去追赶亦失哈，让他在路上把水患一事先处理，然后北行。至于滹河后续之事，你和佐贰商量着办，尽快拿出办法。你退下吧。宣张昶。"

剩下的都是阁臣，还有张瑛，这是还未入阁的，但他是帝师。张昶进来，跪地施礼，不敢说话。王泰已经把闲杂人等全都赶出去，他自己也走出去，但张昶还是不说话。

皇上说："文博，你平身。这都是朝廷机枢重臣，你但讲不妨。"

张昶环视一下，慢吞吞站起来，似乎不愿意讲出来，但这是圣旨，他只好说："回皇上，臣已经侦查明白。汉王府新世子朱瞻垒、梅章、百户陈刚前几天进京。朱瞻垒在自己府邸，深居简出，梅章和陈刚这一文一武，四下活动。厂公寿海已经侦查得清清楚楚，这是他让臣代呈的材料。"说完走进放在案几上，退回来躬身而立。

皇上脸上阴云密布，张辅这个人算得上是一个正人君子，但是原来在先帝和汉王争储夺嫡时摇摆不定。看似没有立场，似乎又有自己的打算。他是汉王的兵，汉王以为是自己人。他又是先帝东岳泰山，先帝当然以为也是自己人。他看上去没有选边站队，原因是安南一直在闹腾，他奉旨在安南平叛，因而躲过朝廷的滚滚暗流，这股大浪没有冲击到张辅，他这才全身而退，安度晚年。一次次来看，他似乎也有政治倾向。以前梅章、原汉王世子朱瞻坦，包括朱瑞都成了他的府上常客。

杨士奇和夏原吉互视一眼。没等杨士奇说话，夏原吉跪下奏道："皇上，臣以为，现在不管文弱大帅见过谁，不代表他有何想法。臣奏谏，立即抓捕梅章和陈刚，不必秘密抓捕，现在他们已经在磨刀霍霍。"

"好，朕意已决，下旨锦衣卫，立即逮捕汉王府在京人员。当然，朱瞻垒如果躲过就算了。金幼孜，拟旨。"

这时胡濙看有说话空隙，赶紧站起来说："皇上，臣还是明年春闱一事。"

皇上示意他坐下，说："现在进士榜闹得全国士子都在指斥朝廷，这确实不是长久之计。子玉大人，你有何良策？"

张瑛赶紧站起来，斩钉截铁地说："有，臣还是那句老话，南北榜，否则，这个问题近期无法解决。"

这是当初杨士奇为先帝提出的，先帝有顾虑，恐怕被人诟病为先朝的左右榜。

前朝分为两榜，蒙古人和色目人为右榜，汉人和南人为左榜，这是地域歧视，也是民族歧视。这是后人认为，其实当时是不得已而为之。如果一视同仁，那蒙古人和色目人就不会有人中举。

太祖高皇帝也经常指斥前朝左右榜，到了大明朝，科举也出现了问题。进士榜，南多北少，少得可怜。到洪武三十年丁丑科春闱，出了大事，令朝廷颜面尽失，中进士五十一人，淮河以北无一人中榜。

朝野舆论大哗，落第的北方举子联名上疏，指斥阅卷不公，状告总裁、翰林学士刘三吾和副总裁、王府纪善白信蹈，说他们是南方人，任人唯亲。龙颜大怒，太祖下旨彻查，想把北方士子再补录几人，于是命翰林院侍读学士张信等人重新阅卷。

张信等人临危受命，带领由皇上下旨任命的阅卷官员重新审阅。最后呈报结果。复阅后，张信等人一致认为，刘三吾等人阅卷恰当。他们上呈的试卷不但文理不通，言辞粗糙，还多有狂悖之语，不适合立于庙堂之上。

本来这样也可以给朝野一个交代，谁知有人上奏章，指出这些语法不通的试卷是由刘三吾和白信蹈挑选出来。高皇帝派人去查，确实有一些考卷没被呈送。高皇帝把张信、白信蹈等人下狱鞫审。白信蹈坚称无错，余下的考卷没办法阅读，几乎没有丝毫文采。

高皇帝下旨杀了张信和白信蹈等人，刘三吾流刑戍边，第二年死于戍边地。

然而，已经放榜，不好推翻。为给北方士子一个说法，高皇帝下旨增加夏榜，高皇帝亲自参与阅卷。令人目瞪口呆之事出现，所取状元任伯安以下六十一人，全部为北人，这就是本朝轰动一时的南北榜，也称春夏榜。

到永乐年间，北人还是如此，用杨士奇所奏，北人所中十不及一。当时先帝作为储君监国，也意识到此事不公，曾经对杨士奇讲过："南人虽善文辞，而北人厚重，比累科所选，北人仅得十一，非公天下之道也。"

那时先帝只是监国，无权下旨改制，及登基，天不假年，还没到春闱，便驾鹤西去。

皇上说："各位爱卿，说话就到了秋闱，我们要把明年春闱一事定下来，也好为北人参加秋闱鼓劲。"

皇上是仁慈的，这毋庸置疑，可是现在再发新的章程已经迟了，各地该报的秀才已经报名结束，秀才已经分赴各省城备考。但是皇上问到这里不得不答。

胡濙没有深思熟虑，眼睛看着张瑛。张瑛是他的佐贰官，是帝师，皇上对其几乎言听计从。张瑛说："臣觉得当初士奇大人说得好，应该分为南北榜。这不同于先朝左右榜。他们是为了特权，而我朝是为了公平。臣建议，北四南六。"

"那朕就听一下你们的说法，如何划分？从何处划分。"

这时王泰来报，张辅老公爷递牌子求见。皇上脸色阴沉，点点头，摆摆手，王泰退出。

大家商议，最后奏谏，以百人为例，以淮河为界为北榜。山东、河南、山西、陕西和北直隶，辽东都司、大宁都司、万全都司，三十五名。中卷为四川、广西、云南、贵州，加上庐州、凤阳两府和徐州、滁州、和州，占十名。其他为南卷，五十五名。朝鲜、交趾、西域诸国相机而定。

这是一件大事，在朝廷定会引起轩然大波，因为朝廷官员大多是南人，他们一直在左右着朝廷出台南北榜。朱瞻基怕夜长梦多，令金幼孜立即拟旨，明日早朝下旨，颁行天下。

皇上想起郭资之事，问夏原吉："刚才郭资说的浙江台州，朕替他们求个情，今年夏秋两课都黜了吧。"夏原吉说臣领旨。

皇上又问："你们户部还有什么差事？好像很急。郭资没来，维喆大人，你讲一下。"

夏原吉说："回皇上，现在钞法越发坏了，民间交易惟用金银，钞滞不行，臣请皇上再次下旨严禁金银交易。恭请皇上圣裁。"

皇上沉吟着，把眼睛转向几位大臣。杨士奇出班奏道："微臣浅见识，皇上下旨都察院揭榜禁之，凡以金银交易、藏匿货物哄抬物价者，皆十倍罚钞，强买强卖者，以大明律治其罪。"

皇上点点头，说："也只好如此了，这样有复辟之嫌，毕竟皇祖考已经放开金银禁令。原吉大人，就按士奇大人所说办理。金幼孜，拟旨吧。夏大人，说下一件事。"

夏原吉脸红了，讪笑着说："其实没什么，以讹传讹，是郭资大人误听了传言。他听说广东起获七百万两赃银，想问一下皇上。"

大家愕然，这户部人是财迷，朝野皆知。郭资听到消息，这么久没人让户部入账，心里不悦，以为皇上想入内帑。皇上怔了一下，脸色阴沉下来。他不是皇祖、皇考，他性子很拗，沉声问道："维喆大人，这事你应该知道，给他讲清楚就是了。"

夏原吉说："臣告诉他这是子虚乌有。他不信，倒说老臣没有风骨，不讲原则，有意把这七百万两银子归到光禄寺内帑。臣也没法辩解。他当面问臣，即使七百万两银子不知去向，那这些官员抄家所得何在？臣解释不清。"

皇上真的生气了，喝道："夏原吉，你昏悖，明明是你自己在惦记着各处军户所赃银。朕可以明白告诉你，朕没有拿户部一两银子。但是朕缺银子时不会像皇考那样捉襟见肘，没有就向你这当家人索要，你没有，朕换人。"

大家吃了一惊，新皇果然不同凡响，自从太祖高皇帝至今，已经有四位大行皇帝，都没有向户部伸手要银子的。每年户部向内帑拨付钱谷是有定数的。

夏原吉不买账，跪下磕头，说："回皇上，老臣虽昏悖，也知天下为公。"

这不是抬杠，这是骂街了，骂皇上以权谋私。皇上大怒，把左手边的玉碗随手拾起，用力地摔在金砖上："夏原吉，你是要学皇祖时期的耿通吗？朕成全你。来人。"

　　大家目瞪口呆，大家议事议得不错，谁也没料到这种局面，都心惊肉跳，战战兢兢地跪下去，匍匐在地，不敢仰视。

　　杨士奇恐怕皇上说出下话，赶紧奏道："陛下息怒。维喆大人一直是文皇、先帝的给事中。先皇说，家有诤子，不败其家，国有诤臣，不亡其国。夏大人职责所在，就是让仓廪充实，也是穷怕了，自然不会放过任何充实府库的机会。文皇帝说，只要是能捂住钱袋子，让维喆大人做什么都成。"

　　皇上余怒未消，喝道："夏维喆，朕先告诉你，给朕奏对，敢如此做派，必斩你不赦。"说到这里，缓了一下口气，说，"我们如今不是当初，国库还算充盈，你一个户部尚书，不至于如此小家子气，有失大臣威仪。"这就算是偃旗息鼓。

　　夏原吉四朝老臣，宦海沉浮，因奏谏文皇帝出征塞北，险些杀头。当初文皇帝御驾亲征，开始两次非常有价值，众臣都赞成，后来就有些好大喜功。朝廷徒靡帑银，作为户部尚书，朝廷钱袋子，当然要死谏。直到文皇帝临终时才对大臣们讲了一句："原吉原爱我。"皇上是想到了这里，才消气了。

　　这事到此为止，可夏原吉还要说话："皇上，老臣这性体恐怕想改也难。臣也说一句实在话。我们的银库并不富裕，我们的钱谷也是年吃年用。臣执掌户部，这些年看着钱谷哗哗外淌，如何不急？有一项，臣一直疲于奔命，就是皇室禄米。臣看了一下，洪武七年至洪武三十一年，皇室禄米一共用了二百二十万石，而如今这只是我朝洪熙元年一年的禄米，就占去总收入的百分之四，这还不算那些功臣之家。皇上，这也没算光禄寺内帑。诸位大人想一下，臣作为钱褡子，米袋子，菜篮子，敢不一文一文地计算吗？"

第二十四回

见阁臣都督遭忌讳　恋旧主纪善忘纲常

杨士奇看皇上脸色又有些阴沉，赶紧说："臣深知其苦。皇上，不当家不知柴米贵。只是今天这个差事议跑了，我们事先没有这个议题。"

沉闷的三更炮声已经响过，皇上点点头说："你们都跪安吧。宫门落锁了。王泰，把午门叫开。你们回去也好休息一下。"

几个人都笑了，杨溥说："快上早朝了，就在衙门倚一下吧。"

皇上也笑了，说："城外住的官员应该在城门候着了，你们这叫什么，贪黑的遇见起早的。"说着话，把夏原吉、杨士奇和张瑛留下，对王泰说，"宣张辅进来。"

三位官员心里有数，这是故意冷落张辅。张辅六十几岁人了，在外面跪了大半个时辰，这是文皇帝和先帝都不曾有过的。

张辅心里当然有数，进来见礼毕，说："皇上，老臣连夜进宫有重要事情奏报。"说完匍匐在地。皇上没令他平身，他不敢抬头看皇上。

"王泰，你是死的吗？"皇上发怒。

侯显赶紧进来，说："主子，王泰去开宫门了。有奴才在伺候着。"

"你看看这烛花，满屋火光在跳动，你们一个个都看不见吗？是不是让朕亲自去剪烛花。"

皇上一开口，竟然是这件事！杨士奇下意识地看了一下各处角灯和风烛，根本不用剪花。这是有意为之。张辅虽然不敢抬头看，但也心知肚明。跪在那里一声不吭。

"文弼，有事尽快奏来，长话短说，已经三更天了，大臣们还得睡一个时辰。"皇上似乎有几分不耐烦。

张辅知道，梅章他们进府，皇上已经清楚，他说："回皇上，近几日有人到臣府上，开始还好，今日竟然说出大逆不道之语。臣未等请旨，私自扣下几人，现在押在午门外。臣请旨。"

几人一惊，杨士奇暗暗喝彩，开始他还琢磨如何营救张辅，现在看来不用了。不得不说，这是一个老官僚，有足够的政治嗅觉。皇上似乎也吃了一惊，说："汉王世子呢？他现在如何？"

这是摊牌了，别以为你张文弼做得妙，这都在朝廷的掌握之中。张辅颤声说："回皇上，朱瞻垐前几日也到了臣府上，受命汉王爷，给臣送了一些土特产，没有其他狂悖语言，据说已经回到乐安州。臣以为，即使他说了一些狂悖之语，臣也万万不敢羁押，恭请皇上恕罪。"

"你说几个人，除了梅章和陈刚还有何人？"

"其他是二人随班和侍卫，有六人，算上他们一共八人。老臣恭请皇上定夺。"

皇上还要再说什么，杨士奇悄悄地摆摆手，皇上停下。

杨士奇说："张大帅，一些事想必你也知道，皇上对你非常信任。刚刚你来之前，皇上还说，你该进宫了。皇上妙算，无人能及。"

皇上恍然大悟，眼下不论对张辅有多少不满，多大气愤，都不应该有过激语言，恐怕他铤而走险，和贼人站在一起。作为朝廷唯一的入阁武臣，一等一的大帅，又执掌中军都督府，门生故吏遍布天下，即使京师也不在少数。倘若登高一呼，那汉王如虎添翼，而朝廷无疑多了一个对头。

皇上说："文弼，你眼下不能再守制丁忧了，朝廷多事之秋，朕不日就得下旨夺情。朝廷离不开你们这样的老臣。何况武臣里只有你一位阁臣，朕旦夕不可少。你们今天晚上就不要休息了，连夜鞫审。朕看一会儿奏章，洗漱一下，也该上朝了。"

丁忧夺情，是一个大臣的脸面，意思是国家离不开此人，尽管身在热孝，也要为朝廷出力，朝廷不近人情。这些话给足了张辅的面子，他听起来很受用。

几人出了午门，王泰还在值守，他打开宫门，几人走出去，张辅亲兵队押着几人候在那里。张辅说："几位大人，兄弟把兵丁留给诸位，兄弟就回去了。"

大家明白其意，皇上没有口谕令其审讯，他想避嫌。

张瑛说："老公爷，我们去哪里鞫审？内阁那个屋子连屁股都转不开。离你们衙门很近，就近审吧。"

内阁是机枢重地，在承天门之内，这是草创时期，并没有像样的衙门。

杨士奇也赶紧说："到你们衙门你不在不合适吧？何况我们还要借助文弼大帅的威仪。"

张辅心下感动，喝令亲兵带人出承天门，过金水桥，来到后军都督府衙门。

很快，皇上派王泰传下圣旨，几位大人免早朝。杨士奇作为主审，迅速突破，不论何时完成，立即奏报。王泰走进来，还带着一队羽林中卫将士，其中有一个千总。

张辅令侍卫把其他人别室拘押，只把梅章和陈刚带进来鞫审。张辅自己回避，他总是感觉自己既像被告，也像证人，不好在现场。杨士奇只好随他。

　　杨士奇看梅章二人没有丝毫沮丧的样子，心里判断，此二人必是有一定见识，也是汉王百里挑一之人。杨士奇和气地说："梅章，想我们都同殿为臣，不是对手，更非敌人，你知道老公爷把你请到这里所为何事，请赐教。"

　　先礼后兵，这两人毕竟是朝廷命官。梅章看上去已经五十多岁，须眉有些灰白。在角灯照耀下，双眉在微微颤动，沉声说道："杨大人，卑职早闻贤名，事已至此，多说无益，还请太师按律发落。"

　　这大出众人意料，这意思是对自己所做之事供认不讳。杨士奇点点头说："梅大人虽是文人，却颇有侠气，本阁部佩服，那就说说吧。你和张大帅所说的话我们不需要了，本阁部想知道汉王爷的部署。"

　　梅章笑了，说："太师抬举卑职，卑职在汉王府只是纪善，汉王爷不以卑职卑鄙，做几位小王爷老师，其他事卑职怎能知道？太师见谅。"

　　张瑛正在摇扇纳凉，听到这里，站起来走到梅章身边，冷笑一声，看了梅章一会儿，突然抢起扇子劈头盖脸地朝梅章打去。

　　大家吃了一惊，隔壁张辅也吃了一惊，赶紧走过来，到了门口，看杨士奇和夏原吉波澜不惊的样子，嘘了一口气，又坐了回去。再看梅章，脸上瞬间挂彩，一道道红杠子在脸上无序地排列着，有的地方已经渗出血来，梅章一声不吭。

　　张瑛骂道："米粒之珠，敢在中堂大人面前自称卑职。你们做了对不住天地祖宗之事，还在此振振有词。人生在世，天地君亲师，你们一文一武辱没了你们这一身人皮。本官问你们两个畜生，是否知道汉王府布置？如果现在说出来，你们属于首告，算你们立功。如果还说不知道，王泰。"

　　王泰在门外候着，里面动静都在听着，赶紧答应着进来。

　　张瑛说："你准备好，一会儿把他们几个都拖到上林苑，那几只老虎、豹子也该进食了。"王泰应着，侍立一旁。

　　梅章、陈刚不动声色，充耳不闻。

杨士奇暗暗喝彩，汉王用人果然不一般，遂喝道："维喆大人，在吏部查一下二人履历，呈报圣上，夷三族。"

夏原吉答应着，走了出去。这时四更炮已经响过，杨士奇看陈刚脸色已变，又是一声断喝："本阁部只给一人机会。你们二人谁先说？我们得赶紧回奏圣上。"

陈刚看夏原吉走进来在杨士奇耳边嘀咕几句，"扑通"一声，跪在地上，喊道："大人，放过卑弁家人吧，卑弁只是上支下派，传话而已，知道的也有限，卑弁都告诉大人。"

梅章喝道："陈刚，你要背叛自己的诺言吗？家里也不会放过你的。"

这时王泰说有人找夏大人。夏原吉走了出去。

杨士奇看陈刚脸色大变，心里明白，汉王那里也一定有话，拿家人作为人质。

片刻时间，夏原吉走进来，冷笑道："你们不要对汉王期望太高，他还做不到一手遮天。你们两人的家乡和现在的宅子，本部堂都已经派人去取。陈刚，你的家人都在南直隶，已经行文，不日即可进京。"

陈刚防线被彻底击垮，他说，汉王在原有的一卫人马上扩充数倍，原有千户所升格为卫指挥使司，指挥使司升格为都指挥使司。原千总升为指挥使同知，兼任自己原有人马千总。

中路指挥使由刚刚升为大都督的朱瑞兼任；新晋太师王进兼左路；新晋尚书、乐安知州朱琦兼后路；原卫指挥同知葛胜任都司同知兼任右路指挥；原指挥佥事李麻子任都司佥事兼前路指挥。这五路监军由王府小主子、各个郡王兼任。

其他两卫，青州左卫指挥使韦宏和右卫指挥使聂远同时升为都指挥使同知。现青州中卫指挥使史诚封为都司指挥使。靳荣大帅升为兵部尚书兼任山东都司指挥使。

杨士奇等人一听，确实吓了一跳。听汉王建制，兵马已经扩大数倍。

几人明白，陈刚作为一个百户，知道这些已经很了不起了，只因他是王进姑表兄弟。陈刚讲完，抬起头来看着杨士奇，杨士奇说："你说得很重要，他们给你封何官职？"

陈刚嗫嚅一下说："事成之后，封卑弁为正三品文官，赐伯爵。"

杨士奇冷笑一声，说："这就叫画饼充饥，你们也都是有头脑的，如何就上他们的当？你刚才说得好，如果事成。你想一想，乐安州仅仅一小弹丸之地，如何歇马？以弹丸之地而抗全国，岂有胜算乎？"

陈刚赶紧磕头，说："卑弁糊涂，大人一番话，卑弁茅塞顿开，只是平时听多了，文皇帝也是以北平一隅而抗全国，最后靖难成功。"

张瑛喝道："不要再东拉西扯，胡说八道，你这是颠倒黑白。这两件事如何能连在一起？你再说得详细些，你们进京除见张大帅，还见过何人？"

"我们只见大帅，其他一概不知。我们世子爷确实见了几个人，卑弁不知，他也不会告诉卑弁。"说到这里似乎又想起什么，接着把府上练兵、和尚测字这些事讲了。

杨士奇挥挥手，王泰令人把陈刚带了出去。

所有人把眼睛都转向梅章，梅章还是镇定自若，只是一直摇头，因为捆绑，他脸上在流血，奇痒无比，因而一直在摇头。

张瑛大怒，喝令："王泰，把他拖出去先打三十杖。"

梅章喝道："张子玉，你是读书人，为何如此辱没斯文？要杀便杀，给读书人留下一点尊严。"

"呸，你一个目无君父的畜生，还谈何尊严？！王泰，狠狠打。"

夏原吉看梅章被拖出去，说："士奇大人，目前来看，也不要依靠梅章，我们需要赶紧去奏报皇上。"

杨士奇点点头说："也只好如此了。"

张辅走过来，说："二位大人，兄弟以为，梅章心里一定装着大秘密，他和兄弟讲的时候，已经说了一些。但兄弟认为，虚虚实实，不一定全是真的。还是让兄弟试一下吧。"

杨士奇大喜："如此甚好，有劳老公爷。"

梅章被拖了进来，宝石蓝茧绸直裰已经被打得支离破碎，成了百衲衣。几人在屋里竟然没听到喊叫声，这人风骨确实不一般。

张辅了解他一些。他是举人出身，南直隶嘉兴人，连续几次春闱，均以点额告终，因而功名之心也淡了。因家境贫寒，没有拔贡，只择秋闱副榜，在嘉兴县谋教授一职，受到杨居正赏识，几次见面，对他的人品学识大为叹服，推荐给刘观。刘观推荐给汉王。奏对过后，汉王为其才学折服，对吏部讲了一下，做了汉王府纪善，教育几个郡王爷。

梅章几次辗转于春闱之中，不得已做一小吏，受王府知遇之恩，无以为报，明知他们在做什么，不但不劝阻，反而积极参与。

梅章看见张辅，呸的一声吐出一口血水。张辅也不生气，说："梅先生，你自诩君子，然文弼以为不齿也。文弼虽为武人，自幼熟读《春秋》，颇晓大义。刚刚子玉大人所讲，天地君亲师，君为臣纲，父为子纲。你熟读史书，却不解其要意。汉王与本帅情同骨肉，与你相比，简直天壤之别，然本帅不为所动，何也？君臣大义也。"

大家看梅章脸色已经平静下来，张辅接着说："本帅见过许多屡试不第之人，最后都不免愤世嫉俗，甚至辱骂朝廷。但有他人反对朝廷时，他们往往站出来，维护朝廷，这就是小利与大义也。本帅戎马一生，从漠北一直打到安南，所过之处，万里荒芜，野皆榛莽。尸骸弃岗，哀鸿遍野，恶狗抢食，鸦雀盘旋。每次战争死伤何止十万百万。多少良人远征，埋骨他乡；多少妻子乞讨，异地做鬼。梅先生，现在国家承平日久，战马耕田，铸戈为犁，君臣相得，百姓乐业。汉王虽为文皇帝之子，但文皇龙潜藩邸时，汉王与先帝就已经君臣分际。难道汉王自己不知道这些吗？非也，他只为一己之私登高蛊惑，河北再燃战火，遭殃的还是百姓，一将功成万骨枯。梅先生饱读史书，这个道理还用别人讲吗？"

大家虽然和张辅多年相处，但很少听他如此长篇大论，侃侃而谈。张辅虽为武人，却颇合文法，众人尽皆失色。再看梅章，已经低下那一直高昂的头颅，脸露愧疚之色。

第二十五回

未雨绸缪公爷遣将　老成谋国奶哥赐名

张辅暗喜，赶紧烧最后一把火："梅先生半生蹉跎，虽无缘于进士榜，但毕竟能展示平生所学。虽在汉王府但也是朝廷官员，保住名节操守，不但会为朝廷和百姓出力，也必将留名青史，否则遗臭万年。梅先生，史笔如铁啊。"

梅章沉吟片刻，说："大帅，几位大人，其实你们都高看卑职了。罪官所知，都不一定有陈刚知道得多。"

大家听他把自称变了，判断梅章心里起了变化。杨士奇也缓下脸色说："如此极好，你就把知道的讲一下。"

"新皇践祚之前，罪官随着世子爷，哦，是朱瞻坦，到过南京总镇府和王总兵府上。他们说的话罪官没有听到。"

这是实话，梅章和朱瞻坦两次到过马太监、王贵府上，都在南镇抚司的视线中。杨士奇鼓励地点点头。

梅章接着说："一年来王府撒出去大批人马，到处游说，主要是都司和卫司，一些千户所还没顾上。文官基本没动。靳荣自然不在话下，刚才陈刚已经讲过。山东都司以下各卫司都已经响应王爷，山西都司张杰已经答应王爷，现在和晋王一起正在操演人马。只等汉王爷令旨。"

张瑛脸露平和之色，问道："山东藩司和臬司是否搅了进去？"

"罪官正要说及此事，这两位大人目前态度还不明朗，汉王爷也不敢说得太露骨。至于府、州、县，罪官不知道。"

杨士奇和夏原吉长舒了一口气，总算打探清楚，但心里又多一分沉重，这战火不可避免了。

他们刚想说话，张瑛抢先说："梅章，你说这些对朝廷很有用，你还是一个有头脑的人。本官问你最后一个问题。"说到这里歉意地看了杨士奇和夏原吉一眼。

两位大人面色平和，不露声色。其实他们不止一次在心里忌他。有时张瑛不顾场合，不符合官场规则，惹得很多官员不满，只因是帝师，他们还不敢发作。这两位阁臣，四朝老臣，喜怒不形于色，有时在心里也真的不当一回事。

可是你张瑛一向如此，是可忍，孰不可忍。但两个人还是忍了。

张瑛说："说一下郑六苗和胡全吧。"

这个问题出乎所有人的意料，三位阁臣根本没听过胡全这个人。而梅章自以为朝廷早就知道了，于是把自己知道的郑六苗的死因和盘托出。

这次审讯大家出奇一致，就是不做笔录，最后由张瑛写成节略奏报给皇上。官员们已经下朝，三三两两走过来，这里的官吏也陆续上衙。

杨士奇说："梅章，你等候旨意吧，我们也尽量为你周全。"说着，使了一个眼色，来人将他带了出去。张瑛走到门口和侍卫们嘀咕几句。杨士奇喊道："把陈刚带上来。"

杨士奇说："陈刚，刚才你说的一句话很好，本阁部很欣赏，你就是一个信使。我们上奏皇上，赦免你，你的家人已经有人去救了。你这次为朝廷做一次信使，把这次来京的一切，一点不漏地回报给汉王爷。还有朝廷旨意，你带回去，然后再回来。"

陈刚被杨士奇这话绕得晕头转向，呆了半晌，带着哭腔说："大人，饶命啊。回到王爷府，实话实说，小的就没命了。"

杨士奇摆摆手说："你放心吧，本阁部告诉你，你交好运了。王爷不但不会杀你，还得让你回京。那时候你们全家团聚，本阁部也要抬举你。你先去休息吃饭，过后我们还会找你的。"

几人匆匆忙忙进宫，张瑛在整理笔录，说随后就到。皇上还没用早膳，看张辅也随着进宫，心里满意。张辅为此也确实踌躇了一会儿，进宫，皇上没有旨意，自己擅自离开，又有和朝廷离心离德的嫌疑，只好硬着头皮进宫。

皇上命令侯显，给每人上一碗莲子银耳粥。皇上自己去了隔壁用膳。大家赶紧用完，侯显给几位指定地点，几人跪下候着。

这些是皇上近臣，侯显当然巴结，指定地点都是空心地砖铺着。磕头时不用真的用力，却咚咚有声。砖地非常实的，任你把头磕得见红也难听见响声，皇上认为你忠孝之心不诚。

皇上走进来，张瑛也来了，先把笔录递给皇上。皇上看了一会儿，脸色变得越来越难看，把笔录"啪"的一声摔在案几上，喝道："二叔负朕。"

四位宠臣不敢接言，朱瞻基站起来回走了几步，似乎冷静下来，说："几位爱卿，说说吧，如何应对？"

杨士奇是首辅，分管兵部，说："回皇上，老臣以为，汉王作为叔父之尊，朝廷应先礼后兵。先把陈刚放回去，皇上下旨切责，令汉王上表谢罪，朝廷既往不咎。臣浅见识，和陈刚一起，朝廷再去济南两拨钦差，一明一暗。明的直接去都司向靳荣要人，并且朝廷下旨，令其重新集结人马等候朝廷旨意。暗的就是分赴山东各府，看文官对朝廷态度如何。"

大家暗暗叫好，敲山震虎，把谋逆公之于众，令山东各卫心有所忌。而且陈灏、张鹏、李睿等人也算不上是秘密差事，靳荣不会再为难他们，放归也未可知。

张瑛连说好计，问了一句："杨大人，下官没明白，为何不下旨拿掉靳荣？难道怕他狗急跳墙吗？"这话问得又有几分无礼。但是说得明白，这时候还有什么顾虑？直接拿掉就可以了。

杨士奇说："子玉大人问得是，现在我们还要考虑在他们手上的人。一旦撕破脸皮，这些人可就危险了。"杨士奇话外之音大家听得明白，在暗中责备张瑛草菅人命，连皇上都听出来了。

皇上说："除二小外都是朝廷命官，一旦出事，朝廷颜面何在？子玉大人，凡事要多和几位大人习学。"

张瑛赶紧说是，随后又加了一句："迟二小是白身吗？这倒出乎老臣的意料。皇上，这样不好，二小多少次为朝廷出生入死，皇上……"张瑛说到这里，感觉到自己口气又有些硬了，赶紧说："臣失仪了。"皇上笑了，摇摇头没说话。

夏原吉赶紧说："皇上，臣附议子玉大人。二小确实应该迁官，最好皇上赐他一个名字吧。"

皇上故作沉吟，点头说："言之有理，朕早就想赐他一个名字，只因他是白身，没有天子给一个白身赐名之说。至于官职，不是朕吝惜爵禄，而是这关系令人尴尬，他毕竟是朕的奶哥，贸然加官，恐为朝野诟病。"

这话说得言不由衷，几人都是千年老妖，当然明白。

杨士奇说："皇上，臣不敢苟同。臣和二小相熟，他虽未进学科考，却也满腹经纶，毕竟在皇上身边，耳濡目染，自非常人可比。臣提议，先议一个阶级，待山东平稳，让他在山东任职，也可解决山东官员缺口。"

皇上连连点头，说："士奇大人老成谋国，有大人，朕复何忧？就依你，你们议一下阶级。"皇上当然不好意思定级。

这趟马车不能落下自己，这是不显山不露水的奉承皇上。蹇义赶紧说："皇上，臣有一个浅见识，东昌府两年来一直不靖，运河口岸，水匪横行，那里通判缺职。二小坚刚，正好可以在此施展拳脚。"

皇上很高兴，说："依你，只是阶级太高了，贸然加到六品，朝野如何看朕？现在非常时期，也说不得了。高唐州如果没陷进去，二小就好好做他的通判，高唐州有事，平定山东后，令他去知州。"

大家心里暗乐，还说阶级高呢，通判从六品，知州可是正六品，大家齐喊皇上圣明。

皇上满意，说："二小显然不适合官场称呼，听上去倒像是市井无赖。朕赐名，就叫迟晓，字修儒。"大家又是一阵颂圣之声。皇上说："汉王在磨刀霍霍，朝廷也不能无动于衷，我们要有所准备。"

张辅本来在丁忧，在这里可以不必奏对。虽然皇上说要夺情，毕竟还未下旨意，他只好徐庶进曹营一言不发。

皇上当然明白他的意思。夜来几位宠臣示意皇上要善待张辅，他已经明白。刚刚看了张瑛的节略，知道是张辅突破了梅章，皇上对他的疑虑逐渐减退。皇上说："文弼，你说说。"

张辅说："禀皇上，老臣需要舆图。"

众人明白，张文弼对天下粮草重地、兵马配置等烂熟于胸，只是担心皇上和众位大臣跟不上思路。这也说到了皇上心里。皇上示意宦官拿来舆图。侯显赶紧拿来，几个宦官托着，供众人观看。

张辅告罪，走过去指着舆图说："臣单纯从军伍上说一下。山东南通徐州、江左，北邻直隶诸郡，西邻广平府和山西相连，东靠大海，一旦起事，进可攻退可守。臣担心天津卫等地已经被汉王收买。臣建议，左都督、镇朔将军谭广率军出宣府；前军左都督、武安侯陈亨率军出大同；襄城伯李隆出永宁；武阳侯薛禄出徐州。现在右军都督府左都督、宠信伯费瓛正在京师，可令其和李隆会合。再由辽东都司朱荣之子朱冕率金州卫人马从海上登陆狼烟台。皇上眼下就得有所行动。迟则有变。"

皇上大悦，说："传杨荣和金幼孜。"两人早就在外面候着，赶紧见驾，皇上摆摆手，令其平身，早有人准备文房四宝。皇上说："拟旨，张文弼，就按你所说调动兵马，以演习为名。你接着说。"

张辅应着，看金幼孜二人已经准备好，把刚刚奏对的讲了一遍，接着说："这是其一。其二，青州各卫和东昌卫橄调西去，与陈亨会合，暂时归陈亨节制；靳荣率直属卫司人马北过黄河，当然，黄河已经改道，小清河和涡河汇入故道。令靳荣与费瓛会合，暂时归费瓛节制；登州卫、靖海卫、成山卫在狼烟台与朱冕会合，暂时归朱冕节制。在兵部规定时间到达指定地点，逾期按律追比，就地免去现职。临清、东平、青州、东昌、济南几个粮草重地，不见圣旨不准调动一粒粮秣，其他未调动人马，不见兵部勘合一律不准妄动，违者夷三族。"

大家叹服，这才是一国中军伍当家人，娓娓道来，如数家珍。朱瞻基很满意，点点头说："文弼，你考虑得很周到，这就是釜底抽薪，即使他们有心造反，也难以成行。朕没明白，为何留下诸多卫司？"

"回皇上，山东全境归后军都督府提调，算上鲁王府、齐王府护卫，共三十二卫，调出一半即可，有两卫者只能调出一卫，留在属地以防万一。何况有些卫司无关紧要。"

皇上点头称是，接着张辅又说："第三道旨意，所有山东各衙门，从三司都州县，无朝廷旨意，不准向任何卫所提供车马运具，违者以资敌论处。第三道奏章不经三司，六百里直接发给府、州、县。第四道奏章，给汉王。"

安排妥帖，大家似乎松了一口气。不是紧急情况，圣旨不会直接发往府、州、县。皇上说："去山东有人选否？众位爱卿荐举几个。"

大家都知道，这个差事金英最合适，可是他远在广州，远水难解近渴。

杨士奇说："皇上，一明一暗，明者必须有一定威信或能言善辩之人。现在金英在广东，臣举荐张文起。"

这当然不错。皇上认可，说："再举荐一位文官。"

张瑛跪地磕头，说："皇上，臣愿做毛遂，去说服靳荣。"

皇上摇摇头说："当此关键时期，朕身边旦夕不能少子玉大人，你还是再举荐一位吧。"

"况钟，况伯律。"张瑛说得斩钉截铁，大家都赞成。

皇上以前也只是闻名，一年前回京才见识到况钟，做事颇有章法，也同意。暗的使节，无人提议。几位都是机枢重臣，对皇上还是有所了解。他心里已有人选。必须多多撒出人马，皇上肯定会想到中人。

张升接到圣旨，不敢迟疑，点齐一个百户队，晓行夜住，到达济南。他深知此行危险，自己是皇上的舅舅，在靳荣这些人眼里，自然是不能劝降之人。他知道，圣旨早三天就已经到达。这里毕竟离直隶最近。

他看靳荣辕门，似乎没有调兵迹象，派人直接去通知靳荣，就说有天使到达。靳荣心里打鼓，不知道为何不出三日，来了两拨钦差。他赶紧放炮，大开中门，带领大小将佐迎出辕门。

张升也不说话，也没让他起来，只说前面带路。大家一愣，这是国舅，也是后军都督府同知，这次主要是钦差。大家起身随后而进。到了点视厅，张升升座，在点将台上站直。

况钟喝道："有旨意。"

靳荣赶紧率领将佐跪下，靳荣问安。

第二十六回

况伯律济南惊都帅　李向之莱州谒同年

张升回到圣躬安，而后宣读圣旨：奉天承运皇帝，诏曰：大明后军都督府山东都指挥使司指挥使靳荣，朕前一段已经下旨，令汝率本部和济南卫人马北过涡河与费瓛会合，为何至今未动？第二，锦衣卫同知陈灏、山东东昌府通判迟晓（二小）到山东都司宣旨，据说为你所扣。你哪里来的胆子，竟敢扣下朕的使者？靳荣，这次朕不罪你，按圣旨执行。把几位大人、将军交与钦差张升、况钟。钦此。"

众将一听，这不是宣旨，这是问罪，大家一时不知所措。张升和况钟都在观察，二人对视一眼，现在来看，陈刚还未回乐安州，否则一定会派人来通报情况。

靳荣唱奏道："臣领旨谢恩。天使也容臣辩解几句。接到圣命，臣立即下令，北过涡津河。可是出了一点状况，济南府几处粮秣大仓拒绝支付粮草，说也是刚刚接到圣旨。臣不解，军伍之事，粮草事大，兵马未动，粮草先行。没有粮草支应，这些士兵根本不想开拔。"

况钟明白，靳荣该说第二件事了，于是抢过话来："我们已经传完圣旨，各位将军可以起来了。靳大帅，京师已经传开。你们不会一点都不知道吧？”说着把靳荣扶起来。

靳荣看了大家一眼，大家都茫然不知所措。靳荣说："请天使指教。"张升已经明白况钟所为，他个人判断，靳荣假装蒙在鼓里，很可能不承认陈灏在此，那就难办了，最后他把陈灏杀掉也不会再给二位的，只好出此下策。

况钟说："京师传汉王造反……"声音不大，似乎一声炸雷在这空旷的点将厅炸响，众将佐瞬间怔了。

靳荣吓得不轻，赶紧跪下，颤声道："大人说话请注意，汉王爷乃文皇之子，当今天子叔父，至亲骨肉。如何能做此大逆不道之事？"

况钟说："看起来还好，你没有被搅进去，山东有几个卫司和千户所都已经从贼叛乱。梅章你认识吧？"

靳荣当然不能说知道，赶紧说："惭愧，卑帅孤陋寡闻得很，平时也不喜欢与人交往。"

"那陈刚你总会认识吧？"

靳荣一惊，心知有异，但陈刚是军伍中人，不好说不认识，于是说："认识，不是很熟。"

"陈刚和王府纪善梅章进京游说，最后游说到张文弼老公爷府上。老公爷何许人也？对朝廷忠心，可谓坚如磐石，把这些人锁拿献给朝廷。前几天两人全撂了，皇上大怒，下令山东卫所调动，怕大帅也搅进去，让本使来看一下，如果没搅进这些事，就赶快按旨意行事。现在快把陈灏等人交给兄弟，我们也好回京交差。"

张升一直在观察将士们，看见有人一脸莫名其妙的样子，有人脸色灰白。张升判断，这些人还没有全部参与。他还是不动声色，看靳荣如何圆全。

靳荣一脸惊恐之色，吞吞吐吐地说："两位天使，冤枉。陈灏和二小的案子，卑帅已经行文兵部。陈灏和卑帅亲兵发生口角，当场杀了亲兵。辕门将佐不依不饶，兄弟只好把他暂扣起来，等朝廷来人。既然有旨意，你们快把他弄走。这些日子，陈灏见到卑帅就骂。卑帅也不能奈何他。你们可能听说，兄弟是陈圭侯爷的兵。"

张升接过来说："本使知道大帅是忠义之士。在这里本使多说一句，各位将军，汉王反迹已露，在大是大非面前，各位可要心里有数，一脚踏过去可就没有回头路。哪有什么封妻荫子、流芳百世？其结果就是妻离子散、遗臭万年。谋大逆，凌迟，夷三族。你们或是荫袭祖功，或在战场上一刀一枪拼的功名。不管是哪种，都来之不易。不要听宵小蛊惑，做出糊涂之事。你们都散了吧，赶快准备开拔东西。本使要看一下几位将军和大人。"

很快陈灏和迟二小带着亲兵走进点将厅。张升看他们都穿得干干净净，身上也没有伤，放下心来。陈灏被反剪着双手。张升喝道："有旨意，迟二小接旨。"

迟二小一愣，赶紧跪下："请皇上安。"

"圣躬安。皇上口谕，自即日起，二小大名迟晓，表字修儒，接到旨意之时，赴山东东昌府任通判，圣旨和牌票已经备好。"这大出迟二小的意料。他是一个聪明人，知道此非常时期，必有蹊跷，赶忙接旨谢恩。

张升前后看了一下说："还有云举和吉祥他们呢？"

靳荣赶紧说："回天使，你说的这几个人没到都司。张云举卑帅倒是认识，既然到了山东，为何不到都司来看我们。卑帅自以为和他父亲还有几分交情。"

陈灏冷笑一声："不来就对了，你和我们家交情更深，我不还是杀了人，只恐怕云举会把房子点着。哈哈。"

张升喝道："不得胡说。靳大帅，把他们的卷宗转给本使，本使也好回去交差。"

靳荣吃了一惊，说："你们这就回京？何必这样来去匆匆，今天卑帅把藩司和臬司都找来，陪天使吃几杯。"

况钟说："谢过大帅，改日吧，你们还要准备开拔，我们就不打扰你们了。兵丁们自己带着粮草，不用管他们。我们到济南府去盘桓几日。"

靳荣赶紧说："这不合适，你们来到都司，卑帅不能尽地主之谊，如何说得过去？既然圣旨是给都司的，再去别的衙门就不合适了。"

况钟笑了，说："大帅言之有理，只是我们不同于其他人。兄弟和曹弘既是乡党，也是同年，当然要去扰他东道。你们忙着，我们告辞。明后天可能就返京，那时候就不来与各位告辞了。"

"哦，原来如此，既是同年，来到泉城，应该去看一下。那卑帅就自行安排了。"

况钟没和张升商量，自行决定去济南府，这令张升感到奇怪。在路上，况钟把自己的想法和盘托出。张升然之。到了济南府，曹弘和李郁都接了出来。张升才发现，原来曹弘和况钟两人素未谋面。

大家互相见礼，各自通报一下掌握的情况。况钟说："两位大人，你们府衙有校场吗？"回答有。况钟对张升说："大帅，下官想把兵丁屯扎在这里。你看呢？"

张升明白了，况钟这是不放心靳荣。张升当然也不放心了。但是在城里不出去，在哪里也不安全。张升是打过大仗的，对此门儿清。既来之则安之。来之前，他们已经对济南府做了调查，张瑛和杨士奇都对二人做了交代这是可以托付之地。

张升把在靳荣那里的情况通报一下，也把梅章和陈刚之事简单讲了一下。曹弘和李郁瞬间脸色苍白。

李郁说："舍弟已经看出来了，但舍弟最后到底在哪里，活不见人，死不见尸，下官猜测，恐怕已经没有活路了。"

张升说："我们之所以不急着回京师，就是在等他们。你们放心，现在汉王谋反已经公开，这几位大人已经没有危险。兄弟认为，就在这几天，这几人会到此处会合。两位大人，兄弟这些兵丁可是够你们受啊。"大家都笑了。

过了两天，有人回报曹弘，乐安州来人，在都司待了一个多时辰就走了。这两天，张升和况钟在城里游玩，吃酒作诗，走马斗鸡，去灵岩寺纳凉，到趵突泉吃冰酒。花天酒地，极尽吃喝玩乐之能事。

四天后，靳荣率兵北过涡津河。负责监视的报告，靳荣还想再拖延，是同知和一些将帅不满。张升那天一席话，使一些还蒙在鼓里的将士如梦方醒，判断大帅很可能要随汉王起兵。有的明确表示反对，有的嘴上不说，心中不悦，也有死心塌地想起反的。

张升看靳荣已走，知道会留下监视之人，但已经无伤大雅。他又交给迟晓一个牌票和密旨，嘱咐他须如此如此。

一连七八天过去了。张鹏、吉祥和李睿先后到了。大家如劫后余生。李睿掉了一根手指，但精神还好，李郁和他抱头痛哭。

李睿说："不是此人，小弟几乎见不到兄长。"说着指了一下和他一起来的人。大家看此人年龄三十岁左右，身高八尺有余，面白无须，双目炯炯，身穿镶着金边的青色绸缎直裰，头戴镂金素描四方平定巾。这是一个举人或监生。

李睿介绍说："此人马愉，字性和，本省青州府临朐人，乃伏波将军马援之后。"说着又把几人向他介绍一遍。李郁双手把他推在椅子上纳头便拜，吓得马愉还礼不迭。

曹弘感到不解，问："李睿兄弟，你为什么不北渡涡津河，却向东去了？"

李睿叹了一口气，说："实在是技穷了，想离开山东是不可能的，只好和几个侍卫分头突围。遂下令几人各持一个蜡丸向不同方向去。遇到抓捕，必须吞掉蜡丸。现在不知道各处如何。"

张鹏把三喜之事讲了一遍。李睿叹息一番，接着说，他打算走海陆，从登州府狼烟台下海，两个方向，只要逃出去就可，一个是辽东，到金州卫，一个是逃到南直隶。天津卫比南直隶近得多，但是他不放心天津卫。他已经得到密报，汉王和天津卫总镇孙胜过从甚密。但到了莱州才发现，这是自己的臆想，向东方向已经被牢牢封住，一只鸟也飞不过去。

在莱州东躲西藏，盘缠用尽，只好去找熟人，莱州府经历傅达，他们是同省人，同科举人。傅达春闱接连点额，后来在李睿帮助下，入国子监读书，几年后，莱州府缺一经历，又是李睿帮助，傅达做了莱州府经历，正八品官员。

李睿打听到傅达府上，在府外候着，看他歇衙回府，到了入更，直接登门求见。家里也不是什么大院，还算齐整，有两进院子，有两个仆人，李睿没敢说出姓名，只说故人同年求见。仆人禀报，傅达赶紧出迎。

官场之上，有一个不成文规定，见到读书人都要恭敬有加，因为读书人往往前程似锦，不知哪一天他就会登堂入室，腰金衣紫。何况这不是普通的读书人，是同年，那就证明这人已经是举人了，当然不能怠慢。

在角灯照耀下，傅达看来人衣衫褴褛，很吃了一惊。二人已经多年未见，李睿虽然四十几岁，看上去仿佛年过半百。李睿说："傅兄不识故人否？"

这一声惊醒傅达，他又惊又喜，走上前纳头便拜，口称恩人。李睿急忙把他扶起来，说："切莫如此，哪里有恩人？我们是同年，兄弟。今天小弟落魄，特来讨一杯酒吃。"

傅达也不问他，双手揽住李睿胳膊，嘴里叨咕着："我们就是至亲的骨肉，快请，今日我们弟兄不醉不休。"

这时傅达已经用过晚饭，下令娘子杀鸡割肉，准备酒菜。傅达一妻一妾，还有一个粗使丫头。两位娘子听前面传过话来，不敢怠慢，赶紧收拾，很快端上来。

夫人问丫头，是何许人也，令老爷如此垂青。丫鬟哂笑道："我看就是一个花子，还什么贵客！"

夫人心下狐疑，打发小妾前去看视，小妾在屏风后偷看一会儿，回到夫人这里，接连呸着，不说话。夫人怒了："你这个死蹄子，有话快说，没事你直呸着是何意？"说完就要打人。

小妾不敢再做作，赶紧说："夫人恕罪，我不理解。老爷平时也算是比较讲究之人，今天竟然和一个花子同桌吃酒，似乎一点也不觉得老爷嫌弃他。不知道究竟是个什么人。"

几个人唠唠叨叨，很快三更梆子响过。前面传过话来，今天客人在前面住了，找出最好的洁净被褥送过去，把老爷平时最好的服饰备好，明日给客人换下。

老爷吃过酒，有了几分醉意，回到后宅。夫人问起是何人，如此大动干戈。傅达说："这人就是我常说的御史李睿。恩人到此，正是我们补报之时。"

夫人疑惑，问道："既是御史这样的高官，为何如此？和花子一样。你没问一下吗？"

"不用问，他的事我都知道，现在山东各地都在捉他，否则能这样狼狈吗？我在府衙，做的是这项差事，当然明白。在席上，我只字未提。"

"这么说是钦犯了？"

"告诉你实话吧，夫人，连我都不知道他是不是钦犯，只知道都在抓他。这也不关我的事，你准备好二十两散碎银子和几贯制钱，明日赠给李兄，也算了了我这多年的亏欠之情。睡觉。"

夫人发呆一会儿，说："老爷，平时我是最佩服你的，到这时候怎么反倒没了主意？"

"什么意思？什么没了主意？按我说的做！"

第二十七回

马性和义救风宪官　张文起计调众文武

夫人不敢再顶嘴，但是一想到今晚干干净净的被褥，明日老爷的新衣服，还有白花花的银子和黄灿灿制钱，她豁出去了，说："老爷别怪我多嘴，这是到手的一桩富贵，机会在手上白白溜走，恐怕一辈子也不会再有。"

傅达听明白了，半天没有作声。夫人说："机不可失，时不再来。"说着就要睡觉。

傅达说："没看出来，你倒有些见识。"说着披衣走了出去，把仆人喊进来，说如此如此。

谁知隔墙有耳，这一切都被躲在暗处的小妾听得一清二楚。她平时也知道有个御史是自己老爷的恩人，看起来就是这个人了。马上就被自己老爷送官，她于心不忍。男女有别，她又不能亲自去通报，听见大门响动，知道仆人已经去府衙首告了。

她觉得心神不宁，良心不安，不管不顾，索性跑向客房。天气炎热，到处都开着窗子。她在窗子外面喊道："你是御史李老爷吗？"

李睿见到朋友，又几日不曾好好吃饭，饮食过度，多吃了几杯，昏昏沉沉之际，听见有人喊，细听是一女子声音。他判断必是傅达女眷，大吃一惊。自幼受圣人训，非礼勿视，非礼勿动，非礼勿听，他装作听不见。小妾急了，只好耐住性子，把夫人为了省银子想把他送官简要讲了一下。

小妾讲完，一个东西扔进来，人不见了踪影。李睿吓得立刻醒酒，在黑暗中摸一下，是银钱一类，知道这不是玩笑。他顾不上其他，赶紧悄悄地从窗子跳出去，不敢走正门，从后墙翻出去，在落地的一瞬间，右手钻心一样的疼痛。

他不敢叫喊，伏在墙根处辨别方向。这时一排排火把已经朝傅达家冲了过来。他魂飞魄散，拼命沿着小巷向前跑去，在一个高墙下小角门边上伏了下来。

喧闹声渐渐远去，李睿不敢离开，直到天光大亮，他才准备离开，几个人在角门处现身，随后一个三十岁左右的青年走出来，这人就是马愉。

马愉疑惑地看着李睿，问道："足下何人？看你这样不似奸盗之辈。"

李睿打量一下，看他并无恶意，摇摇头，说："学生遇见贼人，现在已经没事，多谢。"

"足下是读书人？"

李睿苦笑一下，说："读书人高人一等乎？在下真是被读书人所害。告辞，在下会给解元惹麻烦的，他日有缘，定当拜会。"拱手一揖，准备告辞。

马愉看他衣衫褴褛，面色憔悴，却仪态雍容，谈吐不俗，感觉有异，说："学生欲请先生到寒舍奉茶，肯赏光乎？"

李睿对人已经失去了信任。傅达是他最可信任的人，在这举目无亲之地，自己两次施恩惠于傅达，尚且如此，何况不相干之人，自古爵禄财帛动人心。但是他心下明白，眼下自己在这莱州府寸步难行，最后一定会落入官兵之手。

与其坐以待毙，不如一搏，遂昂首道："如此，有扰解元。"

到了马府，李睿并无隐瞒，把在傅达府上之事讲了一下。马愉看他伤得严重，不敢再谈，赶紧找来管家。

管家粗通医道，看一下李睿手指，摇头叹息，说："先生非常人，十指连心，如果是一般人，早已经昏死过去。"

马愉问："可治愈否？"

管家摇摇头，说："不瞒先生说，目前这样，即使华佗再世也无能为力了。小的处理一下。"说完走出去拿来器械，说："先生，这根手指只有皮肉相连，小的不敢切下，这需要麻沸散。府上没有，要是出去买类似药物，不良人①一定会循风而来。我们外面有一些血迹，差人必定知道先生受了重伤。"

马愉吃了一惊，问："血迹可曾处理？"

"回爷的话，角门处倒是都处理了，也难保不留痕迹，其他地方料也难说。如果刻意去处理，岂不是此地无银三百两？"

马愉点点头，沉吟片刻，对书童耳语几句，书童走了出去。

李睿看管家要上药包扎，遂道："你不要有顾虑，这只手指已经废了，拿掉吧。"

管家摇摇头说："不可，小的没有麻药。"李睿再三请求，管家只是不肯。

李睿微笑着摇摇头，突然左手奋起，一下子扯掉了残指，咬紧牙齿，咯咯作响。再看手指，血流如注，李睿已经昏死过去。众人吃了一惊，赶紧包扎。

这时外面传来一阵阵喧哗声。书童进来，奉上拜帖说："相公，府衙孙大爹来拜。"

管家已经处理完伤口，说："他们嗅到气味了。这是黄鼠狼给鸡拜年。"

_____

① 衙役，即下文提到的青衣，良人即军伍中人。

马愉点点头，对书童说："请到会客厅奉茶。其他弟兄在凉亭上休息，上一些凉茶祛暑。"

马愉来到客厅，一位虬髯大汉候在那里，见到马愉躬身一揖。这是府衙刑科捕头。下人上茶，二人分宾主落座。马愉赶紧说："些许小事，有劳大爹。学生并没有报官，大尹如何得知？"

孙大爹一头雾水，疑惑地说："打扰举人老爷，卑职到这里，是另有公干，不知道老爷说的是什么事？"

马愉愣了一下，随即哈哈大笑，说："怪道这么巧，夜来家里出现一点小状况，没什么。大爹有何公干，尽管说，学生和大尹关系想必大爹也知道，没有不配合的道理。"

孙大爹赔笑道："那是，可莱州府哪个不知道举人老爷和我们大尹老爷亲如骨肉？卑下就不说公事了，府上的事能否透露一二？也许卑下能帮上老爷。"

"没有什么不能讲的，只是夜来一些鸡鸭鹅被弄死了不少。管家很生气，要拿着学生名帖去贵衙，是学生拦住了，这才作罢。"

孙大爹勃然大怒，站起来把杯子在案几上一蹾，愤愤地说："真是吃了熊心豹子胆，敢在举人老爷这里作案。既然卑下知道了这件事，就不能熟视无睹，我们大尹老爷知道卑下不管，定不会与卑下干休。走，去看一下。"

马愉客气几句，在前面带路。孙大爹领着几人跟着。

来到后面空场，几只鸡鸭鹅堆在一起，地上点点滴滴血已经凝固，绿豆蝇在贪婪地吸食。

孙大爹前后看了一遍，又到鸡、鸭、鹅圈走了一趟，咦了一声，低头看着地面向大门口走去。别人不敢吭声，也悄悄跟着，发现地上有点点滴滴血迹，一直到大门口。

孙大爹示意身边青衣，有两个青衣沿着血迹朝巷子口走去。

孙大爹一脸庄重，仿佛有重大案件，对马愉说："老爷少安毋躁，片刻就见分晓。"不过一刻钟，两个青衣回来，其中一人在孙大爹耳边耳语一会儿。

孙大爹哈哈大笑说："举人老爷，不是案子，是黄皮子^①干的。这个畜生咬死了这些鸡、鸭、鹅，衔走一只。到了另一个巷子口，不见了，还留下一堆鸡毛。那卑下就告辞了。"

马愉怔了一下，随即也哈哈大笑，说："那就好，学生也觉得平生没有什么对头。哦，大爹还没说公差呢。"

孙大爹给另一个青衣使了一个眼色。青衣说："举人老爷不知，夜来有贼人去了经历老爷家，经历老爷说贼人受伤了，还领着我们查看了血迹。我们大爹老爷出了现场，看见这血迹有些蹊跷，问有没有打斗，经历老爷说没有。我们老爷确定这血迹和贼人无关，被经历老爷骂了一顿。现在看来，我们大爹说对了。大爹破获大案、积案数也数不过来，经历老爷见识短……"

"住口，你是什么草料，敢褒贬经历老爷？让举人老爷见笑了。"看上去，虬髯包着一张得意的脸。

马愉伸出大拇指说："你这个伙计有些见识，论查案，大爹确实称得上这个。学生一天遴选，如果有大爹这样的都头，幸何如之！既然如此，你们和这些鸡、鸭、鹅有缘。管家，一样选两个肥的，给大爹他们中午下酒。"

孙大爹早已经找不到北了，赶紧说："不敢让举人老爷破费。这些年卑下这些人没少得举人老爷看顾。"

"不要客气，天差地差，来人不差，这大热天，你们跑前跑后，学生过意不去。管家，把昨个张巡检送的烧酒给弟兄们拿一桶。"

---

① 黄鼠狼。

这些人千恩万谢地走了。

马愉回到室内，李睿已经醒了，马愉把刚才经过讲了一下。李睿心里感动，对马愉刮目相看。此人智慧超人，将来前途不可限量。此人也是可以托付之人，遂把这次在山东差事讲了一下。

马愉虽是举人，经常在官场走动，对汉王欲反却毫不知情，对李睿风骨由衷佩服，遂道："大人尽管在此安居，学生虽是举人，托庇桑梓，并无人前来盘查。听大人说起，汉王不日即将举旗，那时看莱州府是何态度再作计较。"

自那天起，官府再也没有造访，李睿在府上将养，吃喝不愁，伤口恢复很快，两人渐渐了解，以兄弟相称。

马愉永乐十八年秋闱中举，次年因病未能参加春闱，永乐二十二年春闱又在丁母忧。说起母亲，马愉不免有些悲伤，说："家慈仙去时才五十六岁，小弟自幼丧父，多亏家慈支撑家业，养大儿女，不曾享过一天福。"

李睿这几天已经对马府有所了解。马愉是临朐人，自幼贫苦，家里人一直为生计奔波。在马愉"侥幸"后，莱州府北驼山巡检司送的宅子，名义是租住，马愉从临朐搬到这里。达官显贵都来巴结，遂成家业。四年来，置办田产，使奴驱仆，过起财主生活。

在马府过了近一个月，马愉得知，汉王已经和朝廷公开叫板。李睿知道的东西已经不称为机密，官府对李睿追捕也淡了。两人分析，回到京师还是比较困难。

李睿心里有数，有迹象表明，他的消息已经送达天听，他没有必要回京师，遂义无反顾回到济南。马愉不放心，带着家人一路护送。

张升见到马愉，大喜，他还有自己的差事，就是东昌府和高唐州。迟晓毕竟缺乏文采，还算不上是一位文官，遂对马愉躬身一礼，说："性和先生真乃义士。"

马愉赶紧还礼，说："学生不敢，学生此时想起来，傅达之妾才是女中豪杰，巾帼丈夫，可惜嫁给了傅达，明珠暗投也。"

李睿说："李睿不死，必当厚报此人。"

李郁说："舍弟断弦四载，但愿能遇上这等好人。"

张升本来有话对马愉讲，大家把话岔开，他不好发作，看有说话缝隙，赶紧说："性和先生，兄弟有一事相托，随迟晓大人去东昌府。明年春闱定不会误先生吉期。只是目前还没有官凭给你，只作为师爷。"

马愉大喜，有什么不同意？只说："学生才疏学浅，恐负大帅所托。"

张升心里明白，朝廷把迟晓派到东昌府，必是察觉了山西都司有问题。他对迟晓说："事不宜迟，你马上带人去东昌府，本帅给你配备四个侍卫。"迟晓和马愉带人赴任。

大家简单用过午膳，张升说："现在事情紧急，一切从简，本使先权知事。圣上高屋建瓴，调度得当。山东各卫，去留各半，正好为我所用。下面听某调度。"

大家应道："愿听天使调遣。"

"张云举、吉祥，你二人还得悄悄潜回登州，在狼烟台候着朱冕。待他登陆后，与他会合，拿下登州卫，而后速派人回报，等候指令。如果出现变故，等不到朱冕，你们可临机决断，便宜行事。"张鹏、吉祥领命而去。

"曹弘、李郁，你们有两件差事急办，一个是秋闱日期迫近，各府、州、县士子想必已经有到泉城的，你们要确保入济南士子安全和起居。有一点点问题，本使必请天子剑，要汝二人项上人头。"

曹弘躬身一揖，回道："天使放心，这几天卑职和提学孙正议过几次，士子已经来了许多，目前一切稳定。"

张升满意地点点头，说："圣上接到李睿大人的密信，知道济南府衙还心向朝廷，故下旨，令本使临机决断。有情报显示，臬台程本还没有异动，眼下不必动他。藩台在摇摆不定，据说和靳荣是儿女亲家。他现在请假丁忧，是其乳母仙去，显然是有意为之。"

说到这里，停下来，看曹弘点头，明白这是真的。他接着说："明儿个本使亲去藩臬两司，见机而作。曹弘先署理藩台，李郁署理济南府尹。"

大家吓了一跳，曹弘睁大眼睛看着张升，双眼充满疑问："这确实是圣上之意乎？"

张升不理他，说："明日曹大人随某一起去两司。"

"陈灏，一会儿你就和本使去都司，在那里坐纛。据可靠情报，靳荣并没有过涡津河，在大牣渡口停留观望。离城百里，可谓朝发夕至。本使已经派出随行千总在那里监视。陈将军，你到都司那里，首要差事是安排防守器械，多准备滚木礌石，安排丁壮疏通护城河，修好吊桥。"陈灏拱手领命。

张升接着安排："伯律大人，一会儿你随兄弟去卫司，需见机而作，回来后，赶紧上奏章。信使不要走驿道，既要快还要保密。"

李睿看天使分拨半日，没有自己任何差事，心里不悦，说："张大帅，卑职是何差事？请赐教。"这话说得非常无礼，应该是吩咐而不是赐教。

张升说："你目前把伤养好，赶紧写奏章，按正途发往京师。明日还得随本使去两司。当然，你还有自己的分内差事，监督我等是否依律办差。"李睿悻悻而应。

第二十八回

▼

济南卫天使遇故旧　汉王府大师拟檄文

分拨已定，大家散去，张升把陈灏留下，又秘嘱几句，然后把他送到都司，说明来意。有圣上旨意，留守官员不敢质疑，只好派人出城报告靳荣，陈灏也装作不知。

张升料理完都司，和况钟带着两哨人马出城来到济南卫司。

三声号炮，辕门大开。卫司指挥使带着大小将佐迎出来。来人不到四十岁，未穿盔甲，身穿绯色狮子补绣常服。张升并不惊讶，这些年，朝廷武官阶级逐渐有放松趋势，济南府关乎朝廷安危，是南北两京屏障，配置略高，是从二品。

"济南中卫指挥使司从二品指挥使谭珏恭请圣安。"

"圣躬安，有旨意，前面带路。"

大家来到大帐，张升宣旨："……尔等谨遵天使将令，有不遵者立斩，夷三族。"读毕，放在案几上。将帅山呼舞蹈。

谭珏站起来走到张升面前，跪下施礼："卑职叩见大帅。"

张升来这之前，把山东卫所将帅都了解了一遍，没有几个熟人。他不像其他将帅，未参加靖难之役，没有太多部属。但是这种称呼就是熟人了。
张升问"快快请起，你认识本使？"

谭珏站起来，笑着说："认识，末将原来一直在南京，曾经参加过福建
剿匪，和令兄张文博大帅也有交集，也算是文博大帅的兵。倒是家兄和天
使相熟，经常在卑职面前谈论大帅。"

张升大喜，不管怎样说，认识就好，他放下天使和国舅的架子，说：
"你不要说，让兄弟猜一下。令兄是谭璟，是也不是？"

谭珏兴奋得满脸通红，不单是张升的一句兄弟，还有张升说话的口气，
又喊出哥哥名字。没等他说话，将士们都笑了，没有了刚才紧张的气氛。
张升哈哈大笑，对况钟说："这是谭璟的亲弟弟，到自己家了。谭珏，让你
这些兔崽子们都退下吧。"

将帅们哄笑着躬身而退。况钟打蛇随棍上："原来是谭璟大帅弟弟，下
官和令兄有过两面之缘，是难得的一员儒将。"

大家落座，亲兵上茶。张升笑着说："伯律，你还不知道吧，兄弟听谭
璟吹牛，他二弟比他还有文采。这么说谭珏也是儒将了？"

谭珏说："大帅过奖，和家兄相比，微毫之末也。"

张升正色说："这也是令祖考遗风。令祖考乃大明朝难得的儒将。"这
时况钟才知道此人是谭渊的孙子。谭渊随文皇帝靖难，在滹沱河大战中壮
烈殉国。

谭珏站起来谢过，张升示意他坐下，谭珏心里已经有数，这段时间，
有关汉王清君侧的消息在山东各地已经家喻户晓，妇孺皆知。谭珏说："大
帅，标下知道圣上之意，大帅尽管下令吧。"

张升点点头说："你果然是响鼓。现在山东情势你也知道了，想必你已
经接到了汉王指令。朝廷早已得报，汉王一举一动都在朝廷严密监视之下，
皇上正在调集各处兵马向山东合围。圣上之意，你们卫司留下一个千总兵
马在营地，其余向城内收缩，以防贼人回攻济南。"

"不瞒大帅，标下收到了汉王的亲笔信，下令标下无论发生什么事都要听从靳大帅的将令。这个令旨下得莫名其妙。第一，藩王不能干政。第二，作为都司下属一卫，当然要听从都司指令。直到十天前，传言汉王效仿文皇，起兵靖难。标下才知道事情真伪，不敢妄动，等朝廷来人。标下想，有这个想头的绝不止标下一人。标下即刻整军，向城内收缩。现在，重新点将，两位天使训话。"

况钟问道："谭大帅，下官冒失，贵卫司有几人响应汉王？"

谭珏说："不在少数，具体标下还未统计。"

况钟不是多此一问，而是谭珏态度令人生疑。况钟以为他阳奉阴违。其实况钟不在军伍，不懂其中奥妙。名义上是谭珏的兵，可下面各个千户所、百户所和都司、都督府有着千丝万缕的联系，不好强出头。拿圣旨压一下，也好有个退路。

张升当然明白，示意谭珏升帐。旗牌官立即传令。

张升当着众将帅面，说出了自己的想法。出乎张升几人预料，没有掀起什么大波浪，大家对此似乎已经麻木。谭珏调兵过后，对张升和况钟说在辕门痛饮。两人欣然同意。

晚上几人正在吃酒，旗牌官来报，左千户队副千总巩二嘎子带着亲兵跑了。谭珏大怒，对张升二人说："二位稍候，标下去去就来。"

张升也是带兵的，知道二嘎子这是对军伍主官权威进行挑战，如果主官想今后还能有威信，必须自己出面解决。张升摆摆手说："兄弟，由他去吧。我们正需要有人去报告汉王。让他也知道自古失道寡助。"

巩二嘎子是军户，还不到三十岁，父亲是军中旗总，他荫袭哨长。按制在军伍不是权贵荫袭，想在行伍出人头地，势比登天还难。他在几年时间走到今天，多亏汉王府朱瑞大帅。二嘎子还有幸见过汉王。被汉王做派折服。

汉王礼贤下士，不骄矜造作，比自己大帅还要容易接近。朱瑞告诉他，一旦起事，谭珏不服调遣就立即杀掉，由他二嘎子坐纛卫司。他相信汉王必有天下，等起事时毫不客气地干掉谭珏，已经死心塌地投靠汉王，等着做卫司从二品指挥使。

谁知道朝廷先下手为强，派来钦差，说好一同起事的同僚立即土崩瓦解。朝廷有高人，现在他对汉王起事也开始持怀疑态度。但是汉王对他有知遇之恩。吃水不忘挖井人，他打算迅速报信。但这架势济南恐怕已经不把握了，只有去找汉王爷。他得赶紧去乐安州。

他一路走来提心吊胆，到最后也无兵追来，他放心了。直到次日未时才到达乐安州。

这时陈刚已经回来近十日了。陈刚刚进王府，想找到表哥王进，但被朱瑞所阻。不用审问，他对朱瑞全部坦白，把被捉和鞠审情况讲了一遍。他告诉朱瑞，自己在梅章全部交代的前提下，知道已经没有隐瞒必要，遂全部首告。

朱瑞动了杀机。陈刚心里有数，知道汉王不和这些低级军官计较，见到汉王爷，自己表哥王进也会在场，朱瑞再想杀掉他绝非易事，这是他在京师启程时，张瑛面授的机宜。

陈刚只说带回来皇上信件。朱瑞下令他拿出来，他只说不见汉王不拿。朱瑞下令搜身，一无所获，把陈刚亲兵鞠审一遍，还是毫无音信。这时早有人惊动了王进，王进亲自来问，朱瑞不好再用强，把他带给王爷。

张瑛教陈刚如何藏匿蜡丸，吃到嘴里，最后在太医帮助下，拉出来，拿给汉王。

汉王令王进读出来：二叔亲启，昨日纪善梅章言，二叔有督过朝廷之举，朕诚然不信。朕以为是小人离间天家骨肉，不可不告也。皇考至亲惟二叔，朕所赖亦惟二叔。朕即位以来，天地神明鉴临在上，岂有一毫拂违叔父之心？而小人以无为有，造言离间。今不得不敷露中恳，以明谗者之妄。且虑军民传播惊疑，或别有小人乘间窃发，亦不得不略为之备，惟叔鉴之。昔皇祖宾天之初，小人亦尝造为诬罔离间之言，赖皇考与叔父同气至亲，彼此无疑，而小人奸计竟不能行。今此辈又欲离间我叔侄，惟二叔鉴之，国家之福，亦宗室之福也①。

大家听毕，都吃了一惊，这是皇上所言吗？似乎真的是一个市井小民叔侄之间的对话，仿佛是侄儿做错了事情在向长辈解释，解释中有道歉的意味。梅章已经全部交代，皇上为何如此？就连足智多谋的王进、朱瑞都面面相觑。

朱高煦笑着说："你们觉得有什么不对吗？这就是孤的亲侄儿，有其父必有其子。先帝就是这样，仁厚有余而坚刚不足，你们知道为什么吗？"

王进已然明白汉王之意，也笑了，说："臣明白，臣认识幼冲，也打过交道，这确实是他不加掩饰的性体。他对王爷心存畏惧，故有此言。这就如当初允炆废太子一般。"

朱瑞恍然大悟的样子，连连点头，室内有许多人，都明白了，瞬间热闹起来。

只有一弘大师沉吟不语，念珠在急速转动中。他心里清楚，这是朝廷走的第一步，一个是先礼后兵，免得在历史上背上残暴之名；另一个是要稳住汉王，以便于调兵遣将。

他发现汉王在向这里看着，遂赞许地点点头，然后站起来，高宣一声佛号，说："各位施主已经见识了我们当今之风骨，正如刚刚殿下所讲，和先帝如出一辙。我们试想，这样的主上，大臣如何？主弱臣强，正是当初文皇和允炆幼冲。若不是文皇帝高举靖难大旗，提三尺剑，问鼎江左，我们大明朝不知道已经走向何方。现在悲剧即将重演。朝无正臣，只有夏原吉、杨溥等这样奸徒，蒙蔽圣聪，施虐百姓，残害天家骨肉……"

"大师，下一步应该如何行动？"王进看他说远了，那明明就是允炆幼

---

① 摘自《明宣宗实录》，有改动。

冲，当今天子对天家恭敬有加。

阿弥陀佛，一声佛号，和尚白了王进一眼，算是对打断自己说话的不满，接着说："殿下，目前是双方口舌之争时机，幼冲如此，我们也不要比他的嗓门低。还要再给朝廷上奏章，指斥先皇诸多违制之事。来，笔墨伺候。"

和尚提笔，饱蘸墨汁，信手拈来，写完，示意王进读一下，先帝仁宗违祖制、行无道之八事：一、给大学士提升官阶，名义阁臣，实则丞相，坏太祖成法；二、太祖有制，文官不许封爵，先帝封四位文臣为爵；三、为逆党翻案，公然称为功臣，悖逆文皇，不忠不孝；四、奸臣夏原吉、杨溥，文皇早已发现其乃奸诈之徒，囚于锦衣卫诏狱，候北征班师后鞫审，不承想未及归京便龙驭宾天。仁宗皇帝不顾文皇尸骨未寒，释放狱中两位奸臣；五、残害骨肉。上奏文皇，构陷汉王、赵王，以致两次褫冠服，几乎被夺爵；六、构陷在外藩王。谷王十九叔偶有小过，文皇之意，惩戒即可，被先帝罗列罪名，以致十九叔身陷囹圄，不数载间含恨离世；七、先帝登基后，京师已经在北京，在帑币吃紧、国用难济之时，仍然花费帑币大修南京大殿，以备其南巡之用；八、宠信夏原吉等奸臣。夏原吉为邀宠、图幸进，欺压同僚，残害小民。搜刮民财，使乡间百姓衣不蔽体，食不果腹，背井离乡，最后做他乡之鬼。祖制曰：国有佞臣，在外藩王有责遵祖制清君侧。恭请皇上把这几位奸臣明正典刑，以慰天下臣民之心。

王进读完，大家更是目瞪口呆，和尚将先帝这些不法事，娓娓道来，如数家珍，和皇上来信相比，更加咄咄逼人。众人佩服和尚的文笔，更佩服他的记忆超群。虽然一件件事情都是捕风捉影，甚至凭空捏造，却言之凿凿，掷地有声。

再看和尚，并没有停下来，在继续写着。很快完毕，王进拿起来，是一篇蝇头小楷：

大明太祖高皇帝嫡孙、太宗文皇帝嫡子、文皇帝钦封汉亲王朱讳高煦示皇室宗族、朝野士庶、乡野耆老：当今无道，孤使天下人知之。一、弑杀君父。仁宗皇帝于洪熙元年五月十六驾崩，而当今幼冲在这之前七天便离开南京北上，轻装简从，白龙鱼服。后来孤打探明白，是其唆使郭贵妃给先帝下毒。二、奸淫父皇嫔妃。除郭氏，还有殉葬几个嫔妃；三、戏淫母婢。母婢兰儿，本为女官宫门令，颇有几分姿色，幼冲戏淫之。为此太后甚厌之，非重大节日，不让幼冲进清宁宫；四、玩物丧志。蹴鞠、斗鸡、促织，无一不好。更有甚者，为搏虎游戏，山西忻州卫司金事为此丧命，幼冲秘不示人，肢解其尸，投喂上林苑花斑豹；五、侍母不孝，自己弑父，为隐瞒真相，向大臣宣称是太后所为。夏原吉等奸臣，为虎作伥，抹黑太后；六、隐瞒大臣，私离宫禁。为几只斗鸡，私离宫禁达四天之久，为此死伤数人。幼冲如此无道，以致奸臣当道，民怨沸腾，叛声四起。诸位皇祖至亲，众臣工，为使我大明江山永续，尔等宜遵祖制，奋神威，警无道，清君侧。

朱高煦听后，只觉得脊背冷汗直流，看大家，尽皆失色。这是什么？是骂街，把当今天子骂得体无完肤。和尚不顾众人吃惊的眼神，说："赶紧誊印，发往京师和各地藩王及三司官员。最先要发往彰德府。"

"请问大师，京师何人可为信使？"王进问道，随即向大师递了一个眼色。

和尚似乎并没看见，说："各位施主应该明白，朝廷之意还是陈刚，那就由陈刚去吧。来去随意，大事成就后，不管陈刚在哪里都是功臣，原来许诺有效。"

第二十九回

董子庄谏主赵王府　朱瞻基悲父乾清宫

陈刚一直跪在那里，如空气一般，没有人注意他，他的腿已经跪麻了，听和尚如此说，心中大喜，知道是表哥王进捣鬼，但不敢流露出来，跪爬几步，抱住和尚大腿，放声大哭。

和尚不为所动，口宣佛号，说："陈刚施主，你应该谢殿下，谢我何用？"

陈刚赶紧跪在王爷丹陛下面，连连磕头，咚咚有声。汉王和气地说："陈刚，孤没有怪你，你能回来，孤已经很高兴了。孤眼下最恨的是张文弼，将来有那么一天，孤让你们看一下他是如何死在本王手里，本王必夷他九族。陈刚，你此番进京，听皇上吩咐，我们不日即在京师会面，那时你就是靖难功臣。你去吧。来人，赏二十两金子，五贯铜钱。"

几天后，巩二嘎子逃了回来，把济南情况报告给汉王。

赵王朱高燧一直在暗中观察着一切。山东的动静不小，他侦刺得一清二楚，只是碍于朝廷安在身边的这双眼睛，董子庄的眼睛。当和尚那封信送到案几上时，赵王早都知道了这封信的内容。他把众文武宣来，让大家传阅。

赵王说："诸位爱卿，看起来二哥要玩真的。孤还在想和尿泥呢，哈哈。"

苏志脸上放出光芒，说："殿下，机不可失，时不再来。天资不取，反受其咎。臣等恭请殿下早作打算。"赵王沉吟不语。

董子庄赶紧说："殿下不可，这不是坐收渔人之利，这是火中取栗。文皇靖难时有人火中取栗，那就是宁王，殷鉴不远，殿下思之。"

这句话对赵王有震撼作用。文皇起事，朝廷允炆幼冲先派长兴侯耿炳文率三十万人马北征，在白沙河折戟沉沙，后派曹国公李景隆率兵五十万北征燕京。文皇竟然丢下京师东征。攻下大宁后，在宁王朱权府上盘桓数日，然后挟持其回京，答应他事成之后，平分天下，条件是朱权的革车六千、带甲八万和朵颜三卫。

后来文皇功成名遂，荣登大宝，朱权何敢再提？几次想回到大宁封地而不得，在南昌施展手段才谋得府邸。现在已经参透，不再参与朝中之事，钻研琴棋书画，以娱晚年。

苏志没明白，看着赵王，赵王频频点头，说："子庄，你认为汉王爷能否成功？"

"不能。"董子庄斩钉截铁地说，"上次臣讲过，此一时彼一时。文皇帝那时也是箭在弦上，不得不发。文皇帝龙潜藩邸北平，殿下知道得更为详细。朝廷下旨削藩，不日就该轮到燕王府。与其坐以待毙，何如奋而起兵！文皇帝雄才大略，其实也料到失败的可能，也料到一旦失败，欲作丹徒布衣而不可得也。目前汉王，论胆略、才气、兵力都不及文皇。更有一点，战争成败还有人心向背。文皇起兵，全国拥护，百姓箪食壶浆以迎王师。而汉王是……"

苏志不等他说完，赶紧接过来说："殿下，此腐儒之言也。史笔如铁，我们哪个不知？但史笔往往掌握在胜利者手里。殿下切不可轻信腐儒之言而首鼠两端，误了千秋大业。"

董子庄哈哈大笑，说："苏大帅，谢谢你夸奖。今儿个下官开眼了，第一次听见有人称我为儒，尽管是腐儒，那也是儒。哈哈，苏志，你这说话挺有文采，也不像是丘八。腐儒问一句，请问千秋大业是什么？是谁的千秋大业。听你口气，我们要帮助汉王爷完成千秋大业，是这意思吧？"

赵王已经听出来问题所在，说："你们不用再争论，子庄之言，正是孤所虑。盲目跟风，最后结局如何不得而知。即使成功，孤还是亲王，只是为他人做了嫁衣裳。看看再说吧。朝廷现在也已经接到揭帖了。"

皇上已经接到山东各方奏章，还有揭帖。对先皇的八条布告，朱瞻基当着几位重臣的面就哭了出来。几位重臣也恨得牙齿咬得咯咯响。皇上下旨，把陈刚千刀万剐。几位重臣苦谏才作罢。

整个大殿没有人敢发出一点点声音，只有皇上低低地抽泣声和身后那偌大扇车吱吱扭扭地响着，四角冰盆已经换过几次，室内还是感觉闷热异常。

已经到了午初二刻，宫里在烈日炎炎下也显得死气沉沉，知了在比赛似的叫着。在大家苦劝下，尤其是今日奏对多了一位皇族，宗人令朱守信。论辈分，是皇上叔叔，他当然掉着眼泪劝皇上，皇上略有好转。

王泰赶紧端着银盆进来为皇上揩脸。皇上叹了一口气，说："皇考监国凡二十年，尽心竭力为百姓谋福祉，却被人如此诋毁。"

杨士奇说："陛下，我们要分清楚，这不是子民所言，这是叛逆。"大家瞬间愣了，叛逆两字终于从首辅嘴里出来。

杨士奇作为首辅，当然不是随口而出。大家明白，这是已经定性了。也给这几个"奸臣"正名。

别小看这一句话，这两个字，君臣心情瞬间放松了许多。叛逆是敌人，敌人反对的恰恰是好事。皇上说："士奇一语中的，你们也不要为此沮丧。他不是朝廷重臣，是叛逆。"

"皇上圣明。"

有几个宫女，看皇上已经揩完脸，在后面开始扇风。

皇上说："天气这么热，我们坐在这里有人打扇还觉热浪袭人，那些农夫耕耘之时尚如何？"随口吟道："锄禾日当午，汗滴禾下土。朕每诵此诗，未尝不想那些农夫。朕八九岁时在文华殿读书，皇考临视，看朕热得难受，有不耐烦之举，遂亲笔写下此诗，以示读书不若稼穑艰难。自那时起，皇考常教朕以农事，朕铭于心不敢忘也。而今官车不复还矣。"说完又是泪如雨下。

众臣看皇上有些不能自已，只好略等。皇上摄定心神，说："众位爱卿，朕有些失态，都说说吧。"

张辅出班奏道："禀皇上，老臣接到各处军报，汉王正在四处招诱文武官员。据臣所知，山东各地多数答应附逆。天津卫镇守、都督金事孙胜已经明确表示附逆，和汉王相约，凭三尺书信，将举城应之。山西行都司都指挥张杰、同知杨云，青州中卫指挥史诚，三人表示朝廷下旨时拖延时日，为汉王争取时间。河间卫镇抚温英，德州卫指挥郑兴、镇抚刘志答应汉王，一旦起事，必供给军马粮秣。还有臣不知道的，正在侦刺，待回报，再奏于陛下。"

皇上点点头，表示满意，说："你们都督府情报，朕向来放心，比起锦衣卫、东厂，情报更准确，更全面。你们如何裁处？"

张辅久在军伍，心里清楚，军伍情报和锦衣卫、东厂情报是两回事。和军伍相比，另两处情报显得微不足道，他们的情报事关国内，贪官污吏，市井逆情，甚或是街谈巷议，都是一些鸡毛蒜皮，雕虫小技。而都督府的情报事关军旅，是敌方情报。

张辅回道："回皇上，臣与士奇大人和兵部商议，按我们上次所议，从外围出兵，在未起事之前解决。"

"文弼大人老成谋国，朕心甚慰。皇叔，各藩如何？有什么异动吗？"

朱守信赶紧出班回奏道："回皇上，鲁王已经知道汉王之心，去信劝止，派纪善王贞三次去乐安。汉王把他排除在外。左长史郑昭和臣一直联系。"

朱瞻基点点头说："皇祖经常夸鲁王，说他是贤王。朕即位之初，此皇叔上奏章为纪善、长史求爵禄，真乃礼贤敬士者也。和鲁荒王相比……"

说到这里，赶紧住嘴，意识到自己失言。众臣当然明白，皇上所说是第一代鲁王，朱檀也。炼丹食汞，毒发伤目，双目失明。死后谥号"荒"。

朱守信接着说："晋王朱济熿，最近有异动，和汉王往来频繁，臣未得到长史、纪善的负面报告。但臣以为，他不会无动于衷。据臣对晋王了解，他和汉王一向交好，自幼顽劣不羁。传言其嫡兄朱济熺就是为其所馋构，被夺爵圈禁。皇上和各位大人应该也听到了传言。当然，传言未必是真。"说到这里看了一下皇上和大家一眼。

这就是皇族之人，宗人府的掌印之人，他人谁敢说这话？朱济熿馋构其兄，天下人皆知，为何还把朱济熺圈禁而无人上奏章为其平反？包括宗人府。只因朱济熺实实在在反对文皇帝靖难，当着文皇面也数黄论黑。

看君臣没有什么反应，朱守信接续说："先帝不齿朱济熿为人，曾经下旨切责。他热心汉王谋逆，也积极响应，山西行都司就是他派人游说。他三番几次派人去赵王府联络。"

"朕很想知道三叔的情况。他有没有陷进去？有多深？"

朱守信回奏道："回皇上，臣办差不力，还没有赵王其他消息。长史来信，都是平和、雍容气象，无半点山雨欲来之言语。臣无法判断。"

张瑛早已经忍不住了，出班奏道："皇上，臣有话说。"说到这里，扭头看了一眼朱守信，投以抱歉的一笑。朱守信皱一下眉头，又跪了回去。

张瑛说："陈刚已经说得明白，他经常去赵王府，赵王及其臣下言语足够狂悖，有些大逆不道的话也敢说。臣特意问了一下有关董子庄的情况。陈刚说，董子庄和赵王关系融洽，说话无所顾忌，极无人臣之礼。皇上，这极度反常，反常为妖。臣提议，南征汉逆，把彰德也一并擒拿，彰显国法无私。恭请皇上乾纲独断。"

皇上站起来，伸一个懒腰，说："各位爱卿议一下。"

大家都在极力思索，这件事不好下结论，如果反对一体擒拿，赵王果然反叛，如何解释？如果附议张瑛，结果赵王本无反义，言者会有离间天家骨肉之嫌疑。

杨士奇是首辅，不能一直缄默不语，他出班奏道："禀皇上，赵王爷反迹未露，朝廷不可轻动，否则，反把赵王推向汉逆。臣以为，不可过度，也不可不防，臣过后和文弼、致中商议，再作道理。"

皇上点点头说："这样才是正理。众爱卿，目前最重要的是汉王。你们认为汉王会如何行动？"

大家其实早已经考虑过此事，也有其定见，只是这是军伍之事，有武臣在此，不好多言。大家眼睛转向张辅。

张辅说："回皇上，据可靠情报，再加上陈刚供述。那个逆僧一弘定下上、中、下三策。臣以为不取也。老臣以为，上策者，直取沧州，延运河北上，攻占蓟县、通州，兵临京师；中策者，从乐安州南下夺取临淄，取道沂州、海州，攻下淮安、扬州，强渡大江，继而巩固江南，夺取财赋重地，而后北伐夺下京师；下策者，攻占济南，巩固山东，待粮秣兵马备齐，夺取两京。"

君臣都吃了一惊，倘若汉王采用上、中两策，朝廷定会疲于应付，眼下南京兵力空虚，凭汉王几次南北征战，不出一月就会饮马长江。

皇上又问："这个和尚是何许人也？"张辅讲了一下，朱瞻基冷笑道："此一山僧耳，招摇各处，赚诈钱财，看汉王有此意，火中取栗耳，竟敢自比广孝，狂妄之徒。你们认为汉王会采用哪一条？"

胡濙出班奏道："皇上，以臣对汉逆了解，他会采取中策。他毕竟久在军伍，大小不下数百战，平生也足够谨慎，既不会激进，也不会太保守。"大家纷纷点头。

杨士奇出班奏道："皇上，臣不同意源洁之意。汉逆未必有各位大人想的那么强大。据臣对汉逆了解，他必定会采取下策。老臣敢保，前两策朝廷不必准备。"

此言一出，众人吓了一跳，这也太托大了。以大家对杨士奇的了解，没有十分把握不会说出如此言语，杨士奇凡事都思虑再三，谋而后动。大家把眼睛都转向皇上。

皇上轻蔑地笑了一下，说："士奇大人言之有理，朕这位叔父，朕还是了解的，送他一句色厉胆薄最为恰当。这个山僧只说了三策，还有一策，坚守乐安州一隅。张升已经送来密信，济南掌握在朝廷手里。济南城池坚固，汉王几次在此折戟沉沙，不会再次冒险。更不会舍近求远攻打南京，何况南京他并无优势。他最大可能是在乐安州和济南徘徊，等他有了对策，朝廷也已经兵临城下，必为我所擒也。"

大家听后，以为皇上在振奋士气。其实不然。皇上对汉王比较了解。自从皇上记事开始，皇考就在和汉王斗法。在朱瞻基印象里，汉王一直咄咄逼人，总是处于上风。而皇考总是寅畏小心。

这些年，朱瞻基读书有成，久历世情，明白了皇考之用心。皇考谨记老子那句话：江海所以为百谷王者，以其善下之。自古尧尧者易折，皇考韬光养晦，学刘皇叔以德服人，学得炉火纯青，青出于蓝而胜于蓝。而汉王做大事而不足才，冲樊笼却不够胆。虽然也是满腹经纶，但自作聪明，耍小聪明，根本不是皇考的对手。

第三十回

忆往事天子轻叔父　入寝宫寺卿警新皇

朱瞻基记得他刚刚十二岁那年，皇祖令其随着父亲兄弟三人去谒孝陵。

朱高炽是太子，又是兄长，当然走在最前面。朱高炽体胖且有足疾，在神道里，几个中人架着走还经常失足。

朱高煦离他很远，和身边人嘀咕道："前人失跌，而后人知警。"

不承想走在最后面的朱瞻基听得清清楚楚，朱瞻基故意大声说："更有后人知警也。"

至今朱瞻基也难忘记朱高煦当时的神色。他回过头来看着朱瞻基，脸色变得灰白。

为此，朱瞻基对二叔有了自己的评价。第一，锋芒毕露，不会韬晦。在此场合，如果有政治智慧的王爷一定会冲到前面，做出兄弟情深之状，搀扶太子兄长。他不但不如此，还要说风凉话。即使朱瞻基听不见，听见的人对他朱高煦也会有一个不佳的评价。

第二，看他脸色灰白，朱瞻基心里明白，正如文皇帝所说，此人不足畏，朱瞻基把色厉胆薄加给二叔应该合适。

朱高炽监国时期，几乎多半大臣都偏向汉王。汉王常施小恩小惠，一些人攻讦皇考，几次险些令汉王得手，但一次次化险为夷。皇考和朱瞻基二人已经看透汉王的三板斧。这与文皇帝朱棣的态度有关。

文皇帝曾经无意中透露给朱瞻基，朱高煦不足畏。尤其是几次南征北伐，任朱高煦如何请旨，这统帅之人最后也和他无缘。朱瞻基从中嗅出味道。皇祖怕汉王功高盖主，压过太子，这种想法一定有的，但另一个原因才最为重要。汉王虽是勇将，但不是帅才，就像淇国公丘福一样。几次选帅，群臣汹汹，几乎众口一词，大帅非丘福莫属，文皇帝就是不让丘福挂帅。

在永乐七年，文皇顶不住大臣聒噪，只好令丘福挂帅。尽管文皇帝对他千叮咛、万嘱咐，六十七岁，戎马一生的老将轻信敌言，率千人冒进，命丧胪朐河，致使所率七万人马全军覆没。

朱瞻基绝顶聪明，知子莫若父，那时朱瞻基就已经明白皇祖的良苦用心。

朱高炽即位，摆出宽容大度的姿态，厚赏两位弟弟，朝野皆称其贤。这也是父子议后而定。他们难道不怕汉王兄弟萌生异志吗？答案是不怕，因为他们已经看透了二人。

朱瞻基践祚，依然做出皇考姿态，对两位皇叔恭敬有加。对他们的小动作洞若观火。是疖子必须出头，这是朱瞻基不小心失言，这其实是一块毒瘤，必须早早铲除。但是史笔如铁，他还要做出顾及亲亲之义的态度。

大家不知道如何接话，一起喊道："皇上圣明。"

皇上说："午后你们推举讨逆大帅，你们可以传话给百官。文弼，你和士奇大人去兵部，和张本……"

"主子，张大人在宫外跪候两刻钟，说有紧急军情。"王泰早就等得心焦，看有了话头，赶紧插话。皇上刚想发作，听到有紧急军情，示意令张本进来。

张本官服已经被汗水浸透，手里拿着两封带着羽毛的火漆信件，见礼毕，奏道："皇上，郑亨大帅和四川塘报[①]。"

王泰过去打开火漆，皇上看了一下，让王泰传给杨士奇。是郑亨，他说阿鲁台和兀良哈交战兵败，躲进宣府。郑亨不敢擅专，请旨示下。

第二是四川都司紧急军报。四川松潘卫黄龙寨土司叠卿在满江一带起事，声势浩大，贼众数万人，已经攻陷松潘、叠溪，现在包围威州、茂州。成都后卫指挥使陈杰为国捐躯，指挥吴玉、韩整、高隆相继失败。现松潘卫指挥使司撤至石泉，成都后卫指挥使司撤至安县。西南边陲被骚扰，战火大有蔓延之势。

已经是午正三刻，大家饥肠辘辘，皇上看出众人的疲惫，说："你们兵部先拿出条陈，然后大家再议，午后一起下旨。你们去用膳吧。王泰，在宫里为各位大人准备膳食。"说完，皇上起驾回乾清宫后寝宫。

红锦已经出来看了几次，看皇上回来，赶紧出迎，嘴里唠叨着："这些大臣，好歹也应该疼一下主子，这都快到未时了。他们都是铁做的，主子如何能承受得了？！"

"红锦，你才三十岁刚刚出头，朕感觉你和迟嬷嬷似的。你想想，朕饿，他们更饿。朕是用过早膳的，他们有几人能用早膳？朕还不到岁，他们最年轻的是张子玉，也年过半百了，一天天这么熬着。朕一直在想，能活到那个岁数，那就得感谢祖宗了。"

皇上笑着说。这是在家里，没有嫔妃，没有大臣，只有自己最亲近之人，放下皇上的伪装，说话也就无所顾忌。当然，女官也会记在起居注里。

红锦吓了一跳，赶紧说："皇上今儿个是怎么了，何出此不吉之言？皇上万岁，万岁，万万岁。"

皇上一下子瘫坐在榻上，摆摆手说："红锦，你是一个学贯古今之才女，

---

① 紧急军情信件，也称羽书、羽檄、鸡毛信。

读遍二十一史，谁见过百岁天子？不求长寿，能活到皇考那个年龄足矣。"明明还在笑着，眼睛却红了。

红锦判断，是差事问题，涉及先皇。她不敢多言，指挥下人摆膳。刚要吃饭，王泰来报："主子，鸿胪寺卿季大人在宫门外候着，说有急事。"

红锦登时放下脸来，喝道："王泰，你是死的吗？哪个来见主子的大臣都喊得天响，都说是天大的事。即使是天大的事也得吃了饭，休息半个时辰。大臣们怎么回事？皇上每晚休息不上两个更次，中午还来搅和！王泰，你能不能让他走，不能的话，本令去说，我才不怕抛头露面！"

皇上已经吃饭，摆摆手制止红锦，说："你们先回避一下。王泰，让他进来。"

王泰说："奴才也说嘛，这大晌午头，这个官员也是五十岁开外的人了，跪在那里，穿得又厚，看着怪可怜见儿的。"嘴里唠叨着走了出去。

院里一片惊叫，这是有人没来得及回避，被红锦骂了几句。季达跪在院子里，唱奏道："皇上，臣惊扰到贵人，皇上恕罪。臣的奏章上了七天，不见回音。午前在左顺门前跪了一上午，皇上也没时间。"

皇上在里面听见，放下饭碗，若有所思地说："让他进来吧。"季达走进来，不敢张望，只闻到饭菜香味。他从早晨到现在水米未进，咽了一下口水，跪下施礼。

皇上说："季达，朕登基以来，你是进过这个室内的第一位官员。你说吧，哪里来的七天奏章，朕现在的奏章基本不过夜。主管阁臣是哪个？"

"回皇上，是张瑛和胡濙两位大人。臣交到通政司以后，当时他们就造册送进宫里。臣追问过两位大人，他们说没看见。臣还找了杨士奇大人，他也说不知道。"

皇上脸色阴沉下来，说："今儿个头晌主要议一些军事，其他就忽略了。你就说一下奏章内容吧。"

季达以为皇上会龙颜大怒，听口气没有什么，放下心来，说："皇上，奴儿干都司亦马剌等处女真野人木刀兀、脱脱出率二百二十九人来朝贡马，共计贡马五百六十二匹。他们在京师已经七天。他们出来近两个月，不放心家里，定下明天回去。按制朝廷应该赏赐，还要陛见。我们司宾署的几位官员见天找臣，问臣如何发落。臣恭请圣裁。"

皇上问："以前都是如何处理的？"

季达说："回皇上，名义是贡马，其实朝廷比买马花费的还要多。这些马都要折价，还要赏赐。最后一项，也是他们最热衷的，赐官。这是臣的奏章原稿，皇上过目。"

王泰接过来递给皇上。皇上览毕大喜，奏章原稿上写得清清楚楚，封木刀兀为指挥佥事，脱脱出等人为镇抚，并赐冠带、文绮、表里、钞若干。

皇上说："准，你把原稿留下。朕午后即下旨，令越王代朕去看望他们，代朕宣旨。"说着把自己碗里的饭吃完，说，"王泰，把饭菜端到屏风后，赏季大人。"

季达谢过，打量一眼餐桌，密密层层不知道有多少菜肴。只是每样菜肴只有一点点。他见过文皇和先帝用午膳，多数是两荤两素一个汤。新皇这才是按制用膳。

季达在鸿胪寺是个穷官。谢恩毕，拿捏着到隔壁，风卷残云吃个罄尽。王泰看得目瞪口呆，直喊他慢用。季达吃过，谢恩毕，打着嗝，心满意足地走了。

红锦过来，说："传话给尚膳监，我们都还没吃呢。今儿个来了一个哪个庙里逃出来的小鬼儿……"说到这里，看皇上脸色不悦，赶紧住口，给皇上上茶消化食物。红锦收拾东西看奏章上赏赐的东西，吃了一惊。不敢问。后宫不得干政。主子都不敢，这些女官更不敢乱说话。

皇上看在眼里，笑了，说："红锦，你也是见过世面的，怎么？吓住了？"红锦赶紧不好意思地笑了一下。

皇上接着说："这是朝廷羁縻手段。远在建州，朝廷鞭长莫及。建州蛮夷之地，恃勇好斗，不遵王化，自古就是中原朝廷心腹大患。况且夷狄为患，自古有之，不得不防啊。”

红锦说："当然，五代、宋朝时北面是辽国，后来是金国，宋朝可是吃了大亏，燕云十六州都成了人家的。"

皇上点点头说："朕说你是才女嘛！朕多次听皇考说，夷狄之患，未有宋朝之甚者。靖康之祸，后人都说不应当和女真联合攻契丹，取燕云之地。皇考说这不是根本之论，那时候大辽国天祚皇帝无道，内外俱叛，取之可也。女真壮大，乘契丹衰落，必会取而代之，必与我为邻。燕云之地，中原之国切不可失。皇考教育朕，自古无中国政治清明而有外夷之祸。反之，政治昏暗、民生凋敝，必受外夷侵凌。皇考之言，犹如昨日。"说着，眼睛又红了。

红锦这才知道，今儿个必是说起先皇，以致于此。她本来想问一下金英的情况，不敢再张嘴，赶紧收拾，服侍皇上休息。皇上似乎没有睡意，问道："红锦，宫里新进的人还没配给各处吗？"

红锦很奇怪，皇上是从来不管这些琐事的，今天这是为何。回道："不曾，还在司礼监习学礼仪。皇上，休息一下吧，一会儿还有那么多差事。"

皇上索性起身半坐在榻上，说："红锦，你是朕的亲人，朕有句话回到宫里也不敢讲，今儿个就告诉你，以后在宫里要多长一只眼睛，一只耳朵。"

红锦吓了一跳，眼睛直直地盯着皇上。皇上明白，她这是还没有领会，遂道："先皇一些宫闱之事都传于市井，真是作怪。按理说在宫里只言片语都不会传出去，市井为何如此清楚？朕想好了，还是我们宫里人干的。尤其是有些脸面的人，比如像你这样的，离主子近。"

红锦听明白了，皇上这是听到了一些东西，当然也有敲打之意。她也听说了揭帖之事，不好回口，看着几个捶腿的宫女，摇摇头。皇上问道："最近皇后有什么吩咐吗？"

红锦点点头，把下人都赶出去，说："主子，有一件事，娘娘要婢子劝主子，就是宫宿这件事。"

皇上笑了，说："朕知道了，朕以后多注意。"

红锦惊讶地问："皇上，婢子还没说什么事呢。"

"朕知道了，以后多去皇后那里。"

"主子误会了，娘娘之意，主子应当按制宫宿。娘娘说，皇上至今没有子嗣，要按制宫宿，雨露均沾，不一定哪个主子就能怀胎龙子。婢子觉得娘娘说得确实关乎人伦，关乎江山社稷。"

朱瞻基冷笑一声，说："红锦，一些话也不必瞒你，这是官面话，冠冕堂皇，其实就是因为朕去长宁宫多了一点。"

这是宫闱中很难听到的知心话，红锦"扑通"一声跪下，说："婢子不认可主子之言，娘娘绝无此意。据婢子所知，贵妃娘娘也是此意。婢子虽然薄有才学，但不懂治国理政一些大道理，至于子嗣之事，婢子还是明白的，婢子不敢劝主子。主子自己裁断。"

"好了，朕明白了，朕再问你一件事……"

"主子，可不早了，一会儿又得上朝。先休息，婢子给主子扇风。"

"你看一下更漏，还能睡吗？说会儿话，朕就上朝了。"红锦看了一下，已经是未正时分，不再说话，等着皇上问话。"最近有没有去清宁宫？"红锦点头应着。

"兰儿有没有什么话说？"

红锦吃了一惊，看起来揭帖上说的是真的，赶紧回道："回主子，每次去看太后娘娘，婢子都和兰儿说会儿话，婢子去了几次，说了许多。不知道主子想听哪方面。婢子想，实在怕传话不便，可以唤进乾清宫直接问她。"

皇上听出来不一样的口气，笑着说："不要信揭帖上那些话。兰儿还是可以说些话的。朕问你，有没有说钱财上的事情？"

第三十一回

▼

奏急差总管明衙内　清君侧司徒愧当今

皇上曾经叮嘱过，要红锦多注意一下清宁宫的情况，特意提到金银之事。今日又郑重其事地提到兰儿，红锦联想到兰儿一次次有意无意地透露消息，心下明白，这是皇上在清宁宫布下的眼线。

红锦点点头说："兰儿特意说过，先皇小祥前后，光禄寺官员在清宁宫走动频繁，有近百箱东西进了清宁宫藩库。兰儿说有一次刘观大人的公子还进宫了，当然在宫外候着。别人问他，他说到光禄寺看姐夫。"

"是，刘观姑爷在光禄寺做寺丞，他……"说到这里，朱瞻基忽然闭嘴，问道，"是刘观的哪位公子？"红锦摇摇头说婢子不知。

皇上已经起身喊王泰，王泰赶紧进来，皇上问："刘观那几位公子你认识吗？"

王泰说："只是认识，并不熟，他们年龄也不小了，和宫里大多数人都熟悉。他们的妹夫在光禄寺，一来二去就认识了。"

说者无心，听者有意，皇上问："是妹夫？刚才红锦不说是姐夫吗？"

王泰赔笑道："主子，是刘大人的小儿子刘举，他是弟弟，其他都是哥哥。皇上，时候不早了，该见大臣了。"

皇上"嗖"的一声起来，怔了半晌。红锦赶紧过来帮助皇上整理衣服，被他一把推开。王泰说："主子，车驾和四人肩舆都在宫门外，主子说用哪一个，奴才这就去叫。"

皇上大怒，上去就是一个窝心脚，骂道："蠢奴才，你是今日才来的吗？滚出去。"红锦等人大惊失色，赶紧跪下，连称恕罪。

皇上怒道："红锦，你是死人吗？你就让你的主子这样见大臣？"

几个宫女就要过来，战战兢兢地一步一挪。红锦摆摆手，让她们退下，自己站起来给皇上穿好四团龙衣，系好丝绦、大带、龙佩、玉带，带上明黄荷包，把头发重新盘上，用龙头钗固定，把前后几个东珠缀在抹额上面。红锦细心地向里面掖了几下，再戴上江山一统翼善冠，几条明黄流苏垂下来，穿上四海来朝透气皮靴。红锦又把皇上来回转一下，拿过盛着折扇的银盘，跪在地上供皇上选择。

皇上拿起扇子，一句话没说，阴沉着脸走了出去。

阁臣已经在左顺门西偏殿候着，看皇上脸色阴沉，见过礼，跪在地上不敢出声。皇上吃了一口茶，喝道："张瑛、胡溇，建州贡马一事为什么不贴票上奏？"

二人互看一眼，胡滢不敢出声。这件事在午时就已经传遍官场，大家都不知道问题出在哪里。但张瑛和胡溇是嫌疑。只是胡溇前几天告假。

张瑛说："回皇上，建州贡马这事臣等知道，可是没见过奏章啊。季达曾经问过臣和胡溇大人，我们没见到。"

皇上哼一声刚要发作。蹇义赶紧出班奏道："皇上，这事也好查。通政司把这个奏章送到哪里，交在谁手里，这都有记载，一查便知。"

杨荣一听，这把火要烧到自己这里，他分管通政司，赶紧出班奏道："臣在午时听季达说起，赶紧查底档，奏章还在内阁压着，确实是子玉大人签署。"

张瑛大脑"嗡"的一声，几乎昏厥，赶紧说："禀皇上，臣对天发誓，根本不曾见过鸿胪寺的奏章。臣敢保，胡大人也不曾见过。"

杨荣说："两位大人不要见怪，下官只是就事论事，找到出处对我们都有好处，这事无关紧要。如果是边庭军情，叛民造反，那就误了大事，我们君臣就是千古罪人。"

皇上眼睛已经红了，他不得不承认杨荣说得正确，喝道："张子玉，勉仁言之有理，你到底为何不报，难道是忘了吗？"

虽然生气，这也是在给老师找台阶下。但是作为阁臣把奏章忘了，那问题也不小，也得训诫，甚至黜官，赶出内阁。张瑛性体刚直不阿，如何肯认？连连磕头，说："皇上，臣虽然昏悖，但差事大于天，臣万万不敢忘，皇上明察。"

"你就是昏悖……"

杨士奇赶紧出班奏道："皇上息怒，臣以为这事还有待进一步查实。刚才宜之说得对，这事不难查，派人到通政司去查回执，一切都大白于天下。"

皇上点点头，说："勉仁，你去通政司，那是你的一亩三分地。"

杨荣愉快地答道："皇上圣明。"站起来就要走。杨士奇感觉此事蹊跷。杨荣素来与蹇义不睦，最近蹇义和张瑛走得太近，几次三番驳杨荣的面子。杨士奇感觉张瑛并无恶意，只是性体使然。

这件事多数是有人做了手脚，也就是阁臣。也算是识大体，顾大局，不敢拿紧急公文作法，只拿这些无关紧要的东西来搞事情。现在看来十之八九是杨荣所为，这里他最便利。

杨士奇判断，皇上也明白其中道理，只是怕此例一开，留下后患，这才有意发作。杨士奇说："皇上，这事子玉和勉仁都不适合去，换一个人去吧。"

杨溥说："臣附议。皇上，老臣去查看。"

皇上点点头，杨溥告退。皇上满意地看了杨士奇一眼。不论哪一方，都觉得杨士奇站在公正的角度，这就是杨士奇一直不败的法则。当初太子党和汉王党斗争白热化，可以说你死我活，东宫官员几乎被一网打尽。杨士奇作为詹士府左谕德，职责是规劝太子，导之以正。既然太子有错，那他杨士奇首当其冲。

文皇帝北征班师，监国太子朱高炽派人去扬州迎驾，却和圣驾错开。朱高煦趁机上奏皇上，弹劾东宫属官，说他们眼里只有太子，没有皇上，言外之意皇上威望已经不如太子，太子党已经尾大不掉。

作为皇上，最提防的人当然是太子。万乘之国弑其君者，必千乘之家；千乘之国弑其君者，必百乘之家。这是《孟子·梁惠王》中的一句话，作为帝王，必须明白，原因就是前一句话：上下交征利。

那时文皇帝趁机发作，把太子党一网打尽。杨士奇是纯粹的太子党，却得以脱身。即使汉王党也没把他当作太子党。还是刘观等人上奏文皇帝，不能独宥杨士奇。不得已，文皇帝才把他下狱，然后假惺惺地查实，杨士奇已经尽到职责，很快就放了出来。

当初朱高煦东窗事发，朱棣开始不信，问了近臣，都王顾左右而言他。这是父子，你检举汉王又能如何？虎毒不食子，最后还有可能被加上离间骨肉之罪名，大家都缄默不语，连一向忠心耿耿的蹇义也闭上嘴巴。

朱棣问杨士奇，杨士奇答得非常巧妙："臣与蹇义都在侍奉东宫，即使别人有话也不能当我们二人讲起。然臣以为，汉王爷两次封藩皆不就，而今知道要迁都北京，却要留守南京，臣恭请皇上明察。"

这还用明察吗？朱棣乾纲独断，果断把儿子朱高煦夺爵。

朱高煦这次上奏章指斥奸臣，阁臣里有三人，偏偏就没有首辅杨士奇。

朱瞻基突然问道："刘举回京，日子过得逍遥自在，朕竟然还蒙在鼓里，你们是不是应该解释一下？"

杨士奇吓了一跳，这件事以为过去了，不承想皇上不依不饶，他是首辅，没有退路，说："皇上，这是老臣所为，和众位大人无关。臣以为，刘观身为总宪，又已经垂垂老矣，身边也需要有一个儿女照顾。皇上以仁孝治天下，臣擅自做主，释放了刘举。"

"杨士奇，朕看是你垂垂老矣，你糊涂了，他刘观七老八十了？你熟读史书，久历人情，殊不知王子犯法与庶民同罪之理？朕的以仁孝治天下是……"

说到这里，忽然明白以孝治天下这句话背后的意思。不用说这又是太后之意，杨士奇在背黑锅。"士奇大人，推举何人挂帅乐安州平叛？"

大家一下子愣了，这场暴风雨原来也是雷声大雨点小，只有杨士奇明白，回奏道："我们一致推举薛禄大帅，他正好在京。"

"确实是不二人选。文弼，部署得如何？"

"回皇上，和上次所议基本不变，只是薛禄回京，徐州只好由都督同知魏国公徐显宗镇守。朱冕率金州卫人马过海，把人马交由张鹏率领，朱冕立即到山西任上，以免山西失控。兵部已经誊印滚单，只等用玺。"

"已经很全面了，朕告诉你，忽略淮安了。遣指挥黄让、内官谭顺往淮安，同总兵官、平江伯陈瑄一同镇守。"皇上表示满意，点点头，指出了布防中的漏洞。

大家看张辅，他立刻满头大汗。淮安位置不次于徐州，淮安即下，南京已经无险可守。张辅连说遵旨，惭愧。

杨士奇奏道："启奏皇上，臣以为，陈刚进京，朝廷应该礼尚往来，派使责问。"

大家都忽略了，还是首辅保持着清醒头脑，比嗓门的时候先莫论武事，以免皇上在史上留下污点。

皇上点点头说："这次朕要派中官去，已经请过太后懿旨，遣清宁宫大太监夏至去。金幼孜，再拟书信一封，言辞要温和。"大家明白，这是家事，用太监，尤其是用太后身边大太监，向汉王表示，按家事处理，还未惊动朝野。

"松潘之事议得如何？"皇上又问。

张辅说："臣与杨大人、致中大人商议，由都督同知、宁夏总兵官陈怀率兵征讨。但这里和杨大人有相左之处。还是由士奇大人上奏吧。"

杨士奇说："皇上，各位大人，广西蛮苗之事时日不久，我们都没忘，当时圣上就定性覃兴之事必是官逼民反，最后果然如此。臣以为还应如广西例，先去派人招抚，臣已经有了人选，供大家参详，供陛下定夺。"

大家都附议，皇上点点头，说："覃兴一事，朕已经下诏，再有此事，从都司到具体执行将官斩无宥。现在看来还是这样事情。士奇大人，你说吧，派何人招抚？"

"臣荐举鸿胪寺丞何敏、卫指挥吴玮这一文一武前往招抚。但臣以为需要早作准备，恐已成为燎原之势。就像刚刚文弼大帅所荐，命陈怀统领刘昭、赵安、蒋贵率数宁夏兵马立即随后跟进，可保无虞。"

胡濙说："启奏皇上，臣以为应当严旨军兵滥杀无辜，抢掠民财，淫人妻女，毁人坟茔，杀良冒功。有此一项，虽胜不赏，还要按律施刑。"

"好，金幼孜，拟旨。就按刚才大家所议。还有，源洁大人，你们会同钦天监，择日出征乐安。朕亲自到南苑阅兵送行。维喆大人，粮草之事就在你身上了。"

整整一天，夏原吉一声未吭，听到皇帝点名，匍匐在地，不敢仰视。皇上走过去亲自扶起，说："维喆何罪之有？你们记住，朕眼下虽然与当年允炆幼冲年龄相仿，然朕不是朱允炆。卿也不会落黄子澄、齐泰的下场。"

皇上看夏原吉还站在那里，一脸惶恐，遂道："维喆大人，你们都饱读史书，这就是汉逆一托词耳。吴王刘濞，此人虽然应得下场，但给后人留下不好的例子，清君侧。其实汉高帝初封吴王刘濞时，曾经说过，刘濞有反骨。至景帝时果反。爱卿们试想，与现在何其相似也。永乐中，皇祖考断定高煦有异志，不宜封在大国，这才把他置于乐安，今天果然反叛。汉

　　高祖、皇祖考皆料事如神也。只是汉景帝却听信袁盎之谗言，腰斩晁错，夷三族。朕以为不取也。维喆，朕绝不做汉景帝。"

　　夏原吉等人连连磕头，说："老臣每日办差，犹恐出错，落人褒贬，今不承想被汉王攻讦。开始有些难过，想一想也就释然了。"

　　皇上点点头，说："维喆大人，这话才是正理，你要打起精神，供应粮秣。皇祖考常说一句话，卿曾记否？"

　　夏原吉站了起来，眼角里挂满泪水，皇上问话，又跪下说："回皇上，文皇帝说过，打仗打的是钱粮，饷道一绝，断无胜算。"

　　"就是啊！你要打起精神才是，此番胜败，就在你的饷道。"

　　夏原吉连连磕头，说："臣还有本。臣有不同看法，斗胆请皇上御驾亲征。"

　　此言一出，大家一惊。其实都是这个想法，只是不好张口。

　　杨荣赶紧出班奏道："臣附议。皇上，诸位大人，尝记长兴侯耿炳文和曹国公李景隆之故事否？"这个比喻令朱瞻基不乐，他未表态。

　　夏原吉说："皇上，往事可以借鉴，此事我们万不可失策。兵贵神速，一鼓作气，荡平乐安。万一薛禄不济，皇上再亲征，吾师已老。"

　　皇上连连点头，说："维喆，不是你提醒，险些误事。"

　　这时王泰在门口跪奏："主子，杨溥大人回来，请旨。"

　　"不用请旨，直接进来吧。这个侍卫真是一根筋，杨大人是朕派出去的。"

　　杨溥进来见礼毕，说："皇上，臣有辱使命。"

　　皇上没表态，说："你们都跪安吧。金幼孜，你们赶紧用印，发下去。"说完示意杨士奇、张辅和杨溥留下。

第三十二回

杀马祭天大演军伍　持枪列阵无视钦差

皇上对张辅说："文弼，这次朕亲自督师平贼，一切军伍之事，全赖爱卿操持，朕知卿必不误朕。"

张辅说："皇上，臣虽然与汉逆友善，只因同殿为臣，为朝廷效命疆场，然今日其反叛朝廷，臣之敌人也。臣了解汉逆，其徒怀不臣之心而素怯懦。现在他的战将，臣大多数了解，都是无名之辈，并无多谋能战之人。老臣不才，愿假两万人马，臣保证为陛下擒之，不必仰烦皇上御驾亲征。"

大家听出来弦外之音，在变相地为自己辩白，恐皇上见疑。

朱瞻基自然明白，眼下正是用人之际，不能令张辅有一丝一毫的疑惑之心，遂道："文弼忠臣，朝野哪个不知？朕素知爱卿忠勇，卿一人足以擒贼。但是，朕新即位，宵小之辈尚有怀二心者，朕正好通过这次亲征，用以慑服这些小人。朕意已决，不用再谏。"

众臣明白皇上所谓宵小，乃各地不遵皇命的藩王。众臣不好评价，只说皇上圣明。

几人商议具体用兵，及各哨领兵将帅。杨士奇说："皇上，兴师讨逆，必须彰显朝廷正气。自古名不正则言不顺，言不顺则事不成，陛下应下诏张榜，昭告天下，指斥汉逆罪行，削去爵位和护卫，并命令调走现今护卫，而后以汉逆之罪，告天地，宗庙，社稷，百神，师可兴矣。"

大家听出问题，没有提出庙算。其实杨士奇并未忽略，只是张辅未讲，他作为文臣，不好提出。皇上说："这次就不去家庙了。文弼，你与张本等人仔细推演就是，朕与阁臣都不参加。"这算是对汉王的最大蔑视。杨士奇称善。

皇上令杨士奇亲自草诏，明日早朝宣诏，而后明发邸报，昭告天下。

张辅又奏："皇上，通往山东各路也应当封死，令乐安州和彰德府如聋子瞎子一般。"

皇上然之，看时辰已经不早，晚朝时间快到了，喊道："王泰，夏至为何这么久还没到？"王泰赶紧派人去催。

夏至来到，皇上又亲自嘱咐一番。口谕，明日拿到皇榜即可起行，现在抓紧去宗人府和行人司报备领凭，不要传驿，快马加鞭，限两日内到达乐安州。

杨溥这时有了说话的机会："皇上，刚刚臣到了通政司，特意命人把顾佐从府上叫来，和臣一起查底档，查到底档是孙万送进内阁，有他的亲笔签名。副使满脸疑惑连说奇怪，因为孙万家在陕西，母亡丁忧已经半年。而副使说，他敢肯定就是孙万的笔迹。"

皇上脸色越来越阴沉，说："内阁是张子玉笔迹，这毋庸置疑，你们相信张瑛这么大意吗？"

杨士奇说："回皇上，老臣不知道他人，绝不相信子玉大人会如此粗心。臣以为，这事就此为止。臣妄猜圣意，其实皇上应该心里有数。"

皇上点点头，脸色稍缓，说："那就到此为止。士奇大人，你要在内阁点一下，这次朕不追究，下不为例，否则，重重治罪。"看另外两位大臣有些疑惑，也未作解释，又加了一句，"你们阁臣找一下顾佐，夺情上衙办差。作为乳母，半年多，行孝可以了。"

次日早朝，凡在京官员，包括在京公干、休假等所有官员均参加早朝。乾清宫大殿里紫蟒相接，笏板相撞。丹墀以下，层层叠叠，一直到半个广场。净鞭三声，一阵细乐响起，随着一声声皇上升殿，百官屏气凝神。乐声止，百官山呼舞蹈，礼乐官唱道平身，翰林院学士陈循陈德遵出班唱读：

奉天承运皇帝，诏曰：祖宗开创洪业，封建亲藩，巩固帝室，以图永久。朕嗣承大统，笃厚亲亲，期与天下同享太平之福。今汉王高煦谋为不轨，图危宗社。高煦之不臣，天地、祖宗实监临之。国家不幸有此事，岂可已乎？朕以祖宗付托之重，国家生民大计，义不得顾，欲亲躬率六师往正其罪……

太师、英国公张辅唱读：

阳武侯薛禄、清平伯吴成、太监刘顺等率兵二万为前锋；

丰城侯李贤，侍郎郭璡、郭敦、李昶等督饷；

指挥黄潜，总兵官平江伯陈瑄守淮安；

指挥芮旬守居庸关；

令锦衣卫、东厂搜索朱高煦所遣在京奸细；

令越王朱瞻墉、襄王朱瞻墡留守北京，广平长公主驸马袁容，尚书黄淮、黄友直协助守城；

少傅杨士奇、太子少师蹇义、少保夏原吉、太子少保杨荣、工部尚书吴中、礼部尚书胡濙、兵部尚书张本、通政使顾佐扈从随驾。

这是军事机密，竟然在乾清宫读出来，大家都吃了一惊。这是对汉王公然的蔑视。但群臣仔细一听，没有什么重要的军事活动。很显然，调兵遣将之事未在此处公开。

五日后，皇上在南苑大阅五军，朱瞻基戎装佩剑，身穿黄金鳞片锁子甲，金丝连成两条巨龙；头戴金盔，红缨下缀着偌大蓝宝石，下身穿着金丝藤甲网格裤，脚蹬马靴。他手按剑柄，看上去威风凛凛、杀气腾腾。张辅在左，薛禄在右，也是一身戎装。大小将佐，分列台下两旁，远处是精选五军将士，以牡阵排列，旌旗蔽日，刀枪耀眼。

朱瞻基大喝一声："五军将士们。"

所有长戟都举起来："万岁，万岁，万万岁……"声如雷震。

在音扩前，杨荣宣读了讨逆诏书。张瑛宣读五军将士书：

祖宗开创洪业，封建亲藩，巩固帝室，以图永久。朕嗣承大统……今汉王高煦谋为不轨，图危宗社。尔诸将士务齐心协力，共成大功。有功者必赏，不用命者必诛。有能擒获首逆，重加爵赏。朕之此举，专为除暴安民，因而军行务在纪律严明，秋毫无犯。若有故纵军士扰害平民，以军法处治。

演练五军，朱瞻基观演完毕，率皇族及众阁臣拜山川、社稷、宗庙等，黄道吉日，杀马祭天，大军开拔。

这时，夏至早已经到了乐安州。他带领两个小太监和一哨侍卫，不到三日，于申正时分来到城门，这里已经戒严，来往行人要盘查。夏至被城门令拦下。夏至是太后近侍，平时目空一切，到这里，虽然已经坐实汉王谋反，但他以为自己贵为少监，汉王也会高看一眼。

夏至报出职衔，城门令根本没理这一套，冷笑一声，把他们扔到瓮城暗房里。这里又闷又热，蚊虫肆虐，十几个人挤在一个狭小空间里，没有饮食。

开始侍卫还骂声不绝，最后骂的力气也没有了，只好闭嘴，忍饥挨饿，总算挨过一晚。

城门令清早过来，又是一顿呼喝，把他们赶走。夏至来过这里，还记得路径，直接来到汉王府正门，这是端礼门。在影壁墙外面，他们停了下来。随从们都下马，夏至下车，打量王府，确实气势宏伟，在这小城可谓鹤立鸡群。

亲王府是有定制的，周长是三里三百零九步五分，城墙高两丈九尺，下宽上窄，且非常明显，上宽两丈，下宽六丈，东西宽一百五十丈二寸二分，南北长是一百九十丈二寸五分。王府各门自有定制，丝毫不能乱。南有端礼门，北有广智门，东有体仁门，西有遵义门。各门皆有城门楼，青绿檐拱，上面是青色琉璃瓦，颜色错了也属违制。

逾制就是大不敬，要被治罪。

侍卫到守门将军处，把朝廷滚单递给他。这个将军是个把总，他打量他们一眼，摆一下手，立即从大门里冲出三十多人，手持棍棒，移开拒马，朝夏至冲过来。

将军喝道："你们胆敢冒充钦差，这是谋逆，夷三族。"

侍卫赶紧说："我们是钦差，那位就是夏老爷。"

将军哼的一声，轻蔑地看他们一眼，说："你们在哪里偷来的官服，脏兮兮的，没看到下马牌坊啊？弟兄们，把他们轰出去。"

夏至注意到，自己过了下马牌坊。这是王爷及功臣府邸的特权标志，上面写道："文官四品以下落轿，武官三品以下下马。"夏至是内官从四品，按制，见到朝廷文武官员都得离轿下马。当然现在中官已经不同太祖高皇时，差不多是百官巴结的对象。

夏至认为，自己目前是钦差，当然不用下马落轿。但是这些人不管你是什么钦差，一顿棍棒，打得夏至的随从哭爹喊娘。这些人还是有分寸的，虽然棍棒、刀剑飞舞，也只是轻伤，并未要命。尤其是夏至，没有被棍棒击中。

夏至看自己手下这些兵丁如此窝囊，喝道："你们手里的家伙是吃素的吗？尽管招呼，出事爷负责。"兵丁想拿出火铳，但看对面虎视眈眈的将士，还有女墙的强弓硬弩对着自己，早已经软了。

对面这个将军听夏至如此叫嚣，大怒，喝道："你们这些瞎子，这个才是贼头，擒贼先擒王，懂吗？打他，往死里打。"这些兵丁手持棍棒又要冲上来。

"住手。"一声公鸭嗓，一个人跑了出来，是胡全。他一边跑一边喊："你们快住手，这是御马监夏老爷，有眼无珠的东西！退下！"胡全走过来躬身一揖，说，"夏老爷何时到的乐安，知会一声，也不至于闹这个误会。小的赔罪了。"

夏至带的一些宦官，看到胡全，都大吃一惊，面面相觑。胡十三已经连续几年音讯全无，竟然在此做起了左奉正。再看夏至，没有丝毫惊讶。宦官狐疑，不敢多问。

夏至一肚子气没处撒，又喝道："胡十三，咱家是钦差，是皇上近侍，他们敢如此无礼，难不成你们主子真反了吗？你现在把这个畜生把总打一顿。"

胡全心里冷笑，什么时候还耍威风，你为何到王府？现在王爷怎么可能不反？蠢货，忘了当年对小爷吆五喝六的，你也有今天。他嘴上却说："夏老爷息怒，都是职责所在。老爷也是，那明明是下马牌坊，亏你坐得住。王爷治你无人臣礼之罪，奈何？算了，快请。"

夏至狐疑地看着他说："这么说，你是出来接我们的？"胡全点点头，也回以疑惑的眼神。

夏至大怒，喝道："胡十三，是咱家无人臣礼还是王爷？咱家是钦差，见钦差如见皇上，王爷连这都不明白？咱家拒绝进府。"

世界上竟然有如此不知进退之人！胡全心里有几分狐疑。以他对夏至的了解，他不会这么幼稚吧。他一时无法判断，冷笑道："夏爷，咱家只是一个跑腿的，夏爷要么朝王爷去说，要么现在就打马回京，朝主子说。咱家还有事，失陪了。"说着转身欲走。

夏至踌躇起来，真想一走了之，可是回京如何交差？看胡全已经走到门口，喊道："胡十三，请留步。"

胡全停下候着，说："夏爷，记住，咱家胡全，不是胡十三。"说完转身便走。

夏至只好在后面跟着，心里恨得牙痒，想好了，有一天必让你见识爷的手段。走过两个大门，到了一处角门，有人喊胡全，胡全说一声失陪，扬长而去。

夏至知道，进去就是王爷勤政殿。

大门关着，侍卫过去打开，随着门开处，随从侍卫一声惨叫，倒在地上，侍卫们赶紧把夏至围上。

一队兵丁跑了过来，骂骂咧咧地说："哪里来的这些不长眼睛的东西，这是你们随便进的吗？不是看你们都穿着官服，把你们都射成刺猬。看死了没有？没死拖出去包扎，死了就拖去喂王爷的海东青。"

夏至赶紧看一下，这一箭射在侍卫的咽喉上，嘴角流着血沫子，身子还在一挺一挺的，眼见是不能活了。过来几个人，把侍卫拖走了，不用说，去喂了海东青。夏至想喝停，只是嗓子异常发干，一句话也说不出来。

小太监把滚单递过去，这个人喝道："等着，乱走一步，万箭穿身。"

很快，里面有人喊道："来人在谨身殿见驾。"一声连一声传过来。很快出来几个小太监，夏至在他们带领下走到红毯处。

里面开出几队士兵，手持长戟，列成几排，长戟相向，只留出中间过道。夏至当然明白这套，未作理会。众人心里叹息，不来看一下不知道，汉王真的反了。他走出几步，双戟在一点点收缩，仅留一个存身的缝隙。

一声惨叫，不知道是哪个侍卫被长戟刺中，被拖到一边哀号。夏至听他喊得很有底气，判断伤得不重，放下心来。大家挨挨挤挤总算过来了，一声哨响，兵丁瞬间不见了踪影。在丹陛下，一个大铜鼎冒着热气，下面是熊熊烈火。

夏至嗤之以鼻，这是一些没有脸面的人最喜欢玩的把戏，没有一点创意。他想起在宫中流传的金英赴安南之事，他在记忆里搜寻金英都说了哪些话，渐渐有了主意。他们来到丹陛下，有人大喝："见到王爷，为何不拜？"

夏至从汉白玉台阶向上看去，在丹墀缓步台上，一把红罗绣金华盖大伞，紫罗素、红罗素绣金描龙大伞各四把，左右有两个紫罗大掌扇。一个人坐在红罗伞前面，悠闲地吃茶，根本不看夏至他们。这人穿着三品武官服饰，不是汉王，是韦达。

夏至不认识他，喝道："你是何等人？竟敢僭越使用御用卤簿。本使很忙，不和你废话，本使要见王爷。"

韦达哈哈大笑，站起来向下面走了几个台阶，然后一屁股坐下说："你只是一个阉竖，还本使！你是谁的使？爷说你就是臭狗屎。王爷是你随便见的吗？今天的王爷就是明天的皇上，你不会这么没见识吧？你现在赶紧回京向你主子报告，让他放马过来。不想回去也好。看见油锅否？爷先给你洗个澡。"

第三十三回

▼

欲盖弥彰长史生疑　欲擒故纵天子示弱

金英的话已经在夏至大脑里显现，他大喝一声："你不要狐假虎威，你翻开史书看一下，架油锅、列剑阵的都是什么人？大多是什么……"回头看一下随行侍卫，侍卫说："色厉胆薄之徒。"

夏至重复说了一下，又想起金英还有一句话："想烹就快一点。"说着高高扬起头颅。这样可以了，回京后可以在太后、万岁面前抖一抖，在后宫要压过金英的势头。

"你这个阉竖，识字吗？你旁边这个侍卫倒是读过几天书。来啊，先给他洗澡。"过来几个兵丁，不由分说，如狼似虎跑过来架起这个侍卫，走到铜鼎三四步远，不顾侍卫哀号求饶，喊着号子，悠了几下，把侍卫甩出去，"咣当"一声，离油锅两步处落地了。

几个人骂骂咧咧地走过去，看一下这个侍卫，说："爷，死了。这是吓死了。"

韦达又是一阵大笑，骂道："你会说话吧？爷好好的，怎么爷就死了？这个家伙吓死了，那不还有吗？先把这个臭狗屎烹了。"

夏至早已经瘫在红毯上，金英是学不成了，这些人是真敢杀人啊。不到一刻钟，他们杀了两个随从，还伤了一个。夏至见不到汉王，有话也说不出，不敢再用强，保命要紧。他勉强挣扎着爬起来，跪地磕头，咚咚有声，很快额头上见了血。随从也跪地磕头，哭声一片。

"你们在干什么？鬼哭狼嚎的。"是朱瑞。夏至和他相熟，如同落水人看到了舢板，大喊朱大帅救命。朱瑞也没理他，对韦达说："随我来。"

韦达亲自拖着夏至，兵丁们架着随从，跟在朱瑞后面。韦达说："大帅，这个阉竖可能是尿了，味道很难闻。臭狗屎，我们不知道你们尿从哪里来的，哈哈。爷告诉你，哪有什么油锅？我们王爷信佛，有那么多油早捐到庙里了。"

朱瑞看自己身边还有一些中人，喝止韦达，转身对夏至说："你们都站起来，自己走，本帅带你们随便走走。"韦达"啪嗒"一下将夏至放落在地。

夏至跪在地上，筋酥骨软，三魂七魄才回到身上，判断已经没有性命之忧，早把学金英那英雄气概抛到九霄云外去了。

夏至站起来，喝令自己随从把衣服打扫干净，喝道："朱谭之，本使要见王爷。"看朱瑞未理睬，只好随着朱瑞向角门走去。

有人把这些人的战马牵过来，大家上马。朱瑞和夏至同乘一敞篷战车来到大校场，下车登上点将台。大校场上足有一卫人马，随着令旗挥动，军士操演，确实进退有度。

朱瑞问道："内相，我军足雄壮否？"夏至哪敢逞强，连连说好。朱瑞说："这样兵丁，汉王有二十卫，可问鼎乎？"夏至伸出大拇指。

大家上车，出后门，又是一个大校场，这是粮秣重地，他们坐车绕了一圈，下车步行。朱瑞对夏至说："内相是行家，估算一下，粮草几何？"夏至赔笑着摇摇头，朱瑞攥拳挥了两下。

夏至吃了一惊，惊问道："十万石？"朱瑞不言，摆摆手，跑过来几个兵丁。朱瑞示意夏至。夏至明白，带着这几个兵丁四下走走，随处一指，兵丁即取米铲试之，不是白米就是大麦。

朱瑞说，这只是十分之一。夏至叹服，心里明白，朱瑞并不知道底细。他在盘算，如何向朱瑞示意自己的身份。

而后夏至随朱瑞进了大殿。王进迎了出来，这都是熟人，彼此见礼。汉王爷坐在高高的宝座上，夏至颇为踌躇，不知道是该宣旨还是见礼。汉王开口了："你来的意思孤都明白。孤不难为你，把幼冲的信拿出来吧。"

夏至彻底没了脾气，想让他们拜圣旨是不可能的了，把皇上都"亲切"地称作幼冲了。他让随身太监呈上皇上信件。

汉王看了一会儿，"啪"的一声摔在案几上，喝道："这么说朝廷知我举兵了？"

夏至不敢再站着，赶紧跪下，颤声说："回殿下，虽然许多人说起此事，但皇上以殿下至亲，到底不信。"

朱高煦点点头说："夏至，你我是故人，你说句实话，你知道孤要举兵吗？"

夏至听他说出故人，心下明白，看大殿人多眼杂，不好多嘴，只说："回殿下，奴才不知。如果知道，也不会这么莽撞，以至于死了两个护卫。"

这话有几分赌气。汉王心下明白，说："你这话倒有些道理。你是宫中旧人，你应该知道，当初靖难，非孤出死力，能有幼冲今日面南践祚吗？我们是不是还在这个世上，我们是不是还有后人都未可知也。然皇考听信谗言，削我两护卫，徙置乐安州。先皇是孤兄长，不复我那两护卫，不给孤大城池歇马，只是以金帛等物诱惑我丧志也。当今皇上，张口闭口就是祖宗旧制，想把孤困于此地，孤岂能郁郁久居此地乎？"

夏至匍匐在地，连连磕头，这话大逆不道，他一句不敢接言，只喊王爷千岁。

汉王问朱瑞："看过兵马、粮草、兵器乎？"

朱瑞回道："看过了。"

汉王说："夏至，你都看到了，有了这十几万人马、一百万粮草，孤足可以此横行天下，但是孤思亲亲之义，还想不要妄动干戈，已经派使上奏天子。今天你既然来了，速速回报皇帝，见到信后立即执送奸臣来此，然后，我们再谈判，商量孤之所求。"

这时王进说："殿下，臣闻朝廷遣人送驼马、袍服，来时走在半路，听说大王举事，皆惊怖而走。大王英明神武，英雄盖世，华夏谁人不知！"

汉王大笑，对大家说："孤早就知道朝廷胆怯。孤保证，朝中君臣定胆寒矣。夏至，你要做到心中有数，有一天在京师，我们如何相见，全凭你了。今日所见所闻，有的不能对幼冲讲，但可以在朝野中说说。"

夏至大喜，汉王之语，已经分明告诉他，王爷心里有数，一些事不得不为耳，但也有威胁之意，倘若他夏至背叛汉王，那就死无葬身之地也。

汉王喝令夏至退下。夏至走到门口，胡全在候着，他不管众人，把夏至拉走，口称："多年未见，怎能这样匆匆而别？夏老爷不想小的，小的远离京师，想你们啊。"

夏至看他前倨后恭，心下明白，说："安排好这些弟兄们，已经折了两个，兄弟可不想再有事了。"

"是啊，刚刚如果小的在场，断不会令爷难堪，夏爷放心，一切都安排好了。"说着四下里看看，拉着夏至走了。压低了说话声音，自以为没有人能听见他们在讲什么。

这一切都没能躲过王进的眼睛，他发现汉王对夏至所做有几分虚假。而夏至开始见到韦达等人的恐惧都已经不见了。这足够反常，按理说，见到王爷更加害怕，可是夏至并非如此。

而且王进发现，夏至在和汉王眼神交流。尤其是后来，夏至被胡全接走，不管两人如何做作，王进还是看出了问题：两人关系非同一般。那之前胡全为何要显出那个样子呢？这就说明一点，胡全也是刚刚得到了关于夏至的情况。那夏至是何情况呢？

夏至带人回京时，傍晚在水河铺遇见车驾。夏至吓了一跳，他根本没听说过皇上亲征，他对汉王说，是薛六子挂帅。他不敢耽搁，赶紧见驾。

皇上问："夏至，你把信给了朱高煦，他如何奏对？朕要听实话，即使他骂朕，朕也不怪你。"

夏至说："汉王也没讲什么，只是问了一些军伍情况，奴才所知不多，只告诉他是薛禄挂帅来平叛。"

皇上点点头，说："你这个事做得好。朕问你，有没有看到他们的军队？汉逆治兵如何？"

皇上赞誉，夏至很高兴，赶紧说："回主子，奴才没看见他们军队。他们也不可能令奴才看见。"

皇上令其退下，对杨士奇等人说："你们认为这个奴才说得如何？"

夏至是太后的得用之人，大家尽量保持缄默。张瑛不管这些，说："万岁其实已经看出来了，夏至很可能在撒谎。汉王不可能没有只言片语，夏至也不可能看不到军旅。"

张辅也说："皇上，臣附议，汉逆性体，臣略知一二。他现在掌握护卫五军，不会不示于众人，尤其是朝廷。老臣觉得夏至有问题。"

皇上点点头："与朕不谋而合，夏至小人也，朕早应该知道，只怕现在已怀二心矣。不知道以前的事和他是否有关，朕但愿他是从这次差事开始。来人，杀了他。"

杨士奇赶紧喊道："皇上不可。夏至虽然该杀，但其为清宁宫总管，无确凿证据，不可施刑。臣以为，先令锦衣卫慢慢查访再作道理。一旦证据确凿，也没有人为此褒贬朝廷。"

皇上明白其意，是怕太后嫉恨皇上。皇上说："言之有理。口谕刘勉，从夏至这次带去的人入手，问他们到底做了什么，朕不信，他们就那么铁板一块！如果确实和朝廷异心，待平定汉逆，一同治罪。"大家都喊皇上圣明。

到了盐山，探马来报，天津卫有异动，都督佥事孙胜未接到命令，擅自调兵，现在带着一卫人马南下。皇上说："朕这位叔父却非常人，部将愿为其出死力。众位爱卿，计将安出？"

张辅奏道："皇上，臣已经檄调襄城伯李隆，在永宁密切监视天津卫，臣断定，李隆也已经南下。臣派清平伯吴成率领一卫人马堵住孙胜来路，南北夹击，必当全胜。"

皇上点头道："还是按我们开始议定的，放下刀剑，回归序列，既往不咎。这都是皇祖考、皇考忠贞之士，受汉逆蛊惑，不在将士也。"张辅已去安排。

杨士奇奏道："皇上，现在汉庶人知道陛下亲征，必定首鼠两端，陛下宜再下旨意，看他如何？"

杨荣喝道："皇上不可，杨士奇误国。自古汉贼不两立。朱高煦就是叛逆，还是什么庶人。皇上，不必再下旨意，应激励三军，一鼓荡平乐安州。"

张瑛听着不舒服，说："勉仁阁老，大家都在议事，不要随便就说误国，此殊为大臣之道也。有建议我们就向陛下提及，此大臣之责也。"

杨士奇笑着说："子玉大人，你和我们相识较晚，一些事不太习惯，奸臣二字都被勉仁骂过多次。"大家都笑了。杨士奇接着说，"战争是不祥之物，古今圣天子不得已而为之。百战百胜，不如一忍。现在我们箭在弦上，不战屈人之兵，乃上之上者也。陛下三思。"

朱瞻基点点头，说："此颇和兵法，拟旨。"朱瞻基说着，金幼孜下笔，皇上说完，金幼孜停笔，吹干递给皇上。

汉王高煦，人皆言王必反，朕初不信，及得王奏报，方知王志在祸生灵、危宗社也。朕兴师问罪，非得已也。王乃太宗皇帝之子，仁宗皇帝之弟。朕嗣位以来，事以叔父礼，不亏毫发。今何为而反耶？朕惟张敖①失国，本之贯高②；淮南③受诛，成于伍被④。自古小人事藩国，率因自图富贵，而陷其主于不义，及事不成，则反噬主以图苟免。今朕师已压境，王能悔祸，擒所倡谋者来献。朕与王消除前过，恩礼始终，王不失为宗藩，而子孙永保封国，善之善者也。王如执迷，甘与小人同死生，或出兵拒敌，或婴城固守，图侥幸于万一，能终保其无虞乎？麾下以王为奇货，执以来献，至此之际，王何以施面目见朕？朕虽欲保全不可得也。王读书知古今，转祸为福，一反掌之间，其审图之。⑤

大家听皇上口述，一口一个王字，大家不好评判，因为已经下旨削去王爵。皇上看出大家疑虑，笑而不答。

当天到达乐陵，送信人已经返回。皇上亲自召见。信使是一个旗总，他说："汉王看到皇上诏书后，很高兴，还赏了卑弁一块银饼子。"

皇上点点头说："你听到他们说些什么？"

"当时他们并没说，卑弁向外走时，里面传来欢呼声。卑弁听到一些，好像说皇上，皇上……"

朱瞻基看他停下来，鼓励道："你大胆奏来，朕不怪你。"

"他们的意思是皇上怕了。皇上恕罪，这不是卑弁说的。"

"哈哈，朕就是怕了。你这人诚实，不似夏至那个奴才，你是旗总吗？"

"回皇上，是旗总，薛大帅说，卑弁回来升副百户，随卑弁去的那两个

① 刘邦驸马，鲁元公主之夫。
② 赵国相国，设计刺杀刘邦。
③ 淮安王刘安。
④ 淮南王近臣，反对刘安起兵。刘安起兵失败，他却依律承担责任。
⑤ 摘自《明宣宗实录》，有改动。

哨长升副旗总。卑弁以为回不来了，为国捐躯，死得其所。"

　　皇上高兴，说："说得好，难得你有这心，还有缘见到朕，口谕薛禄，此人升为副千户，那两个哨长升为副百户。告诉六子，谁要是不服，就到贼营走一遭，朕不吝爵位。"

　　旗总当时就傻了，张辅喝道："傻小子，还不谢恩？"他才磕头谢恩，告退。

第三十四回

障眼法朱谭之突围　困兽斗王敬甫决绝

大家不知道皇上为何如此高兴。张辅久在军伍，已然猜到，试探着问："已经傍晚，请示下一步。"这话听起来问得多余。按常理，当然是伐木立寨，挖井汲水，埋锅造饭。但张大帅戎马一生，军旅之事，谁人可比？能问废话吗？

皇上笑道："知朕者，文弼也。传令，不要立寨，乘夜间行，在昧爽前到达乐安城，违令者立斩。文弼，你赶紧通知薛禄，令其率师夜行。人衔枚，马摘铃，马蹄裹步勒口，不举火把，倍道而行。"

大家这才恍然大悟，皇上派人送信，一石二鸟，有麻痹汉王之意。

真是兵不厌诈！

昧爽时分，传来隆隆炮声，南边火光冲天，把黑夜照得亮如白昼。皇上大喜，说："六子已经得手，号令三军，倍道而行，前锋绕过乐安城，直插城南，堵住去路，四面一齐攻打，看汉逆有何能为。"

很快前方来报，薛大帅和贼人交火，一个时辰后，贼人收缩到城里，大帅已经兵临城下，正在派兵剿灭城外各处残贼。

大家欢呼雀跃，高呼皇上圣明。其实张辅心里暗暗担心，怕汉王率兵攻打济南，看济南方向不像有开战的样子，遂放下心来。派人到城南，堵住贼人退路。

辰初时分至乐安。皇上驻跸城北，拿出窥远镜向城里看去，到处都是浓烟，整个乐安城笼罩浓烟之中。

皇上下令，把城池团团围住。

朱高煦率领众文武登城，左边是伪太师王进，右边是伪尚书朱瑞，其余文武分列两旁。

张辅下令开火，十门神机大炮一起发作，震如雷霆。城墙箭楼上君臣吃了一惊，大家保着朱高煦离开城墙，深沟高垒，欲作久困之计。

张辅传令，颁布皇上赏格，将士尽皆奋勇争先。张辅下令擂鼓。众将士持壕桥和云梯横在护城河上，后继军兵在上面铺板，大家奋勇向前。眼看过去一半，一阵梆子响，箭下如雨，走到护城河上的将士们已经进了射程，瞬间被射翻，掉落护城河者不计其数。

张辅眼睛瞪得血红，下令擂鼓如故。皇上看在眼里，派人给张辅打旗语，命鸣金收兵。

张辅赶紧来见驾。皇上说："文弼，仗不是这样打的。乐安州拿下是迟早的事，何必拼命？何况城中军民也是朝廷子民，矢石之下祸及无辜。先停下，劝高煦投降。"

大家都觉得莫名其妙。尤其是张辅，大小仗不下百次，皇上竟然告诉他不是这样打仗。打仗哪有不死人的？这就是出发点不同，张辅和薛禄是武将，是死人堆里爬出来的，见惯了尸山血海。而皇上想的是子民，仍然在想策略瓦解敌军。

皇上口述，金幼孜执笔：……朕亲率问罪之师，已至城下。尔不来朝，亦不遣护卫及王府官出见，是负固不服。今朕以诚心待尔，尔能战则战，不能则诣军门面陈尔情，庶得保全。如果执迷不悟，城破之日，玉石俱焚，悔之无及矣。

写毕，令力大者射入城中。

中午，皇上下令埋锅造饭，众将士饱餐战饭，准备攻城厮杀。皇上令又写一封信，射入城中，劝慰汉王府众文武放下刀剑者即为良民，反戈一击者，加官晋爵。有执高煦来降者，封侯。限一个时辰答复。

城内外鏖战两天，朱高煦正在与众文武商议。他没想到皇上会御驾亲征，看众文武都有几分畏惧，心里没底。

王进与朝廷不共戴天，说："王爷，这才是几个回合，虽然外围阵地丢失，城池固若金汤，靳荣大帅和青州、太原已经向这边开拔，不出两日，到达城外。内外夹击，大败官军，生擒幼冲，正在此时。何况我们从幼冲攻城至今，杀伤官军不下万人。幼冲看不敌大王，这才劝降。"

朱高煦说："众卿放心，孤家举事，心如磐石，不是幼冲几句话就能打动。现在都各守管段，等待援兵。"

一弘和尚提出不同的意见，先高宣佛号，说："大王，敬甫所言，实为金玉。但只这样固守还不行，城外各部，恐怕只在观望，停滞不前。老衲认为，趁官军松懈，派兵杀出，去济南和靳荣合兵，再率领青州兵回救乐安，才能做到内外夹击。"

大家都称妙计，可是谁能带兵冲出去。朱瑞躬身一揖："大王，臣在王府，凡二十几年，和大王风云际会，可谓知己。大王不以臣卑鄙，二十年来倾心吐胆，倚为腹心。臣愿冒矢石，东去搬兵。"

汉王十分感动："谭之，生受你，活着回来，孤盼卿如大旱盼云霓。你带多少人马？"

"只有两千足矣。恭请大王把大师借给臣用一下，有大师在，臣无所惧也。"众人洒泪而别。

朱瞻基正在用膳，听见北门、西门一片喧哗，随即炮声隆隆，火光冲天。有人来报，贼人在反攻，试图加固护城河。朱瞻基未作理会，继续用膳，刚刚吃完，东门又是一阵炮声，他恍然大悟，喝道："东门是真的，刚刚两门是佯攻。"马上有人飞一般去打旗语。

朱瞻基有几分懊恼，来回踱步，等待军报。不到两刻钟，张辅进帐，跪在地上，连连磕头。朱瞻基心里一凉，以为汉王逃了，喝道："赶紧去追赶，在这跪着能抓住汉逆吗？"

张辅说："逃出去不到两千人，没有汉逆。有朱瑞，他保着一个和尚向东冲去。"

朱瞻基松了一口气，但是心里不解，这么一点人如何在层层包围中突出去？张辅看见皇上疑虑说："守城将士说，他们发现有贼人出来，立即堵截，谁知他们放出一阵烟雾，眼前一片昏黑。及硝烟散尽，已经不见贼踪。臣赶紧向第二道防线去问，也是如此，而且看见贼人逃去，就在眼前，只是箭射不到他们。将士疑虑，不敢再追。"

"障眼法而已，是和尚，又不是道士。"皇上微微冷笑，喝道，"朱高煦耍小人行径，不可宥。文弼，下令，四面攻城，绝不会再给他一点喘息机会。好在这次没有汉逆。再有一次，被他突围出去，朝廷就被动了。"张辅急匆匆走了出去。

很快一阵地动山摇的炮声响起来。

杨士奇说："万岁，朱瑞东去，不可小觑，他一定是和济南靳荣、青州史诚会合。如果他们会合，可是朝廷大患。"

朱瞻基说："癣疾之患耳。贼人所仗者，汉逆也，我们攻下乐安州，生擒汉逆，贼人无能为矣。你想，皮之不存，毛将焉附？朱瑞回师，必被吾擒。"众人叹服。

皇上接着说："各位大人，别忘了那边还有张升和张云举。这边打得如此热闹，看我们东南没任何动静。朕判断，张升得手了。"

天色渐晚，喊杀声依然激烈。哨探来报，护城河已经有几处被将士用沙袋填平，城墙也在西门处撕开一个口子，正在拉锯战。

朱瞻基走出大帐，在十尺高的点将台上拿出窥远镜观察。四面还在攻打，城破就在今夜。但是他不无忧虑，这样下去，即使城破，巷战也不会轻松。贼人抵抗意志令人吃惊。

他盘算，巷战还得损失万人左右，而城中百姓会如何？

众将和皇上想法不同，城中百姓属于附逆，城破之日，不屠城就已经够仁慈了。张瑛看了一会儿，说："陛下，臣不懂军事，现在贼人已经胆寒，臣想给百姓留条活路。"

张辅就在身边，看了他一眼，什么也没说，眼神里似乎有赞赏之意。但大家不明白何意。

杨荣不悦，说："子玉大人，这是战场，矢石交攻之际，你却出这样主意？兵法云，一鼓作气，再而衰，三而竭。你难道想让我们将士的血白流吗？"

蹇义说："勉仁大人不要说得那么难听。张大人是文人，未经战阵。"

皇上笑了，说："子玉大人，我们都是带过兵的，朕还是在死人堆里滚出来的。自古慈不掌兵，义不行贾。勉仁说得合乎兵法，但也不能不顾士卒。子玉大人所言，也合乎兵法。文弼，鸣金。"张辅正有此意，赶紧令打旗语鸣金。

张辅下令，先吃饭，然后轮流进攻。

喊杀声停了下来，战场得到了暂时的宁静，火把和灯笼已经亮起来。朱瞻基下旨，围而不打，士兵在阵前蛊惑，攻心为上。

连续两天一直如此，众将着急，皇上如没事一般。这天皇上正在和几位重臣谈文，张辅笑着走了进来，说："陛下英明。这一次讨逆，老臣彻底服了。说句不知轻重的话，老臣大仗何止百战，而陛下能有几次？而臣这次真是开了眼。臣先不说，各位大人猜一下何事。"

其实大家已经猜到了，都故意乱说。朱瞻基面露得意之色，说："文弼，别卖关子，拿出来吧。"

张辅把一个薄绢拿出来递给王泰，王泰拿给皇上。

"皇上，罪臣泣血上奏。罪臣为宵小所惑，做出不臣之事，实属大逆不道。望皇上看在文皇、先帝骨肉，怜天家骨肉情分，宽解罪臣。现在臣仍为宵小所困，待罪臣设法摆脱，容罪臣熬过今晚。待天明，必肉袒见驾。诚惶诚恐，顿首再拜。罪臣朱……"

是汉逆乞降的奏章，大家一阵欢呼。这些大儒，关键时刻也沉不住气。杨荣奏道："皇上，谨防前日东门之事，恐其有诈，做困兽之斗。"

"不然，勉仁放心，朕心里有数，首先，此一时彼一时，那时未曾被打痛。还有，张文弼应该早已经料敌在先。"张辅连说惭愧。

皇上说："文弼，出征之前，朕有言在先，城破之后，你先入城，出榜安民。金幼孜已经写了几百张安民告示，你拿去，到时候把纲纪队先派进去。有擅杀抢掠者，按律行罚，虽功不宥。"张辅领命。

三更时分，不断有人出来投降，其中有王府官员和太监。有人禀报汉王，汉王也只作不知，下令府中太监，把所有来往信函全部烧掉。这个动作是秘密的，确切地说是绝密。但王府大院火光冲天，在这漆黑深夜，怎能做到神不知鬼不觉？

王进在存心殿里得报，心里一惊，知道大势已去。看自己身边将领离去或战死，心下难过，想自己大半生来，对汉王忠心耿耿，鞍前马后，殚精竭虑，家人为此一个个被诛杀，从未有丝毫退缩。不知为何，今晚他产生一种从未有过的灰心。

汉王老了，已经失去年轻时之锐气和豪气，现在看来很可能向皇上低头，甚至已经媾和。

王进看着已经映红天际的火光，听见外面来来往往的人群和嘈杂的脚步声，他泪流满面，拿起放在案几上的宝剑，准备自刎。

在拿起剑的一瞬间，他看到了皇上的圣旨，一句话刺激了他，"张敖失国，本之贯高；淮南受诛，成于伍被。"张敖、淮南王刘安皆死有余辜，然伍被何罪？贯高乃始作俑者，并未自尽，顽强地活着，就是为了主子，应下宵小之辈蛊惑之罪名，也是为朝廷不杀淮安王找一个台阶。当然还是要给主子在历史上留下清白。

王进踌躇了，自己在历史上必为乱臣贼子，这毋庸置疑。自古成王败寇，不必为此叹息。自己一个不第秀才，蒙汉王爷不以自身卑鄙，倚为腹心，施展平生所学，虽是乱臣贼子，也足以轰轰烈烈，夫复何求？

活下来，为汉王求证清白，一石二鸟，比作惺惺儿女之态强过百倍。王进想到此处，遂佩好宝剑，手持四眼手铳，走出大殿。外面一些新封将帅如无头苍蝇。韦达正在骂人，看王进出来，都躬身侍立。

这是王府卫队，其他人如何进的王府？王进疑惑。

王进看自己卫队在门口守护着，放心不少。他久历世情，明白此时最是危险，不是对手，而是内部。自古富贵爵禄最动人心，说不准自己或王爷就被人拿住作为投名状。

已经四更天了，王进问韦达："出了什么事？李麻子呢？"

韦达气势汹汹地说："禀太师，他刚才在守城，没有命令，擅自离开，跑到王府这里，端礼门守将没能拦住。刚才末将看见麻子，骂了他一顿，应该是又回去了。"

王进大喊："不好，韦达将军，随本阁部走。"看一下自己卫队，亦步亦趋地跟在后面。这是自己经营多年的卫队，随时可以扑向各处飞来的羽箭和铅弹。存心殿和后宫最近，一刻钟就到了宫门口，大家早就听见喧闹声。

是李麻子。

第三十五回

▼

心口不一汉王见驾　调度有方群臣宾服

韦达喝道："麻子，又是你。"李麻子不屑地看了韦达一眼，在那里向王进施了一个军礼，站起来，足有九尺，麻子脸在火把照耀下显得狰狞。

韦达又说："你的位置应该在城墙上，在王爷后宫带兵吵闹意欲何为？"

李麻子冷笑一声："韦大帅，兄弟们说在乐安州好久了，没见过大王，胁迫着末将要见大王，说大王就要当皇上了，登上金銮宝殿我们再也休想见到。末将也觉得这帮兔崽子们说得对。望大帅体谅。"

韦达怒喝道："不奉旨到宫门前吵闹，这是谋逆。刚刚本帅就问过，谁让你们进的端礼门？"

这是王进一直在考虑的问题，王府可不是轻易能进来的，按理说韦达也不应该在此。平时常来常往惯了，但今日不比平时，特殊时期。"哈哈，谋逆？大帅，谁在谋逆？末将不就是……"

"嘭嘭"两声，一声惨叫，麻子高大身躯飞起来，重重地砸在宫门上，大门一声巨响，瞬间被鲜血染红。再看李麻子身体在抽搐，口中吐出鲜血，很快没了气息。大家惊骇之余回身看时，王进手铳在冒着青烟。

大家一时不知所措，面面相觑，最后眼睛都转向一个年轻人。他正在向李麻子的尸体走去。王进卫队长在他耳边嘀咕几句，王进点点头，走向这个年轻人，问道："这是你哥哥？"此人含泪点点头，弯下腰去想抱起兄长。说时迟，那时快，王进暴起，抽出宝剑，一道寒光闪电般劈下。一声惨叫，尸首分离，人头滚出去几步，嘴还在动着，眼睛对着火光怒目而视。

大家一时噤若寒蝉。韦达赶紧跪下，口称太师。大家缓过神来，匍匐在地，战战兢兢。

王进擦拭着长剑，慢吞吞地说："今儿个本阁部不杀你们，你们不是王府卫队，都回到城楼上去。韦达，带着你本部人马守住王府各门，有私自进者，斩无宥。"韦达领命而去。这些人拖着尸首慌慌张张而去。

王进朝宫里喊道："胡全开门吧，他们离开了。"胡全令人开门，赶紧冲刷门面和地上血迹。

王进躬身而立，等候王爷令旨。很快有人来传旨，王爷让进去。王进把武器交给卫队长，随着胡全走进去。其他人已经回避。王进在王府几十年，不论北京、南京还是这里，从未踏过后宫一步。

"敬甫，快进来。说话天就亮了，孤正准备到中殿去，你倒先来了。"汉王一脸憔悴道。王进发现，他已经没有了原来的精气神儿。王进赶紧见礼，汉王令胡全扶起来。王进摆摆手，自己站起来躬身而立，挥一下手，胡全带人退下。

王进说："大王，眼看天就亮了，激战五六天，不见来一兵一卒。臣观察半宿，周围没有交战迹象，包括济南和青州。"

汉王点点头说："孤也注意到了，这有两种情况，一是他们已经被朝廷处理。另一个敬甫也该想到，一些首鼠两端之人还在观望。敬甫，我们下一步如何动作？"

"臣知道大王已经做了最坏打算，然臣以为伸头一刀，缩头也是一刀。

臣宁肯战死，绝不投降。臣想，殿下应该与臣心息相通。"

汉王听出来这是话中有话，站起来斩钉截铁地说："敬甫，你随孤二十几年，应该了解本王，宁为玉碎，不为瓦全。倒是你敬甫，是时候该考虑一下了。"

王进赶紧跪下，说："那天谭之所言，也是臣的心里话，君臣风云际会凡二十几年，岂非天意？臣意已决，一旦出现不虞之事，臣愿做贯高。"

朱高煦怔了一下，流下眼泪，亲手扶起王进，说："不要胡说，事情还没到那一步。如果走到那一步，朝廷也不会奈何孤家，倒是你，会被灭门。你亦步亦趋跟孤一场，失去多少亲人？孤岂能负你！事急之时，你把孤交给朝廷。记住，这是孤的旨意，是你我君臣一场的最后旨意。"王进已经泪流满面。

到了五鼓，朱瞻基君臣都在中军大帐，激战五六天，昼夜不息，官军也伤亡惨重。大家商量，早膳后，四门合围，一鼓作气拿下城池。

张辅看皇上有几分焦躁，劝解道："皇上，朝廷虽然有伤亡，但贼人后援乏人，否则，官军会腹背受敌。"

皇上点点头说："是张升，朕给他记大功。"

王泰进来奏道："主子，胡十三求见。"

皇上一时没反应过来，张瑛听见大喜，说："皇上，胡全来此，必有好消息。"皇上明白过来，点点头，挥挥手让他进来。

胡全进来，看皇上高高坐在宝座上，赶紧见礼，说："奴才见过主子，七年了，终于回家了。天幸未辱使命。"说完"哇哇"大哭起来。

君臣面面相觑，这人也太不要脸了！他可能以为朝廷还不知道，或者是故意的。张瑛喝道："你要惑主吗？快讲，有何差事？"

"有人和奴才一起来的。"虽未明说，大家也都知道是谁。君臣大喜过望。

朱瞻基说："朱守信，按制带进来。"

杨士奇说："守信王爷在他自己大帐忙着，老臣代替宗人府去带汉逆。"早有人递过黄丝绦来，杨士奇对王泰点点头。

王泰在大帐门口喊道："皇上宣进。"

一个侍卫打扮的人把武器卸下来交给帐前御林军，大步向里面走来，这人就是朱高煦。那时王进告辞，他明白大势已去，心下清楚，自己不去面圣，也得被下面人绑去，自己自首，最起码能保住家人不被圈禁。他把胡全找来，说："胡全，孤待你如何？"胡全连连说好。

朱高煦说："孤准备去朝廷谈判，你随孤一起去。你就是全权代表，孤是你的侍卫。"

胡全明白，不管说得如何冠冕堂皇，都改变不了一个事实，这是要投降。胡全高兴，他自己投靠了汉王，朝廷目前还没说怎样，最后必定秋后算账，自己家人就彻底完了。

大多数进宫太监都是因为生计所迫，都想为家里过上好日子出力。他胡全眼下确实是给父母带来诸多财富，可汉王就要完蛋了，自己父母面临凌迟。想到这里，他就心如刀绞。这是一次难得的机会。

"回殿下，臣愿往，臣知道如何去做。"

"你当然知道如何做，做得好，朝廷也许会赦免你的家人。你的心思孤明白。"

这话就算是挑明了胡全的身份。胡全面色一红，不敢回奏。他们手持汉王府关防的牌票大摇大摆从后门出来见驾。

朱高煦刚一进帐，杨士奇堵住去路，沉声说："皇上口谕。圣躬安。"这是堵住汉王请安。他是贼逆，已经没有资格请安。

朱高煦怒视杨士奇，喝道："杨士奇，你无人臣礼。"

杨士奇面无表情，说："汉庶人请自重。皇上口谕，来人按制带进来。"

朱高煦跪下山呼舞蹈，杨士奇把黄丝绦套在朱高煦脖子上，御林军要过来牵绳，杨士奇摆摆手，亲自牵到里面，在宝座前跪下。汉王又重新见礼。

皇上心情是复杂的，这是自己的亲二叔，其他都不讲，那次随皇祖北征马哈木，在乌雅里山下、土剌河畔，朱瞻基初次征战，可谓初生牛犊不怕虎，孤军深入，追敌过了土剌河，被贼兵包围之际，是二叔率军杀到才得以生还。

朱瞻基忘不了那一次，二叔看见他活着的那种惊喜，泪流满面，一把抱住他喊道："小祖宗，你还活着！"把朱瞻基随从连打了几人。那是亲情的自然流露，是骨肉至亲，打不断的筋骨。

后来朱瞻基把这件事告诉皇考，皇考也很欣慰。朱瞻基看得出来，皇考也有几分后怕。自那以后，皇考对二叔更加亲近。

对此朱瞻基也踌躇几回，二叔朱高煦还达不到一个帝王应该有的素养。那时候如果杀掉朱瞻基，或者任凭敌人杀掉他，一切事情可能都会被改写。文皇帝之所以没动朱高炽的储君位置，和这位皇太孙关系很大。

朱瞻基不止一次自问，如果换过来会如何，他朱瞻基会毫不犹豫地干掉此人，所有人一个不留。

想到这里，看跪在脚下诚惶诚恐的汉王，他心里又涌起恨其不争的悲哀，喝道："朱高煦，你知道你现在应该做什么，笔墨伺候。"

朱高煦一声不吭，站起来仔细写了起来，然后吹干递给杨士奇，杨士奇令人系颈而入内间。

皇上看着朱高煦的背影，叹了一口气，摇摇头，未作评价。对胡全说："胡十三，文皇帝给你的差事不是让你去享受荣华富贵，你忘记了自己的差事，你做的事打量朝廷都不知道吗？朕明白告诉你，你的家人、三族都系在锦衣卫诏狱。"

胡全已经吓傻了，跪下连连磕头，额头已经在流血，一句话也说不出来。皇上说："你接下来知道做什么吧？"

"奴才知道，奴才一定不辱使命。"胡全看到了希望。

"胡全，你不要再说不辱使命这句话了，你辱没了这几个字。对朱瞻坺说，在辰初时分之前，一切都来得及。到了辰初，朕必下旨攻城，打破城池，汉王府玉石俱焚。"

胡全走过去几步，回身跪下，又说："主子，奴才认为夏至有问题。"

这是在向朝廷乞命，也是救命稻草。皇上果然重视，问："你何以知之？"

胡全大喜，说："夏至见到王爷，不，汉庶人后，态度就嚣张起来。汉庶人嘱咐奴才，好生侍奉夏至。这也没什么，但汉庶人特意嘱咐奴才保密，不能令其他人看出来。后来，王大人，就是王进，还专门问过此事。奴才明白了。今天见到主子，不敢不报。"

话音落地，皇上和众臣互视一眼，摆摆手。金幼孜把朱高煦刚刚写过的信交给胡全，胡全带着侍卫抱头鼠窜。皇上说："文弼，去做你应该做的吧。"

张辅笑道："臣正要请旨。等胡全能见到世子时，老臣就下令。"说着走了出去。

过了大半个时辰，一阵地动山摇的呼喊声传进来："汉逆已经投降，皇帝陛下万岁。"声震山岳。

皇上满意地笑了一下。这些大臣从这次南征，看出了这位新皇的风骨和临危不乱的风度，确实有文皇遗风，而且调度有方，丝毫不乱。张辅下令将士们喊这几声，无疑是最好的炮弹，城里贼人听见，迅速土崩瓦解。

皇上看了一眼众人，从他们敬佩的眼神中找到了满足感，他说："众位爱卿说说吧，如何处置汉逆？"说完叹了一口气。

张瑛早已经忍不住了，出班奏道："皇上，臣以为皇上刚才这一声叹息以全骨肉之情，如此大逆不道之人，不明正典刑何以威服天下？臣愚直，皇上恕罪。"

皇上没说话，眼睛看着其他大臣，蹇义发现皇上在看着自己，只好出班奏道："皇上，臣以为，天下为公，乃谓之道也。虽说朝廷有《皇明祖训》。诚然，有时谋逆也不可用五刑，但对汉庶人属于谋逆叛国，不可恕。"

大家都跪下请皇上对汉庶人明正典刑。朱瞻基听蹇义之语有几分刺耳，皇祖当初亦如此。他心下明白，这些人都表现气势汹汹的样子，借以洗清自己，在告诉大家，自己和汉王没有任何瓜葛。

皇上说："高煦固然不忠不孝，不仁不义，但祖宗对宗藩自有成法，不能太过。"

《皇明祖训》明确规定对皇族之人犯罪，虽有大罪，亦不加刑。重则降为庶人，轻则当因来朝面谕其过；或遣官谕以祸福，使其自新也。《大明律》有五刑：笞刑、杖刑、徒刑、流刑、死刑。这五种刑罚都不适合皇族。他们只记得刑不上大夫，礼不下庶人，忘了天下为公，王子犯法与庶民同罪。

大家知道不可能会处死汉王，也就不再奏谏。

外面欢呼声又起，张辅急匆匆走进来，说："皇上果然运筹帷幄之中，决胜千里之外。朱瞻垐抬棺肉袒，带着皇族男丁、王府文武，跪在北门外。臣请旨。"

大帐内一片欢呼，皇上轻咳一声，制止大家，喝道："起驾。乘象辇。"

这个象辇是占城供来，已经近十年了，文皇帝对此不感兴趣。先帝更是如此，平时喜静不喜动，只有皇太孙朱瞻基经常在上林苑遛一下。文皇知道后，当面训诫一顿。文皇当然不是怕他玩物丧志，他的孙子玩出花样，他自然明白。

象辇不似其他车辂，四头大象上面放着车子，需要四头大象密切配合，保持平衡，其中有一头大象速度不一致，就会使车辇倾斜，车辇里的人就会掉下来。文皇帝担心朱瞻基受伤。前朝世祖忽必烈东征乃颜，在象辇上摔下，几乎丧命。文皇帝怎敢令自己的宝贝孙子冒如此大险。

　　如今父、祖皆不在，无人再约束他。临行前，几位阁臣都不同意带着象辇，但皇上说只是看着，并不用来厮杀。大家半信半疑，也就算了。听说坐象辇，大家互视一眼，没作声。皇上只是想威风一把，如此近路，料也无事，成全他吧。

第三十六回

▼

乘象辇天子显国威　议赵王阁臣持歧意

一阵锣鼓声，紧接着乐声大作，前鼓乐队先走出大营，奏《飞龙引》，引驾十二重跟在后面，十二面大纛旗在晨辉下熠熠生光，猎猎作响，紧跟着清游队，手执横刀、连环弩和火铳。

皇上已经下令，不准喝散闲人。打着朱雀旗的朱雀队，十二面龙旗，雷公电母旗，五行旗，北斗大纛旗，黄龙大伞，左右各有四个紫罗素华盖大伞，八副对牌，四副巨大对扇，接着是五驾副车围着玉辂和象辇。

玉辂由太仆寺卿亲自驾驶，象辇左右有上林苑的兵丁和皇上贴身侍卫。一共有十六个象童，八个缅甸国象童全神贯注地牵着大象，每个大象上各有两个占城或交趾象童坐在上面，在象背车辂旁边站着带刀侍卫，威风凛凛，杀气腾腾。

周围是御林军护卫，盔明甲亮，刀枪耀眼。近五丈高大旗，左青龙，右白虎，接下来是文武百官，百官后面又是鼓乐队，后跟羽林左、右、前三卫大队人马。

所有看热闹的军民都跪下，匍匐于地。

到达南门，侍卫早已经清场，黄土铺道，黄龙大伞在中央，紫罗大伞、红罗大伞、对牌、对扇分列两侧。御林军雁翅排开，护着车驾。文武大臣已经下车，躬身而立。

朱瞻垏肉袒背杖，左右抬着四口棺材。他奏道："启奏皇上，臣弟不肖，已经知错。千般罪过，万种不肖，唯臣弟一人。望皇上念皇祖一脉，顾亲亲之义，恕臣父之罪。臣弟愿受刀斧，以赎前愆。"

朱瞻基坐在象辇上，喝道："朱瞻垏，尔父年老昏悖，汝为何不谏止？事情至此，劳军伤财，多少离人客死他乡，多少妻子盼夫父归而不得。尔于心何忍？朱守信，系颈归京。"

朱守信对宗人府兵丁喝道："查抄汉王府，不论良贱，尽皆锁拿。"

"皇上，罪臣汉王府左长史王进有本奏。所有一切均罪臣所为，与汉王爷、世子爷都没关系。恳请皇上饶过他们。"

朱瞻基看了他一眼，其实认识，说："看不出，一千多年后，贯高活了。你不用请死，也够夷三族的。都带走。"看城门内外都是百姓遮道，明白已经把城池牢牢控制，遂回头向下面喊道："张文弼，安民否？"

张辅仰头向皇上抱拳，说："皇上，已经恢复正常，纲纪队还在分组巡视。汉王府已经靖清，可以进城了。"

皇上在象辇上有几分留恋，看着跪在下面的军民，真切感受到威服天下的自豪，也体会到为何历代帝王都有乘象辇的愿望。元世祖近八十岁还乘象辇东征，原来如此。

朱瞻基在承运殿升座，百官排班，跪地恭祝皇上靖平山东。大家心里都在考虑一个问题，那就是各地参与叛乱的诸王和官员。首当其冲的当然是赵王朱高燧。

前来接驾的户部侍郎、帝师陈山出班奏道："皇上，臣已经得到消息，赵王确实参与了此事，请皇上奋起神威，不辞辛劳南下彰德，一劳永逸也。"

欲加之罪，何患无辞。众位大臣心里明白，汉王落幕，朝廷最大的威胁就是赵王。说得更确切一点，只要赵王还在彰德，那就是这些大臣的威胁。他们出谋划策，参与军机，把汉王爷拿掉，算是与各藩王结下了仇恨。

赵王两次被褫冠服。永乐二十一年，王府指挥孟贤勾结钦天监秋官正王射成以天象惑人，说文皇不久人世，赵王当有天下。孟贤和宫中大太监黄俨，准备毒死文皇，发动叛乱。他们连登基衮冕都做好了，被锦衣卫指挥使张昶侦刺明白，一网打尽。

孟贤学做贯高，一力承当。朱棣本想半推半就，饶了自己一贯宠爱的儿子，但百官汹汹，欲杀之而后快，还是当时储位东宫的朱高炽几次施救，才免于夺爵圈禁。在西华门褫冠服，削去两护卫，赶去彰德就藩。

当然，不过半年，把常山左右护卫又给了赵王府。

文皇晏驾，赵王反哺，第一个上奏章劝进：大兄皇太子殿下，以嫡且长，以仁且贤；恭敬孝友，上通于神明；忠厚宽宏，不孚于士庶。天心所属，人心咸归。宜早正大位，以慰民心。

朱高炽心里对这个弟弟很满意。紧接着赵王又上表劝朝廷立张瑾为后，立朱瞻基为太子，都是藩王中第一个上表劝进，后来又上奏请辞常山两护卫。来来往往，做出坚辞姿态，先帝顺水推舟，趁机收回两护卫。

朱高炽投桃报李，赏赐给赵王大量金银财宝，又把赵王府两位长史赵季通、董子庄召进京师训诫，增加俸禄。赵季通是国子监司业，人品贵重，道德文章朝野有口皆碑。董子庄更不用说，对朝廷忠心耿耿。

陈山是朱瞻基的老师，是授业恩师，说话分量自然不同。

其实陈山之语说到朱瞻基心坎里，他也想一劳永逸，解决掉这些藩王，以免尾大不掉，可是又怕在历史留下污点。皇上一时拿不定主意，让大家先各自办差。因为乐安州新克，千头万绪，官员们都有自己的差事。

朱瞻基把杨荣留下，问一下赵王之事。杨荣正色说："皇上，臣以为，陈山是忠臣，此为国家计，并无半点个人私念。臣附议陈大人。"

　　朱瞻基已经动了杀机，拿下赵王，无疑是给今后执政扫平障碍。王泰上来参汤，他吃着参汤，忽然想起一事，说："王泰，你家人都接到京师了？他们是江南人，还习惯吧？"

　　王泰赶紧跪下，他很感动，皇上万几宸翰，还想着为他这个奴才在京师找到一处宅子，安置家人。他说："回主子，奴才家里情况主子清楚，六年前父母去世，现在二叔和二婶带着奴才弟弟、妹妹来京。二叔让奴才多谢主子，办差要勤谨。二婶在家里每天为主子祈福。"

　　皇上想起了他家里的情况，问道："你叔叔有孩子吗？"

　　"有，两男一女，都比奴才小。主子赐给的田产二叔在打理，日子过得不错，二叔二婶很满意。"

　　"看起来你对叔叔很孝顺啊？"

　　王泰也没多想，其实说这话不是时候，现在皇上亲自带兵平了二叔，把二叔的家都占了。王泰说："主子，当然应该孝顺啊，奴才是从子，二叔是奴才的仲父。"

　　皇上脸色拉了下来，说："你去吧。"王泰这时才意识到自己说错话了，赶紧磕头说："主子恕罪，奴才口无遮拦。奴才是升斗小民，非比天家。"

　　"你去忙吧，朕不怪你，朕也在考虑季父。升斗小民真好啊！这才是天伦之乐。王泰，改天朕有空，到你府上去看看。"

　　王泰以为皇上发了脾气，真是天心难测。他又惊又喜，赶紧跪下磕头，又特意回头看了一下起居官员。

　　王泰退下，朱瞻基又有几分踌躇。普天之下有几家是钟鸣鼎食？大多数是升斗小民，在他们思维里，自己作为侄儿，是从子，不但不能把三叔视为敌人，还要孝敬。朱瞻基把夏原吉和杨荣找来，让杨荣又说了一遍，问夏原吉是何意见，夏原吉附议。

　　朱瞻基定下心来，杨荣奏道："皇上，臣明白皇上顾虑，像汉庶人一样，应该先下旨切责，把百官对他的弹劾指出来，再指出他与汉庶人勾结之事，然后再出兵，一鼓而擒之，也可堵住天下人之口。"

"好，朕意已决，来人，宣杨士奇和金幼孜进殿草诏。"

杨士奇听杨荣讲完，很是不屑，跪下奏道："皇上，臣以为不妥，赵王反迹未著，贸然加兵，何以向天下人交代？"

皇上又有几分犹豫，杨荣不悦，说："士奇大人，皇上让你草诏，你要抗旨吗？"

杨士奇摇摇头说："勉仁，我们都是机枢重臣，草诏可以，臣不敢抗旨。可是这敕旨以何为辞？莫须有吗？举头三尺有神明，天地鬼神岂可欺哉？"

这话说得很难听，杨荣勃然大怒，厉声问道："此朝廷大事也，你为何反对？只要皇上下旨锦衣卫，拷打汉庶人府上之人，质证赵王是同谋，汉与赵连谋，即事之因也，何患无辞？"

杨士奇冷笑道："勉仁，你这是自欺欺人，陷陛下于不义。我们哪个不清楚，锦衣卫诏狱之词何以服人心？"

皇上听着心里烦躁，说："你们都出去吧，朕要静一静。"

杨士奇退出，直接拉着夏原吉去找蹇义，当着夏原吉的面问蹇义这样是否可以。蹇义明白这里不单单是赵王之事，也是两位重臣在拉锯拔河，谁胜了无疑就在皇上心里增加重量。

蹇义也明白杨士奇为何来找他，还不是他和杨荣有些过节，这事他不想过多参与，说："士奇大人，既然皇上和众位大人都已经裁定，你就算了，这样也挺好，把赵王府一鼓荡平，也免得以后麻烦。"

夏原吉本来附议其学生杨荣，这时赶紧劝道："士奇太师，我们同朝为臣几十年，兄弟知道太师为人，可这事是要担风险的。今日皇上听从大人之言，不下彰德，某一日赵王果反，如永乐二十一年孟贤之事，谁来担责？士奇大人那时会怎样？大人三思。"

这可以说是推心置腹，金玉良言。杨士奇心里感动，说："维喆大人对某剖肝沥胆，兄弟明白。可是你们想一下，现在和永乐二十一年不同，赵王已经被削去两护卫。何况那时是孟贤背地所为，赵王实不与闻，否则，赵王能活到今日乎？"

塞义显然被说动了，何况他实在不愿意杨荣胜出，连连点头说："士奇大人言之有理，老成谋国，堪为大臣之道，下官既惭愧又佩服。既然如此，当如何裁处？"

杨士奇心落地了，说："为今之计，朝廷应当顾及亲亲之义，无事时应厚待赵王，有疑虑时就多加防范，有何担心处？对于祖制、国体而言，是为正道也。"

夏原吉说："我们已经同意，但这不是我们三位能决定的。"

塞义说："皇上信任勉仁大人已经超过我们，我们除非说服杨荣大人。"杨士奇当然听出他弦外之音，没再说话，去找杨荣，正好杨溥也在。

他们为政务经常吵架，有时拍桌子掀椅子，虽然这是公事，也不能说对私人感情没有一点影响。宰相肚里能撑船，这也只是一句话而已，他们的心胸没有人们想象得那么宽阔。

杨荣和杨溥正在商量此事。看得出来，两人思想并未统一。杨士奇趁机说："勉仁大人，兄弟知道你担心日后。但你是否想过，文皇帝只有三子，皇上只有亲叔二人。二叔有罪不可恕，亦不敢恕，另一个叔叔无罪，最起码眼下无罪，当善待之。以此才可慰藉文皇在天之灵，也显当今天子顾及亲亲之义，不至于留下屠戮天家骨肉之名。"

杨溥看杨荣丝毫没有妥协之意，说："勉仁，那时候我们也在史笔上。拿下汉庶人，我们是功臣，他反迹已著。赵王却不然，勉仁思之。"

杨荣性体，朝野皆知，这几句话岂能所动？他脸露不悦之色，说："士奇大人，如果你不愿意草诏，兄弟只好向皇上如实禀报，大人自重。兄弟还有事，你们请便。"

这是下了逐客令，二人互看一眼，杨溥说："士奇大人，我们两个一起去见皇上。下官有一事处理，两刻钟后在大殿门口聚齐。"

杨士奇二人到了宫门口，侍卫说："皇上正在忙着，稍候再递牌子。"杨士奇心里苦笑，明白是有人先进去了，只好怏怏而归。

杨荣果然在大殿里，杨士奇二人在他住处告辞后，他马上进宫，说杨士奇在私下串联大臣，不想移师彰德。蹇义和张瑛正在宫里，对杨荣之言非常反感。蹇义把杨士奇说的话奏报一遍。

皇上对杨士奇不悦，张瑛跪下奏道："皇上，臣觉得杨士奇大人所奏才是高屋建瓴，老成谋国，不想令陛下在史上留下一笔。愿陛下纳之。"

这几句话对朱瞻基触动很大，尽管张瑛说得很委婉，大家也能明白背后之意。尤其是张瑛，和陈山一样，也是帝师，他本身是想移兵彰德之人，不止一次奏谏皇上，及早拿下赵王府。而现在，形势已变，赵王成孤木之舟，张瑛审时度势，附议杨士奇。这才是忠臣，是朝廷的股肱之臣。

皇上想一想杨士奇的话，又想起了王泰的二叔、仲父之语。这是世人固有的思维，自己对三叔无罪而逮，在史上必将留下残暴之名。朱瞻基动摇了，没再提移师彰德。但是心里依然难决。

这天暴雨下了一夜，早晨到了辰时，雨还不见小，皇上正在看北平府秋闱的奏章，对胡濙办差非常满意。吉祥走了进来。皇上又惊又喜，骂道："你这奴才，越发不懂规矩，不通报就闯了进来。"话里没有丝毫责备之意。

吉祥见礼毕，看皇上高兴，说："主子，奴才长时间没见到主子，想主子了，就忘了规矩。"其实他平时进宫也很少通报。

皇上越发高兴，看他穿得齐整，悬着的心落下了，问："他们都回来没？"

"回主子，张大帅他们都在等旨意，令奴才先回来报捷。"说着把信拿出来自己递上去。

这一个捷字，皇上彻底放心，喊道："王泰，让隔壁的大人们再等一会儿。"

当时张鹏带人去了登州，他们直接去了登州府。到那时已经歇衙，张鹏派人赶紧找来登州府尹贺敬。贺敬看张鹏身着三品武官服饰，心里一惊，果然袭了父职，传言不虚，两人拱手一揖。贺敬猜出他的来意，想先不忙说话，看张鹏如何开口。

张鹏先谢过上次出手相助，然后说："贺大人，你应该猜出兄弟来意。之所以到贵衙，就是出于对你的信任。现在山东地界有许多官员都和朝廷离心离德，你却能坚守初心，这很难得。"

第三十七回

▼

见钦差大尹遵朝命　杀千户同知愿效忠

　　贺敬听他口气太大，心里狐疑，这不是三品武官吗？在四品文官跟前为何会如此托大？其实登州卫和登州府同等级别，只是张鹏为府前卫指挥使，是天子亲军，御林军，见官大半级。贺敬不动声色，看张鹏如何吩咐。

　　张鹏说："有旨意。"

　　贺敬愣了一下，赶紧跪下说："大明朝四品知府赐进士出身贺敬叩请皇上金安。"

　　"圣躬安。皇上口谕，大明朝府前卫指挥使张鹏到你处办差，尔等务必协助，钦此。"张鹏看他有几分狐疑，向吉祥点点头。吉祥出去，在车上取下节杖，在地上顿了两下。这是张升带着的。

　　贺敬山呼舞蹈，口称遵旨。

　　张鹏亲手扶起，说："贺大人，上次来到贵治，已经知道登州卫从逆，我们想知道，他们陷得有多深。"

　　这是钦差了，和原来自是不同，这是信任。贺敬说："今年春天，是几月卞官记不准了，卫指挥使葛宏在鄙衙说过一回，讲得比较隐晦，当时下官很反感，说话也没留客气。他再没说起，倒是同知又来过几次，除了公事就是套交情，看上去愤世嫉俗，据说只会吃喝玩乐。"

"你和他们的佥事熟吗？叫……"

"叫劳立，不是很熟，感觉这人很有城府。这在武官里面不多见。"

"贺大人，兄弟此来，就是要接管卫司和芝崖狼烟台千户所。告诉你也无妨，朝廷已经派朱大帅之子朱冕从金州卫西进，准备在芝崖狼烟台登陆，前来接管登州卫司。现在还未到任，兄弟担心他被狼烟台阻住。"

"下官正有一个问题请教，沙大虎到底是为何而死？下官要的是真话。"这是张鹏一进来他就想问的话，现在提到芝崖狼烟台守御千户所。当时是他贺敬派人通知沙大虎。卫司放话是张鹏所杀，画影画形到处捉拿张鹏等人。

张鹏脸色变得灰白，说："大虎是为我而死，如果不是他舍身相救，兄弟早已为箭下之鬼啊。当时只是为了脱身，反而给贼人以借口，使他们掌握了登州全境。现在看来朱冕必是被他们阻住了。"他又想起民人对他父亲的评语，只觉得剜心一样。

"大帅不必难过，你就说需要下官做什么吧。"

"把杨家店巡检司的两哨兵丁借给兄弟，这是一；二、这两天严密监视卫司，待兄弟回来，我们一起对付卫司。事成之后，兄弟保你升一级，并且考绩为优行。地方官和京官随你做。告诉你一句话，你们藩司也卷进去了，只知道有藩台陷进去，至于参政，目前还不知道。"

张鹏之意非常明显，事成之后，至少是右参政。贺敬今年快五十岁了，能不能升一级就看眼下，他说："职责所在，大帅尽管吩咐，至于爵禄一事，还有天命在此。"

张鹏辞别贺敬，拿上府衙牌票，未敢耽搁，连夜向杨家店巡检司奔去。

已经是七月下旬，没有月亮。兵将人困马乏，只好在路上随便找一个地方坐下休息。好在战马在府衙已经喂饱。

　　他们吃喝一些，补充体力，四更天来到巡检司。张鹏是登州土人，对这里了解。一般人宁愿要府衙青衣，也不愿意要这些巡检司老爷兵。张鹏却不然，他知道这些人，其实是兵籍，会打仗，懂军伍，和那些青衣不能同日而语。还有一点，他们都住在巡检司，和军伍一样管理。

　　他们不等天亮，直接就闯了进去。这里和队伍一样，有岗哨，还有拒马。他见到巡检司大使，彼此熟识，他原来是张士的亲兵，张士抬举他，做了官，成了九品官员。

　　张鹏拿出牌票，只说和他一起去办差，没说什么差事。

　　他们在巡检司吃了早饭，备好干粮和水。卯正时分，布置好家里差事，打马奔芝崖狼烟台而去。

　　奔跑一天，到了芝崖狼烟台，天已经黑了，张鹏嗅到海腥味，把此次差事和大使讲了一下，最后说：“我们先到海神庙候着，等二更天我们再进去。”

　　吉祥等人不解，吉祥问：“大帅，我们又不是劫营，为何要二更才去，容易起冲突。”

　　“不然，芝崖狼烟台的兵丁和卫司不同，比较分散，海船上必须有值夜的，怕倭贼趁夜摸营。起更后，各哨有一半人去值夜，我们再行动。”

　　让侍卫先去海神庙打探，这里没有村庄，最近的渔村也在二里地之外，庙里没有僧人。但张鹏与乃父相似，不敢大意，怕走漏风声。很快，侍卫回报，海神庙里没人，只是相邻的龙王庙有灯光。

　　张鹏说：“你们先去海神庙吃东西，本帅这就去龙王庙看看。”带着吉祥，就要走。大使不干，说两人去不安全，张鹏摆摆手，让他速去。

　　张鹏二人到了龙王庙，这里还有一个小院子。在张鹏印象里，原来是很小的一个庙，只有两间房，时常有人来上香打扫，没有院子。现在看，不但有院子，还有四间房子。

　　吉祥说：“大帅，咱家知道，这是百姓，他们常常如此。这也许是渔民。"

张鹏悄悄地说："你还是不知道，渔民有规矩，他们在外过夜，多数住在船上，回到家住在家里。不管住在哪里，就是不能住在庙里。"

院门也没锁，两人不再说话，悄悄地摸了进去。在窗子下停住，听他们说话。一阵哇啦声，两人对看一眼，是倭人。倭人停下，另一个人说话了："武士说，他们想在龙口留崖村歇马，在黄家寨下手，请我们配合。"这是倭人通译。

"你告诉他，没问题。只是原来分成不行。这次是深入内陆，我们风险加大。"几人又议了一会儿。约定三天后入更时分在留崖村歇马，让人们接待。

吉祥想杀掉他们，张鹏摆摆手，示意走人。他们走到一丛芦苇深处，隐下身，观察着，不到一刻钟，几人出来，分道扬镳。

张鹏看见有两人向海边奔去。他叹了一口气，什么也没说。来到海神庙，大家已经吃喝过，正在养神。张鹏和吉祥赶紧吃东西，然后在大使耳边嘀咕几句。

军营里二更云板传进来，张鹏喝道："行动。注意服饰。"这句话大家明白，要大摇大摆地走进去。

"口令。"辕门哨兵发出口令，大使赶紧上前，说："兄弟，不认识了，我们是杨家店巡检司的。沙大帅呢？我们见他有事。"

过来一个旗总，向大使抱拳一揖，说："你这消息不够灵通，我们千总大帅换人了。有什么事，大半夜的进军营？"

"咱们是老熟人了，不瞒你说，有倭贼消息，十万火急。"

旗总不敢怠慢，说："你们直接去点视厅，兄弟去禀报大帅。"

大使轻车熟路，带着众人向大厅走去。

很快，芝崖狼烟台守御千户所隋仁带着副千户急匆匆走进来，说："这么晚了，你们作死……"

"跪下。"一把手铳顶在他的咽喉上，随带的几个官员在愣神之际，早被几个侍卫用刀背打晕。

隋仁镇定一下，看见了大使，也看见了他身边坐在那里、气定神闲的张鹏，他不认识，看服饰是京卫，也是上司，遂道："上宪，你们这样卑将无法见礼。"

吉祥过来，一脚将他踹倒，早有人上来把几人五马攒蹄捆了起来。吉祥喝道："府前卫指挥使、钦差张大帅有话问你，有半句假话，立斩。"

隋仁看了一下，心里有数了，说："大帅，卑将狼烟台守御千户所新任千总见过大帅。你们是巡检司的兵，大帅有什么误会，你们应该对大帅解释清楚，却蒙蔽大帅，是何道理？"

"本使问你，金州卫是否有人来过？"张鹏问道。

"回大帅，不曾有人来过，卑将初到此地，葛宏大帅再三叮咛，务必时刻巡查，以防倭贼乘虚而入。不见对岸有人来。"

张鹏听他一口一个大帅，不提天使二字，知道他并不买账，也不理他，看到外面灯笼火把，知道已经惊动千户所，遂大喝一声："连夜升帐。"

一阵号角声，随即一阵云板响，将士们迅速集结，士兵在大校场列队，副百户以上都进了点视厅。一个个面面相觑，不知道出了什么事。他们和这个千户也不是很熟，没有人为他出头，倒是有些人认识张鹏。

有几个人抽出宝剑，大喝一声："这是张云举，是他杀了咱们千帅，为千帅报仇。"

吉祥拿出节杖，喝道："拜天使张大帅。"大家一愣，看着被绑的几人。同知藤三斤点点头，大家慢吞吞跪下，还有三个站在那里，看着隋仁。

张鹏心里明白，向吉祥和大使递了一个眼色，二人带兵过去。那三个人靠在一起，警惕地看着吉祥。

吉祥说："刚才大家都要杀掉天使，你们几个为何不动？"三人不说话，还是看着隋仁。

吉祥大喝一声："拿下。"

三人迅速跳开，大喝道："这些人冒充钦差，假传圣旨。刚才你们还说是叛逆。捉住他们，葛大帅有赏。"

吉祥说："不管以前你们怎样，现在好好跪在那里，听天使宣旨，一切都揭过去。再胡说八道，视为叛逆，杀无宥。"

"他们就是叛逆。张少帅，卑职不相信你杀了千帅，这些人最近在蛊惑军心，附逆造反。"藤三斤指着那三个人喊道。

本来是熟人，但张鹏不敢大意，听他如此说，放心不少，喝道："你们几个听内相吩咐，放下刀剑，本使既往不咎。"

三个人不理，手持刀剑，一点点向门口退去，张鹏一摆手，一阵箭雨，一阵惨叫声，三个人倒在血泊中。张鹏好似什么也没发生一样，说："圣上有旨，葛宏欲附逆，背叛朝廷，谋害朝廷巡视命官张鹏，杀害沙大虎。锦衣卫已经捉拿其家人，只等拿下葛宏，一同问斩，夷三族。你们何去何从，说吧。"

"卑弁遵旨，谨遵大帅将令。"

"你们都起来吧，天已经亮了，放两声响箭。"张鹏吩咐，这里有一个规矩，两声响箭，在巡海军官，除哨长外，都回到大营。三声响箭，哨长也回营，四声全撤回大营。

藤三斤过来见礼，说："张少帅，哦，不，天使，卑将有一事不明，请教天使，沙大帅到底是如何殉国的？"

不等张鹏说话，吉祥看这边已经把尸体处理完毕，过来喊道："你不用问天使，就问隋仁这个畜生吧。"

隋仁赶紧说他不知道。吉祥看了一眼张鹏，张鹏点点头，吉祥走过去，拔出匕首，在隋仁眼前比划着，说："刚刚咱家看你还是一个明白人，你可不要犯糊涂，咱家在东厂掌印，杀人唯恐他速死。还有，葛宏是葛宏，你是你，他肯定夷族，你也想陪绑、连累家人吗？"

隋仁脸露惊慌之色，说："内相，卑职也是上支下派，这里是守御千户所，本来不归卫司。葛大帅让卑职先来署理，后请的都司牌票。靳大帅要卑职听从葛大帅节制，卑职……"

张鹏打断他："拣要紧的说，你先回答本使第一个问题，本使到达卫司时，你们大帅和二帅真的不在辕门吗？"

隋仁迟疑一下，说："不瞒天使说，他们都在大营。"

张鹏点点头，这和他当初想法一致，说："好吧，别的本使已经知道，你就说沙大虎一事即可。"

"这个卑职倒是知道一些，当时天使从大营被沙大虎接走，葛大帅就已经安排好，在路上截杀，把你们一勺烩了。哦，这是大帅讲的，不是卑职讲的。后来听说是沙大虎为了救天使，殉国了。葛宏大帅才和府衙发了海捕文书。这些都是听说的，卑职真的未参与。"

这些军官明白了真相，义愤填膺，拔出佩剑就要杀掉隋仁。现在这已经无关紧要，张鹏不想节外生枝，摆摆手说："你们不要冲动，朝廷自有律法。他也是上支下派，该杀的是葛宏。当务之急，接管卫司。"

大家把佩剑入鞘，看着藤三斤。藤三斤说："少帅，我们都没明白，到底是谁在谋逆，大家打打杀杀，不知道谁是敌人。弟兄们效命疆场，刀剑无眼，总得知道为何而死吧？我们的百户杀了郑六苗，现在还不知所终。"

"有宵小在打朝廷主意，就在我们山东地界，你们自己去领悟，本帅没有时间和你们扯淡。听令，三斤，你也四十几岁的人了，这个副千户同知了近十年，你也不嫌丢人，还在这里数黄论黑的。"

藤三斤笑了，将士们也都笑了起来，缓解了剑拔弩张的气氛。张鹏接着说："把隋仁押入囚牢，等候发落，三斤今日正式升为千总，你自己选两个副千总，再加上一个佥事。"

藤三斤愣了一下，随即说："少帅久在军伍，千户所千总、副总各一，更没有佥事一说。少帅是不是……"

　　"这个本帅岂能不知？你倒成精了！本帅要给这里调来一个把总，多出五百人，自然与其他守御千户所不同。你们都办好自己的差事，我们一会儿就去卫司，需要一个总把兵马，三斤点将，你亲自带队，家里事情安排好。告诉你三斤，你可不要烂泥扶不上墙，好歹给你家少帅挣一个脸面来。"

第三十八回

弃小义三帅存忠义　见同知中官作故知

很快巡海的百户、副百户、旗总、副旗总都回来了。太阳已经升起来了，照进了大厅，明晃晃地散发着一阵血腥气，回来这些人有几分迷茫。

大家说："请千帅升座。"

张鹏摆摆手，行刑队把隋仁拉出去，张鹏带着自己人走了出来。太阳在一层层厚重的云彩托着，一点点上升，大海被发白的金光遮盖着，海浪在向东奔涌着，感觉在一步步踏向乌云，想接近这些乌云淹没太阳。海鸟一团团蝗虫一样反复飞着，阴影掠过，大海的金光不时变得暗淡，随即又金光四射，海浪击打着岩石发出强劲的轰鸣声。

吉祥已经看呆了。张鹏笑着说："内相，以前没看过吗？你们说，乌云能遮住太阳吗？"

大家都说不能，张鹏点点头，指着那些乌云和海浪，说："不自量力耳。"大家不明其意，无人接话，他又说了一句，"午后要下雨，大雨。告诉三斤带着雨具。"转过身对巡检司大使说："你们回去吧，爷不能赏你们太多，以后会有的。你等着牌票吧，你升为正八品。"让吉祥一会儿去找三斤，每人一贯钱。给大使十两银子。

张鹏带兵到达登州府时，已经到了未正时分，天空乌云密布，一场暴风雨就要来临。卫司在瓮城以外，他们只要进了外城就可以。藤三斤看着张鹏，意思是得赶紧解决，否则就得淋成落汤鸡。

吉祥也读懂了他的意思，说："大帅，你真神了，果然要下雨，看着天气，不下则已，一下必是大雨、暴雨。藤将军之意，咱家明白，得尽快解决。"

张鹏笑着说："内相菩萨心肠，你不在军伍，军伍一些勾当，你如何了解？他们才不会挨淋呢。这些兵丁，你看看街面上的店铺就知道了。哈哈。"

吉祥看时，所有的摊点都在收摊，这很正常，山雨欲来风满楼，到时候如何来得及？再看店铺，也连续在落板，眼睛还警惕地看着这些兵丁。吉祥明白了，一旦下雨，这些兵丁肯定会跑进店铺，因而人家早早关板。

走过这些店铺，来到一处庄稼地前面，是包谷，已经熟了。旁边是不算宽敞的官道。藤三斤下令穿上蓑衣，戴上斗笠。走过一段，路变得宽阔起来，前哨来报，一队人马拦住了去路。张鹏和三斤几人拍马奔了过去。是卫司官兵，带队的是佥事劳立。

藤三斤对张鹏说："这是三帅佥事。"他在马上欠身道，"见过三帅。"

吉祥喝道："藤将军，你现在是千总，和他平级，不必和他施礼。"吉祥对此人素无好感，感觉所有一切都是他策划的。吉祥认为，张鹏也知道。

劳立早已经看到了张鹏和吉祥，说："张少帅，别来无恙啊。"

吉祥喊道："你真有脸说，拜你所赐，天使伤口至今未愈。"说着拿出节杖，喝道："令你们大帅前来接旨，要不然你就让开，我们进辕门宣旨。"

"我们大帅说了，没有靳大帅令，不接待一兵一卒，更不接待假钦差。大雨马上就要下来，你们回去找地方躲雨吧。藤三斤，你为何成了千总？隋仁呢？本将告诉你，你们是朝廷的兵，不要随别人吆喝。我劳立也是，也不会随别人吆喝的，我有脑袋，会思考，会判断。"

　　说的话没头没脑，吉祥也听不懂，上次事情积攒的火气爆发了。他骂道："看你说话，头一句腔一句的，还有头脑！乱说话骗人会遭报应的，你不怕一声雷劈死你。"

　　话音未落，一道闪电，随后是"咔嚓"一声惊雷，仿佛就在吉祥头顶上炸响，吉祥"嗷"的一声，掉下马来，下意识蹲下抱头。

　　大家吃了一惊。张鹏有几分狐疑，吉祥可不是这胆小的人，看他很快就站起来了，也没出声。

　　正在僵持着，大营里一阵鸣锣声，劳立带着将士们张弓搭箭，缓缓退回大营，然后拉起吊桥。千户所官兵向里冲过去，看深沟高垒，无法逾越，气得跳脚骂人。再看张鹏，气定神闲立在马上。

　　吉祥已经恢复平静，说："大帅，你先进车里，我们下令攻打。"这时雨已经落下，豆大的雨点带着泥土腥气和海腥气砸在脸上。张鹏摇摇头，指了一下箭楼。

　　吉祥明白，喊道："葛宏，有旨意。"根本没人理，大雨如注，士兵不听号令，有的钻进庄稼地里，有的躲进马肚子下面。

　　张鹏又好气又好笑，对藤三斤说："这是老爷兵，你可要痛加整治，倭贼来了，要他们去打仗？哼。注意，谨防里面偷袭。"

　　他最后说的话藤三斤已经听不见了。这是狂风暴雨，不用说雨，这风吹得在马上根本坐不住，大家都已经下马。吉祥过来喝令张鹏亲兵，把大帅架到车子里。

　　张鹏还是骑在马上不动，说："吉祥，这些尿兵一会儿就不尿了。"话音未落，对面在雨雾中辕门大开，一队蓑衣斗笠的军兵冲了出来，堑壕边上列队。

　　张鹏大喊，列队迎敌。可是已经迟了。一阵梆子响，一阵箭雨射过来，很快有几人被射中。好在是狂风暴雨，羽箭失去了准头，伤人不多。

藤三斤拉着张鹏马缰绳，说："少帅，他们真的造反，怎么办？"张鹏把佩剑向后面摆了一下，人们后退，离开射程。列好队形，张弓搭箭，以防他们冲过来。

张鹏已经想好，以不变应万变，这样的暴雨肯定不会持续太久，对方也不会攻击。双方僵持着，大约持续两刻钟，雷声闪电渐渐平复，雨也小了很多。雨变得细线一样，垂直着射下来，劈头盖脸、不讲情面，也非常公平地砸在每一个人身上。

张鹏说："传下去，坚持，双方都在比拼耐力，看谁先眨眼睛。"一个一个传下去，对方看无懈可击，一声锣响，缓缓退了回去。

张鹏对卫司的兵还是很欣赏的，对狼烟台守御千户所兵将很不满意，在心里暗骂沙大虎，带出的兵真的不怎么样。看起来带兵人不读书还是不行。

张鹏看对方已经退到拒马旁边，放出警戒，下令都站起来，等候对方说话。

"你们是狼烟台所的，为何造反？隋仁在哪里？为什么没来？"辕门上的箭楼终于有人说话了。

"大帅，卑职藤三斤见过大帅，甲胄在身，不能全礼。我们不是造反，天使在此，我们护送进营，被三帅阻住，造成误会。大帅，这大雨，先让我们进去再说话。"

"那好，你们在外面候着，不管是不是真钦差，让他们进来。"不用说此人就是葛宏了。他声音足够清亮，大家听得真切。

张鹏说："你告诉他，我们这就进去。"

将帅进营，兵丁在外。如果没有刚刚交火，这也无所谓，可眼下不行。藤三斤大惊失色，说："少帅不可，他一定不会让你活着出来。不用着急，我们慢慢和他磨。"

吉祥更是不许，他在雨中半跪在张鹏前面。按理说他不是张鹏的兵，张鹏也不敢托大，只是随着张鹏办差这几次，吉祥彻底被张鹏折服。

雨渐渐小了，对方箭楼和人都看得清清楚楚，箭楼上只有两人，一人是佥事劳立，劳立为大帅打着伞。张鹏看下面一队队将士围着箭楼，他喊道："对面将士，你们看不见吗？本帅是张鹏，大帅张士的长子，你们眼睛要是不瞎就知道我这个阵仗是反叛吗？张十一的儿子能反朝廷吗？"

这边听见辕门有人在说："真的是张少帅，不是说他杀人亡命吗？"

"这是千户所的兵，是逃犯他们咋不抓他啊？"

"这里有问题。"有人喊道，"张鹏，你们这是干什么？围住大营，不反而何？"

张鹏哈哈大笑："以后出去别说是先考的兵，你们有没有脑子，想一想不就明白了？"

"咔嚓"又是一声响雷，一片黑云又从海上压过来，大家都慌了，一道闪电，紧接着是一声惨叫。一声惊天动地的响动，有人从箭楼落下，一团血水随着雨水汩汩流淌。

楼下几个将军大喝一声："放下吊桥，迎接钦差进营。"

吱吱嘎嘎吊桥声，外面的将士们才缓过神儿来，赶紧看箭楼，有一哨兵丁围住一个人，他在向张鹏招手，这人竟然是劳立。大家明白，是劳立在箭楼上斩落了葛宏。

吉祥这时还没反应过来，他得保证张鹏绝对安全，他怎么看劳立都不像是好人，他能有这好心？他喝道："小心有诈。不准进去。"已经走到吊桥边上的将士们停下来看着藤三斤。

藤三斤看着张鹏，张鹏谁也不看，说："一会儿还有大暴雨，不想被淋死的随本帅进营。"一抽马鞭，双腿一纵，向里面冲去。大家随后跟着，侍卫赶紧护侍。

到了辕门，拒马挪开，劳立已经候在那里，只是躬身一揖。张鹏说："直接回京。"

劳立一愣，随即答道："刘备招亲。"张鹏跳下马来，两人抚掌大笑。

别人当然不知道缘由。吉祥明白了，这是暗中帮助自己的那个人。不是此人，自己如何能逃得了性命？他判断张鹏早已经猜出来就是此人。吉祥回忆，当时这里劳立可是主要凶手。现在看来当时他也是上支下派。怪不得张鹏问隋仁当时大帅、二帅是否在大营。

暴雨马上就要来了，他们不敢停留，吉祥走过去抱拳一揖，说："大恩不言谢。咱家心里有数了。"

劳立早已经安排好，有人过来把千户所将士领进去吃饭。

几人来到大帅金押房，劳立在案几前默默站立片刻，说："大帅对卑将恩重如山，今天卑职却做了小人之事。惭愧，对不起大帅。"

张鹏说："此言差矣，你和葛宏有义，乃小义。你是朝廷命官，当知君臣大义，这才是学文习武之人应该明白的。现在，本使以圣命，令你暂时署理指挥使。"

劳立赶紧摆手，连说使不得。张鹏以为他恐怕被世人所骂，杀掉葛宏是为了得到位置，遂道："劳立，刚刚本使算是白说了，你是一个武官，没来由做惺惺腐儒之态。"

劳立赶紧摆手，说："大帅误会，不是这么回事，还有二帅在此，卑职不敢当。"

"哦，这本帅倒是忘了。人在哪里？打得这么热闹，竟然见不到二帅。你赶快派人喊来，本使有话说。"

劳立走出去，很快回来了。有人拿来衣服，要大家换上，张鹏摆摆手，吉祥本来想换，看这样如何还好意思？他问："张大帅，你们一定是在阵前就已经知道了，不然大帅为何会如此镇定。"

劳立说："内相果然聪明。这就是带兵人的不同之处，得在对方话语中找出破绽，对自己有利和不利的破绽。"

吉祥回想一下当时场景和劳立所说的话，点点头说："不是咱家一人，将士们都以为你的脑子坏掉了。"大家没等笑出声，一个人走了进来，个子不高，略胖，面白无须，着三品服饰。不用说这人就是同知了。

张鹏、吉祥大吃一惊，此人竟然比张鹏还年轻。

此人进来拱手一揖，说："同知翁过有礼了。"说完大大咧咧地坐在那里，摸一下案几上的茶壶，喝道："你们这些人，给客人上这样的凉茶，饮驴呢？这天雨下得大，凉飕飕的，换热茶。不好意思，都是我们大帅把他们惯的。"

他进来以后这一做派，早惹恼了吉祥，他喝道："你是个什么东西？咱家看你是惯的。饮驴，骂谁呢？"

劳立赶紧说："此乃无心之语，内相不要上心。二帅，这位是朝廷钦差。"

"什么钦差？为何不摆香案？劳立，我问你，你把大帅干掉了？你有魄力，哪天不会把我也干掉吧？哈哈，失陪了。"

张鹏在判断他的身份，再看劳立表情就知道，这一定是一位衙内，张鹏久在军伍，实在想不起是哪个功臣之后。张鹏说："慢着，本使有话问你。"

翁过点点头，说："好啊，有差事就办，没差事我就回去吃酒了，你们也看看时辰，不早了。"

"本使代皇上问话，跪下。"张鹏喝道。

"你们看着地上，都是大泥巴怎么跪？"翁过喊道。吉祥还真是第一次见到这样的官员，又气又笑。劳立已经令人铺上拜垫。翁过看着劳立，喝道："天使问话，你怎么不跪，只拿一个拜垫够吗？"

"本使问你，葛宏之事你是否参与？"张鹏不愿意和他再废话，单刀直入。

"葛宏什么事？他交代的差事我都能办好，不交代我乐得清闲。你们把他干掉了，那好啊，是不是让我接替？"

劳立赶紧说："禀天使，二帅对这些事一概不知，他很忙。"

"劳立，你不要阴阳怪气的，我本来就忙，忙完了差事才忙我的大将军，耽误差事吗？"翁过不买账，骂了一顿。

张鹏没听明白，吉祥听出门道了，脸上堆出笑容，说："原来是赵王爷府上的，失敬。请问是第几位公子。哦，自我介绍一下，咱家吉祥。"

开始翁过一直在摆手，示意他停下来，听到最后，眼睛一亮，不顾礼节，赶紧转过身来磕头："原来是吉祥老爷，是前辈，这厢有礼了。"说完站起来对目瞪口呆的张鹏说："天使稍候，我和吉祥老爷说几句话，回头你问我啥都说。"不由分说，翁过拉着吉祥就走。吉祥喊了几声，一声惊雷，再无声息。

张鹏虽然年轻，也阅人无数，还第一次见过这样的官员，朝廷响当当的从三品大员。再看劳立，已经傻在那里。张鹏问："劳立，这是谁家衙内，如此无礼？"

劳立摇摇头说："我们卫司只有大帅知道他的出处，我们只知道他出身高贵，一定是功臣之后，听吉祥内相说出赵王爷，那一定是彰德府的。有一点可以肯定，葛宏之事他确实没参与，尽管他也知道一些。大帅明察。他就是斗蛐蛐，别的不放在心上。这位吉祥内相一定是这方面的行家。"

"不管那么多了，你就署理指挥使，这个家伙先不动他，本使告诉张升大帅，再给你派一个同知和佥事，让他在这玩促织吧。"

"大帅，本人并没有功劳，猝然加官，恐怕有人说大帅只顾私谊。"劳立说出了自己的顾虑。

"无妨，现在正有大功一件等着你们去拿回来。你们自己还不行，必须得有藤三斤他们。你去人把藤三斤唤来。"

"大帅，不用，马上去用饭了，那时我们几位一起吃饭，有时间说话。现在大帅随卑职去看一个人。"说着在前面走了。

第三十九回

▼

圣驾前吉祥荐翁过　辕门内张升援伟之

出乎意料，要看的人竟然是李九。他身上有四处箭伤，刀剑伤已经看不出来，能活动，但还不能随意走动。见到张鹏，他哭了起来。

张鹏也落泪了，说："九子，我要你这一辈子跟着大哥我。你在这养伤，等过去这阵，他们再把你送回京师，我要上报皇上，给你升官晋爵。"

吉祥找人传过话来，他在那边和翁过吃酒。劳立把张鹏和藤三斤请到自己房间吃酒。

张鹏把倭贼的消息告诉他们。他们二位也都知道，张鹏曾经几次在山东、福建等地剿倭。劳立提议道："不用说，又是当地人参与，否则倭贼不能如此大胆。大帅，应该给朝廷说一下，对倭贼有一个明确说法，我们国人参与倭贼应该如何处理。"

张鹏若有所思，说："这件事先尊倒是提议过，当时也有了方略，不知道最后为何不了了之。这件事你们不能用太多兵力。今天本帅说的大功是另一件事。"

接着把青州中卫史诚之事讲了一下。最后说："现在不妨告诉你们实话，汉王很可能真的谋逆，就连失败撤退路线都已经做好准备。现在四方大兵压境，他们以卵击石，以一隅而抗全国，岂能有胜算？他们败退很有可能向你们这边撤退，然后从海路逃跑。本帅夜来问三斤就是这件事。朝廷已经下令朱冕在海上堵截，朱冕的首攻是青州，这里情况本帅写信，三斤派人送信给金州卫。至于西边败下来的贼人，在劳将军这里堵住最好了。"

劳立站起来，抱拳道："大帅放心，末将必不令大人失望。"

张鹏点点头，说："这个我信，只是本帅要嘱咐你们几句，不要和他们硬拼。一个个濒死之人，我们凭什么和他们拼命？你们只管把住交通要道，追兵必定会随后赶来，那时再前后夹击，定当大获全胜。本帅明日告辞，直接到青州。本帅不放心，藤三斤我还得带着，芝崖千户所你要多注意。"

吉祥奏报过后，把济南情况又讲了一遍。

皇上听完吉祥报告，兴奋得满脸通红，说："云举果然见识不凡，有他父亲的风采，皇祖考识人不谬也。你说的翁过到底何人？"

"回主子，是赵王府王妃千岁之弟。他已经到了彰德，奴才以为，他办了自己该办的事。"

虽然说得隐晦，但皇上还是明白了，他点点头说："朕应该想到此处，他是赵王亲属，皇亲国戚，岂能听你调遣？"

吉祥狡黠地说："愿赌服输，此人在某方面虽然也还算是可以。奴才说一句夸口的话，和奴才比起来……"

"哈哈，吉祥，有你的。朕明白了，你是促织立功。一些大臣不知道其中奥妙，促织仅仅是娱乐吗？关键时刻是不是派上了用处？他有把握吗？"

吉祥已经怔住了，没想到主子把促织说得如此高尚，看皇上在等着自己回话，意识到失仪了，赶紧请罪，说："翁过才去登州不过一年，赵王府上的事他门儿清。"然后把翁过讲的事情告诉皇上，尤其是董子庄。

皇上若有所思，说："翁过只是一个纨绔耳，对赵王府之事看得透否？"

"回主子，奴才开始也是这样想的，他斗蟋蟀名声在外了，连奴才都闻其名。奴才晓得了他的身份，假装对他的技艺感兴趣，好在云举大帅明白，支持奴才与他接触。翁过不是等闲之人，他在韬晦。"

皇上敛容道："这说明此人是一个有智慧的人，他怕赵王附逆殃及自己，此自保也。后来呢？"

吉祥讲，他对翁过摊牌，令其回赵府，见机而作。翁过开始不同意也不敢，他看得出赵王是一个有野心之人，恐怕人微言轻。吉祥鼓励他。翁过说起了董子庄，此人最对赵王爷脾气，赵王爷对他言听计从。吉祥并不知道董子庄其人，对其大肆褒奖，说和朝廷一心。最后许翁过职位。

皇上说："吉祥，你可不是一般的中人。只要你不做有损良心的事，你前途不可限量。"说到这里，看吉祥眼神瞬间暗淡，随即又恢复正常。

皇上看在眼里，也未深究，继续说："其实我们宫里埋没了许多人才。你做得好。你许翁过何职？"

吉祥不敢隐瞒，说："奴才未经皇上和张大帅许诺，擅自许他都指挥佥事或卫指挥使之职。"

皇上摆摆手说："吉祥，这不是擅自，这是临机决断，他真能保住赵王，朕不吝爵位，升他做都指挥同知。他后来有消息吗？"

"有，他托人带话给奴才，只说有董长史在，可保无虞。赵王府无事。这次奴才面圣，一是报捷，二来也是这事，不知道对主子是否有用。"

"有用，为何没用？吉祥，你这一次能顶三万人马。你立即回济南，朕下旨。王泰，告诉阁臣，准备班师。"

大家等着皇上处理彰德之事，等来的却是班师，众臣目瞪口呆。杨荣不死心，去找了最早提出移师彰德之人陈山。陈山不知道皇上为何变卦，急匆匆进宫，追问彰德之事。

皇上看陈山对此事如此急迫，生出几分不悦，只是不好表现出来，说：

"陈大人，朕知道你们都是为朝廷，然朕唯有两位叔叔，皇考对二位叔叔非常好。汉庶人自绝祖宗，自绝于天，朕不敢赦。赵王反迹未著，朕实在不忍负皇考，勿复言。"

移师彰德这事轻轻放下。众将士救死扶伤，准备班师。当天晚上，皇上让吉祥对阁臣讲了一下济南的情况。

张升口含天宪，拿下藩台，令曹弘署理藩司，臬台程本没有附逆迹象，正用人之际，一切如旧。陈灏已经掌控了都司，暂时署理都司指挥使。

张升把在泉城所有文武官员都召集在都司，况钟把当前汉王情况讲了一下："都司、藩司从贼附逆，已经被收押。靳荣阳奉阴违，名义是去河北调防，其实在大伾渡口观望，据报，有回师迹象。最近几天都司和卫司都在紧锣密鼓备战。现在，本官命令，藩司、济南府带领各衙门备好粮草和应用器械，陈灏大帅已经列好单子。"

曹弘和李郁躬身应答，在陈灏参军那里接过单子。况钟对程本说："程臬台，本官到此几天，发现有人故意妖言惑众，还有贼人探子隐匿城中，你们臬司抓紧缉捕。"

接下来把各种事情一一分派。大家一一领命。最后张升说："各位大人随本使一起看一下各处防务。"

连续多天，大家全神戒备，也有探马时刻报告靳荣位置。

这天午后，阴云密布，傍晚入更时分，电闪雷鸣，大雨倾盆而下。张升不放心，把侦察哨一批批放出去，回报没有都司兵马身影。不知为何，张升心惊肉跳。他久经战阵，这是一种不祥预感，也许是这场暴风雨所致，他下令亲兵队整装待命。大家都披上蓑衣，戴上雨笠，他自己也全副武装，盯着城外。

大雨弥漫，天地一片混沌。不到三更天，一阵阵闪电过后，济南北门一片火光突起，开始张升以为是闪电，看一会儿，张鹏知道出了问题，下令亲兵出发。刚走出衙门，看到西部火起，开始以为是西城门，仔细一看是都司大营。

张升暗暗叫苦，令两个亲兵去通知曹弘、李郁和李睿，他带着侍卫不顾大雨，向都司奔去。

张升是一个有经验的将帅，暴风雨中靳荣想破门，谈何容易？危险在于城里，如果里应外合，济南危矣。都司传来炮声和火铳声，他冲进去的时候，看大门没有警戒，放下心来，说明还没有被贼人控制。

大营一片漆黑，火把根本无用，气死风灯笼也抵不住这样的狂风暴雨，灯笼熄灭。营房里的灯笼穿不透这肆无忌惮的暴雨。情况不明，张升喝令卫队下马，直接向大厅冲去。

大厅里灯火通明，他在外面伏下悄悄地观察，早已经有人发现他们，喝令是谁。卫兵喊："干你的活。"可能是他们根本听不见，只要是敢答话就行，也未作理会，以为是自己人。

张升看见一些人，胳膊上绑着白布条，这些定是贼人。贼人已经占据上风，陈灏带着一些将军被逼到了一个角落。

贼人一个千户喊："陈大帅，我们也是令曾祖的兵，不愿意和你为难。但你今天没有态度，我们是不依的。过一会儿我下令扔火把，你还往哪里逃？"

陈灏喝道："柳四五，你真是白长了一个脑袋，汉王能成功吗？现在你们放下刀剑，本帅陈伟之保证，绝不会难为你们，否则，谭珏来了，都得把你们剿了，朝廷必夷你们三族。"

叫柳四五的哈哈大笑，说："大帅，我们都很佩服你，你真是驴老不倒架。你看看，你还有几个兵？谭珏在干什么？你听不到外面的炮声吗？他顾不了自己呢。靳大帅杀回来了。弟兄们，杀掉陈灏，我包你们官升三级。"

张升看得明白，再不犹豫，朝柳四五就是几铳，早有人挡在身边，但柳四五已经受伤。

张升大喜，喝道："济南卫军兵在此，放下刀剑，跪在一边，就算是自首。陈大帅，在那不要动。"百人队冲进一半，一顿箭射刀砍，把负隅顽抗的干掉了。过去一些人把跪地的刀剑拿走，看住他们，陈灏带着侍卫过来，满面羞惭，拖过柳四五就要动手。

张升摆摆手说："伟之，不要动他，外面还没结束打斗。我们在这里不要动。把他拖进来。"

雨越来越大，双方人马感觉很难辨别自己人还是敌人。张升问道："柳四五，你们没有胜算，你现在还有机会。本使问你，你们有多少人参与？"

柳四五一脸沮丧，说："差不多都参与了，外面护着陈大帅的，是卫司留下的一个千总兵。"

"你们怎么约好的今天起事？"

"不知道，有人告诉三更天听见炮声就动手，还有人给送来了白布条，是已经撕好的。说好了我们先动手，不知道为什么外面先动手了。"

张升说："你还算识时务，你去吼一嗓子，让他们停下来。"

"我不中用的，我只是副千户，那边是佥事老爷在领队打斗。"柳四五似乎很痛，一直在吸冷气。

张升冷笑道："他就是骗你们这些傻子，你看外面有一个官员吗？本使敢保，最大官员也就是个旗总。我说的是你们。"柳四五疑惑地看着张升，张升不耐烦地说，"你这脑子是怎么钻营到副千户这六品的。赶快喊他们停止。"

外面已经没有羽箭和铅弹，这样的大雨，火铳只能在保护下使用一次，再就不能用了，淋了雨就是烧火棍一根，只有刀剑相向。在外面门口伏着的一总旗是张升的亲兵，他们干看着，手里拿着火铳和连环弩，却不知道打谁。

队长看着张升，张升说，向空中先放一排火铳。大家举起火铳，向天上开了一铳。在雨中火光冲天，声若雷震。打斗双方才看着尸体已经连在地上，血水混着雨水通红一片，一下子呆了。火光过后，迅速脱离，都看着这边。

张升示意柳四五，柳四五喝道："我们的人，向辕门这边墙靠拢。"大家看这是保住命了，赶紧过来，在墙根下站好，已经不成建制。这边看见陈灏，赶紧向门口靠拢，还有几百人。

张升喊："让你们带兵的过来，其他兵丁原地不动。进来。"柳四五喝了一声，带兵的进来了，真如张升所说，只有一个副百户是最高阶级，其他有几个旗总或副旗总。

张升说："你们认识本使吗？"众人都点点头。"你们佥事老爷呢？其他带兵的都去哪了？"大家这才发现问题，有的当时就哭了。张升也不废话，向陈灏挥挥手，陈灏带头，几个人一剑一个，迅速杀掉。

张升说："柳四五，哨长还在吗？你知道怎么做，敢耍花招，你知道后果。"

雨渐渐小了，有人把气死风灯笼打起来。柳四五走过去，说："佥事老爷令我们去城门。"有人问刚才的总旗去哪了。柳四五上去一剑，当场毙命，其他再不敢动。他说，把刀剑丢在地上，向城门集结。这些人不敢再问，徒手在雨中向外跑去。

张升说："伟之，这里情况不明，不能久待，带着我们的人跟在后面，迅速去北门。兄弟先行一步。"

"大帅，大恩不言谢，后会有期。"陈灏抱拳一揖。张升已经上马带着自己百户队冲了出去。

张升到达北门，况钟也在这里。谭珏已经把人马收缩回城，他汇报道："这天交战，兵家之大忌，末将就大意了，让靳荣钻了空子，他们只用一个回合，就把城外的人马击败。然后就是拉锯战。我们凭借堑壕，总算没全军覆没。末将赶到，全部收缩到城里，等雨停或天亮再与贼人计较。"

"谭将军处理得当，不愧出自名门。这样的大雨天他们竟敢攻城，这是有原因的，和里面约好，不得不为耳。现在堑壕成了天然护城河，只要把他们赶出去，他们再想进来，势比登天。吊桥还好吧？"

"吊桥一直在吊着，没有什么影响。"

第四十回

▼

破釜沉舟降将战死　将计就计官军破贼

　　张升看了一下，贼人虽然过了吊桥，但在风雨下不惧羽箭，火铳、火炮也起不到作用。张升在谭珏耳边嘀咕几句，最后说："一会儿你们听本帅号令。"说着在城墙上等着。

　　很快陈灏押着柳四五和贼兵到了，来到瓮城。张升下了城墙，对柳四五说："现在是你立功赎罪的机会，不但无罪还有赏；如果你们战死，你们就是英雄，以前罪愆一笔勾销，也不再追究家人。"

　　柳四五已经意识到要做什么，说："大帅饶命，还有没有其他办法？"张升冷冷地摇摇头。

　　陈灏大怒，喝道："有，就是现在把你们全扔到城下去。"

　　柳四五知道已经无可挽回，走到这将近千人的队伍前面，抬头看了一下天空，雨已经很小了，他说："那些当官的把我们耍了，他们早都跑了，张大帅正在索拿，我们上当了，现在大帅给我们一次机会，打一次冲锋，然后就回来，就算是为我们赎罪了。"

　　看他说得轻巧，大家心里有数，出城打冲锋，能有几人回来？况钟带兵过来，给他们每人发一个新的雨具，把他们长戟还回去。张升看谭珏已经上了城墙，放下心来。已经到了四更正刻，如果不是下雨，天已经快亮了。他果断下令，开城门。

陈灏说："柳四五，你知道，后面连环弩对着你们呢，不要耍花样。"柳四五和众人向城墙上看，有几队弓弩手对着他们。这时城门打开，柳四五一声令下，按进攻队形冲了出去。

城外贼人看见城门大开，吃了一惊。他们没想到城里会反攻，一时手足无措，发一声喊，向后面退去。退到了护城河，一阵火铳声，传来几声惨叫。是叛军督战队开火，叛兵看出来官军不多，壮起胆子，几千人迅速压了过来。

柳四五知道这次没有生还的可能，大呼杀贼，但是他的兵已经胆寒，只是略一接触就转头跑回，他喝止不住，也随着撤回来。叛军看准机会，大喝夺城门，先进城者封侯。督战队连喊数声，压过了雨声和喊杀声，叛军如潮水般涌过来，很快打乱了队形，和城里叛军柳四五部搅在了一起。

张升大喝："开火，放箭。"官军一愣，张升的手铳已经响了。大家明白了，这是要玉石俱焚。随即爆豆似的火铳声，接着就是箭下如雨。叛军做梦也没想到，官军连自己人也杀，赶紧快撤。

柳四五部不知道如何行止。城里发一声喊，几千人杀了出去。叛军大惊，一阵鸣锣声。叛军潮水般退去，但已经迟了，官军以逸待劳，一阵点射，然后就是长戟出击。

堑壕上是壕桥和放倒的云梯，叛军挤作一团，接连几个云梯被挤断，叛军掉落堑壕者不计其数，其余被官军歼灭，也包括城里的柳四五部。

谭珏和众人都在摩拳擦掌，等候总攻命令，张升喝道："鸣金收兵。"

众人吃了一惊，谭珏挥挥手，说："慢着，大帅，趁我军士气正旺，正可一鼓作气，全歼贼人。"陈灏、况钟，就连几位文官也这样说。

张升喝道："鸣金，有再谏者立斩。"

一阵鸣锣声，官军退了回来，整点人马，死伤六百多人，敌人死伤四千多，大获全胜。看张升脸色，并无喜悦之色，众人愕然。

柳四五竟然活着回来了，在门板上被抬着，他说要见大帅。人们抬了过来。没等他说话，张升示意自己亲兵队长，队长过去看了一下，柳四五肚子有两个窟窿，肠子都露了出来。队长接过士兵长戟，用戟翅把肠子挑了出来说："兄弟，我给你一个痛快的。"

众人大惊失色，把眼睛都转向张升，张升正在和谭珏谈论着什么，对这边的事情充耳不闻。张升在军中是出了名的仁慈将领，看今晚所为，也不过如此，看起来真是仁不统兵。大家赶紧救死扶伤，天渐渐亮了，看城外尸体堆积如山，血迹已经被雨水冲刷干净。

雨还在下着。

张升嘱咐队长几句，然后到城下大帐里去找谭珏，大家都跟了进来。众人赶紧吃饭，没人说话。

张升心里明白，众将对他此次指挥颇有微词，遂道："本帅知道你们心里有疑问。我也想趁机杀出，但是我们人马太少，一点点人马都是我们的宝贝。我们的敌人不单单是靳荣。本帅担心，乐安城一旦起事，会不会有大批贼人来这里夺城。我们要保存实力，不能和他们硬拼。刚刚死伤六百人，就像割去了本帅的肉。"

况钟开玩笑似的说："张大帅，那就应该把那些叛军留下。他们已经改过自新了，留下岂不是一股力量，毕竟一千多人。"

这话当然有责备之意。张升明白，这件事最后很有可能被御史、科道奏闻圣上。他耐心地说："没有这一千多人，我们能歼灭贼人四千多吗？这是他们的功劳。但是，伯律大人，你想过没有？都司留下这些人，有多少人在首鼠两端？这个金事到现在下落不明。连谭大帅的兵有的都在观望，关键时期他们在背后捅刀子，我们不齑粉乎？"

大家听明白了，既是炮灰，也是鸡，杀鸡儆猴，以免有效尤之人。这时亲兵队长和张升耳语几句。张升立即说："谭将军，你不能再吃饭了，赶紧安排两千人随本帅出击。一会儿你听到东门喊杀声，不要轻举妄动，看到外面贼人松动，有撤退迹象，先出兵试探着，直到看到我们出现，再全线出击。"

谭珏应道："明白。"张升来不及细讲，谭珏赶紧调兵，大约有三千人。张升也不废话，翻身上马，自己亲兵队紧紧护侍，向东门冲去。

张升想到，靳荣一下子损失四千人马，有撤退之意，但是他靳荣不敢，他现在不拿下济南，汉王不会饶过他。靳荣现在已经没有回头路，只有起事成功，他才有活路。他没有任何办法，只有收缩兵力，在北门撕开口子。他为了迷惑张升，故意做出在东门增兵的样子，给人感觉在东门强攻。

东门来报，贼人在东门增兵。张升久经战阵，这点伎俩岂能骗过他的眼睛。他让亲兵队长亲自查看，回报是假增兵，真撤兵。这才符合正常逻辑。东门是骊山，根本展不开大规模战役。

张升到东门时，雨已经停了，只是天还阴着。守门将领汇报情况，在此督战的李睿也过来见礼。张升让将士们在城下待命，他自己悄悄地登上女墙，手持窥远镜，观察差不多一刻钟，笑了，心里暗骂，靳荣在玩花样，比原来人马少了一多半。但看上去在源源不断增兵，其实是走到远处回来，龙摆尾。这是战场常用伎俩。

张升下来，说："靳荣要大规模攻城。李睿大人，你去北门告诉谭珏，让他速去守西门，令陈灏守北门。并且告诉陈灏，贼人如果攻城，以骄兵计。"

说完回到所带三千人马前面，说："养兵千日，用兵一时。今天随本帅杀敌，有功者，本帅不吝官爵钱帛。本帅上奏，皇上必会同意。你们可能听说，本帅是皇上的舅舅，亲娘舅。有一句话怎么说的？"

"娘亲舅大。"有一些士兵喊。

张升对这些人竖起大拇指说："对，本帅说赏你们什么官职，皇上不会驳回。话又说回来，临阵退缩，立斩。"大家轰雷似的答应着。

张升大喝："开城门。"

城门大开，放下吊桥，三千人马旋风一般冲出去。贼人吃了一惊，赶紧迎战。一阵火铳，敌兵抵敌不住，全线溃退。张升不理，向城里挥挥手，城里拽起吊桥，关上城门。这才是置之死地而后生。不管贼人向哪里逃窜，张升方向是北门。

这时北门正在鏖战，叛军已经冲过堑壕。靳荣亲自指挥。但是他一直在注意东门方向，有喊杀声，他吃了一惊，向这边张望，看自己兵马倒卷旌旗，没命地跑着，心里明白，东门被张升钻了空子，赶紧鸣金收兵。张升的大纛旗已经到了北门外面。

陈灏大喜，命擂鼓。霎时间鼓声大作，城门大开，一阵箭雨，夜来的场景又一次重演。敌兵过了吊桥，建制已经乱了。陈灏下令放下吊桥，全线出击。

靳荣不知道东门有多少人马，不敢恋战，放出钻天猴，示意四门全撤。张升不依不饶，追出二十多里，投降者不计其数，靳荣带着三千多人向西北溃逃。张升下令鸣金。回城各报功劳，登记在册，以备升赏。张升和藩司商量，打开府库，拿出钱帛，大赏五军，军民大悦。

现在和朝廷已经音讯不通，济南已经看不见朝廷邸报，靳荣把住黄河故道，切断南北驿道。陈灏派出哨骑，打探叛军下落，侦察青州和乐安州动静。整顿守城器械，修复堑壕、城墙，备足粮草，以作久困之计。

哨骑回报，皇上亲征，但济南一带和朝廷仍然音讯不通，看乐安州境内时常有火光起，离乐安城还有几十里。张升判断，和汉王已经接仗，只是在乐安州境内，并非乐安城。

皇上能御驾亲征，大家非常高兴，张升下令亲兵在济南城中散播，军民一片欢腾。开始还在观望的人也定下心来，守住城池，等候朝廷大军。臬司已经把叛兵清查捕拿归案，只有都司金事带领一些人趁乱化装潜出城去。

哨骑报告，青州地界已经戒严，向外设置了警戒。河间卫镇抚温英、德州卫指挥郑兴支援靳荣辎重，二人亲自带兵押运到黄河故道，被靳荣扣住，裹挟他们兵马，现在兵马又有两万多人，声势大震，杀奔济南而来。目前还没见到朝廷军队，不知道朝廷作何打算。

大家对朝廷颇有微词，包括曹弘和陈灏。张升看在眼里，对大家说："朝廷有文弼大帅，这是久经沙场、南征北伐、从死人堆里爬出来的将帅，靳荣这点花花肠子，岂能瞒过他哉？本使认为，朝廷早知道贼人部署，也一定知道都有何人附逆。朝廷已经做好防范和部署，只是现在贼焰正炽，山东地界被靳荣把守，朝廷兵马进来尚需时日。文弼大帅定想擒贼擒王，乐安州即下，各处即可传檄而定。我们不必腹诽朝廷，守好济南就是大功一件。"

大家默然，各自准备。几天后，哨骑已绝，各处音讯已断绝，靳荣已经在济南北面二十里下寨。张升和众文武商议，把城外将士全部撤回城里，与贼人耗时而不损兵。

陈灏有几分犹豫，提出自己的疑虑："大帅，贼人攻入射程之内，迅速登城，我军兵微将寡，恐怕首尾难以相顾。在城外阵地，可以震慑贼人，也可杀伤贼人，使其胆寒。"大家都附议。

张升内心并不赞同，只是眼下正是用人之际，不好过分驳众将之意。

过了几日，卯时，太阳刚刚升起，大清早太阳就发出惨白光芒，天上一块云彩都没有，看不见平时特有的蓝色，似乎蒙上一层雾气，变成蓝灰色，似乎预示着这一天绝非平常。

将士们正在用餐，闷雷一样的炮声响起，贼人已经开始进攻。除南门外，都响起隆隆炮声，这是河间和德州两卫的辎重。张升登上北门，拿出窥远镜，看贼人主攻还是北门。东西两门兵马也有一些，南门不见叛军。

张升心里有数，靳荣才不那样好心，遂派出侦骑到南门侦察，只回来一个，浑身带伤。张升明白，南门同样有叛军。靳荣在告诉张升，他们只是想任由张升等人离开济南。如果各衙门全部从济南城南门撤出，靳荣绝不会阻拦。他要的是城池。

张升看城外阵地在一片烟尘笼罩中。贼人只是在打炮，并没有发起进攻，但是已经列队准备进攻。张升拿出窥远镜看了一下，这是牡阵，步兵八十四人为一队，骑兵四十八人为一队，两侧是骑兵，中间是步兵，步兵有云梯壕桥①队、橹楼②队、木牛车③队，各有几队盾牌手分列两侧护侍。排在盾牌手后面的是火器队和弓弩队。看不见大纛旗，只是看到无数彩旗在大队后面飘着。

张升判断，那就是中军大纛旗所在。张升看骑兵，马头蒙革。战马似乎已经不耐烦，马蹄刨地。张升是行家，韩信点兵，扫一眼就能知道数量。北门这里足有一万两千人马，盔甲鲜明，刀枪耀眼。城上、城下官军不用窥远镜也能看得清楚，尽皆胆寒。

半个时辰大炮过后，一阵阵惊天动地的鼓声，随即是号角声，乐声大起，叛军发起冲锋。陈灏在城外指挥，他看出了将士们胆怯，这才明白张升为何要收缩兵力回城。这无依无靠的阵地，这样的厥兵，如何打仗？当然，他在等张升将令。

叛军有几个壕桥，这还不够，把二十几个云梯放在堑壕上，很快，有人过来铺板。盾牌手和弓弩手迅速通过，扎住阵脚，大队步兵排列队形，手持长戟，鼓噪而进。稳扎稳打，并不发动集团式冲锋。木牛车、橹楼和马兵在壕桥上冲过来。

叛军有上千人过了护城河，过了河的士兵在护城河二十步以北修筑战壕。

---

① 立在护城河里当作桥使用，能通过骑兵和战车。
② 在城下向城墙上射箭投石的攻城器械。
③ 撞击城门或城墙的战车。

第四十一回

▼

朱谭之助攻济南府　张文起得济青州兵

张升暗暗喝彩，这是刚刚投奔靳荣的两个将军，果然有些见识。这几天一定是刻意操演过。张升不敢迟疑，摆摆手，只见城上红旗摇动，一阵大炮，震得大地瑟瑟发抖，没有经验的士兵在城墙上被震下来跌得粉碎。

叛军没来得及修筑战壕，一声令下，在平地卧倒。对方旗帜摇动，云梯和壕桥上的士兵迅速过桥，冒着炮火冲过来，也趴在地上。后面的退了回去，进退有度，丝毫不乱。

一阵炮声过后，叛军盾牌手已经不成建制，炮声一停，黄旗摇动，陈灏下令开火。一阵点射，压住了叛军攻势，对方渡河军兵随机卧倒，弓弩手在盾牌手掩护下射箭，一时箭下若雨，官军顷刻间被射倒一片。官军大惧，发一声喊，就要回撤。

陈灏大怒，下令立斩。督战队杀掉几人，众人回来，想进入战壕，但被叛兵抓住机会，一阵箭雨，这些官兵被射成刺猬。

这就是战场，令人迷惑不解的战场。有经验的老兵都知道，战场自古就是畏死者必死。这些人好好地躲在战壕里，有机会就射几箭，下令撤退再走不迟，如果不是全军覆没，生死也未可知也。

叛军还是采取稳扎稳打的战法，倒是提醒了张升，他下令挥旗，令陈灏坚守不动，又是红旗摇动，一阵炮火，叛军开始还顽强抵抗，最后醒过神来，济南城弹药还能顶一段时间，血肉之躯如何能抵过大炮，遂鸣金收兵。

陈灏未听见追杀命令，不敢轻动，只在那里眼睁睁看着叛军有建制地徐徐而退，气得大骂。张升出来了，说："陈将军，你们打得很好，不要和他们硬拼，进了他们大炮射程，你们就进城。死伤如何？"

陈灏说："还未统计，至少有五百人，那两个城门如何？"

"他们还在进攻，只是不太猛烈。陈将军，你看出来没有？贼人意思很明确，围住我们稳扎稳打，能拿下更好，如果拿不下，就这样围着。"

陈灏点点头说："末将看出来了，他们有底气，底气是误判了形势。他们以为汉王必胜。真是可笑。"

张升笑了，说："如果不是这样想，他们能死心塌地附逆吗？这也是命。你看靳荣带兵，绝非无能之辈，只是一脚踩偏，也无人可以救他。"

其实靳荣未必如此想法，看他留出南门，说明他想占领城池，与汉王歇马。但是陈灏明白大帅在变相地鼓舞士气，大声说了几句。这时贼人战鼓又擂了起来。

打了三天，互有杀伤，陈灏醒过神来，叛军在一点点地消耗官军，城外守军阵亡两千多人，城里已经无兵可派。陈灏对张升佩服得五体投地，亲自去找张升，请求撤回城里。在张升大帐里，众文武都吃了一惊。

陈灏心里惭愧，说："本将虽然年轻，也打过几次仗，这样的大仗还是初次，一切都得向大帅学习。家严不止一次说过，张文起绝非浪得虚名之辈，潭州一战，终生不忘。现在末将明白大帅之意，也明白贼人之意，他们在打消耗战。"

张升赶紧说："陈将军言重了，令尊是能攻善守之名将，潭州擒李良，这次广西平贼，如果没有令尊鼎力相助，何来如此大功？你现在正年轻有为，已经显出大将风度。这几天消耗不小，但你们没让贼人前进一步，本帅要给你们请功。"遂下令撤回城外守军。

叛军也未作调整，仍然每日挖壕不止，似乎作久困之计。随后几天发动几次大的冲锋，城中弹药、羽箭已经捉襟见肘，不敢大肆使用，贼人阴谋已经得逞。

张升目前最着急的是辎重，粮草足可支撑，只是羽箭、铅弹、火药消磨殆尽，在准备滚木礌石。他正在和大家商量，侦骑哨报告，叛军增兵了，人数不详。张升点点头，表示知道了。

大家继续议事，一阵惊天动地的炮声，把大帐悬挂的灯笼都震掉了。瞭望哨的人进来报告，大家看他脸色发白。他施礼报告："大帅，叛军在东西两门设置警戒，增加了一些兵力，大军都调往北门，和以往不同，贼人就像是发疯一样，所有炮弹都砸向北门。"

很快守西门的谭珏进来，说："贼人后撤几里，设下路障和警戒，不知何意。"

大家尽皆失色。张升放声大笑，以手夹额喊道："老天佑我大明。"大家一下子愣了，都呆呆地看着张升。陈灏以为又是张升的安抚之计，也未作理会，在思考对策。

李郁说："大帅听见这样消息，为何大笑，还出此惊人之语？"

张升派谭珏赶紧回去防守，然后笑着说："诸位大人，陛下得手了，乐安城已被拿下。这些增兵，是乐安州汉王的残兵败将，他们不顾一切攻打济南，就是要有地方歇马。现在我们放弃这里，他们并不拦截，正中汉逆下怀。他们以为济南城那么好攻破呢？文皇靖难，两月未下济南，不得不返回北京。汉逆岂能不知？伯律大人，你速去各门巡视传话，加紧备战不可松懈。我们抵住他这波攻击，文弼大帅肯定会尾随而至，那时我们前后夹击，贼人无能为矣。城池到了汉逆手里，我们也同样难以攻打。现在大家随本帅上城。"

大家听他说得热闹，不知真假，也极想去看一下。

炮火已经停下，因为叛军已经过了护城河。箭射之地以外，一个紫罗大伞被各色大旗围着。这不是汉王。

大伞下，一辆战车在众文武簇拥下走到护城河边，中军大旗是汉王府卫指挥司军兵，他们护侍着战车，两翼各有千人。张升看一下，是青城县和高苑县两处千户所大旗。他们都盔明甲亮，不像是经过战阵。

张升心里一惊。大家不用窥远镜也看到了，这根本不是什么残兵败将。车上下来一个人，竟然是卫指挥使朱瑞。

旁边有人唱报道："大明朝尚书省尚书、中军都督府大都督、都司指挥使、征东大将军朱讳谭之传达圣命，为何闭门不纳？"

"文起，别来无恙乎？"朱瑞一品文官服饰，左右大扇、大旗，煞是威风。

城上众文武心惊肉跳，难道是皇上战败了？这个人为何成了一品尚书？何来尚书省？

张升也是一惊，感觉乐安州不是自己想的那么容易。他知道，大家都在看着他，他随即哈哈大笑："朱谭之，你最会装神弄鬼，我们大明朝何来尚书省？你是不是投降了鞑靼？中军都督府大都督，你问问，谁不知道那是家兄？你说你毕竟是朝廷三品大员，给自己留点脸面。"

"文起，不和你犯口舌，尔等听着。"朱瑞说着，随即摆摆手。

那个人手里拿着东西开始唱道："奉天承运皇帝诏曰：逆贼夏原吉、杨溥、张瑛等，以武备惑君邀宠，挟持天子南征，帝不惯水土，不豫，大渐，龙驭宾天。帝崩之前，乃悟奸臣误国，有旨与汉亲王，继帝位，肃奸臣，抚百姓，振朝纲。官车晏驾，百官上表，神庙不可久虚，宗室不可无主。为大明皇祚永续，汉亲王讳高煦，谨遵先帝遗旨，告祭山川、社稷、宗庙，面南践祚。尔等军民，各司其业。布告中外，咸使闻之。"

　　大家怔了一会儿，"哇"的一声，曹弘哭出声来，跪在城墙上喊："皇上，臣来也。"就要跳下城墙，被亲兵拉住。大家一时不知如何是好。将士们已经准备弃甲投降。

　　张升看这种情势，心里有数，大喊道："哈哈，朱谭之，你们要想玩，就玩一点高明的，看你这一身职衔，是我们大明的官职吗？你去骗三岁孩子吧。你们在乐安州被圣上打败了，跑到靳荣这里歇马，不承想城池被我们所夺，你就想出这个花样。朱瑞，我们倒还有几分交情，本帅不撕破脸皮，你找地方去歇马吧。"

　　张升虽然五十多岁了，但他是武人，戎马一生，说话声音中气十足，几乎清晰地传到每个人的耳朵里。曹弘这才意识到自己孟浪，赶紧在张升身边拱手一揖，张升安慰几句。

　　"张文起，你还是讲交情的。这样，济南城另外三个门都已经撤兵，你们现在就走，本阁部下令，没有人为难你们。一切都理顺后，朝廷政事步入正轨，新皇还要依靠你们这些老臣呢。"

　　张升哈哈大笑，对着自己将士说："你们听到没有？没过一刻钟露馅了。众将士，这是在乐安城败下阵来的。陈将军，别惯他，轰。"大家都笑了。

　　一阵大炮响过，大家发现，叛军已经攻到城下，城上竟然不知。云梯已经竖起，橹楼上连环弩向城墙上攻打，步兵疯了一般冲锋。督战队在各个队伍后面，手持火铳、连环弩督战，不论官、兵，有后退者立刻斩杀。

　　靳荣的大纛旗也终于露面了。张升判断，这是志在必得。在战场上，中军位置是不能暴露的，更不能随意移动，被对方发现，就会攻击中军位置。这仗持续十几日，靳荣大纛旗才在阵前出现。还有人请出靳字大旗，冲到城下。

　　叛军早看到了大纛旗，忽然又看见帅旗，以为大帅亲自来攻城，士气大振，喊杀声惊天动地。有人已经登上城墙，在和官军短兵相接。

　　破城是迟早之事。

张升在作最后的打算，下令参军把所有来往信函、牌票、滚单、札付尽皆焚毁，派自己亲兵队护送这些文官从南门撤出。他对曹弘说："藩台大人带队，如果冲不出去，也不要和贼人硬拼，你们是朝廷的财富，迫不得已就假装投降，圣上会来救你们。"

曹弘看出来危难，说："大帅保重，如果被贼人所擒，臣必不负大帅所托，但臣也必不负皇上。"言外之意，安排好众位官员，他自尽报国。但是到了东门被李睿截住。李睿说，坚决不撤，大家誓同生死，一起守城，把张升亲兵打发回去保护大帅。

叛军已经攻上城墙，而且越来越多，三个木牛车在撞城门，瓮城已经无预备军兵可用。如果撞开这道门，二道门已经无力阻挡。

城上士兵也已经尽力了。陈灏跑过来，左臂缠着绷带，还在滴血，他喊道："大帅，大事去矣，标下保着大帅从东门杀出去。我们可以为国捐躯，大人不可。大帅是皇亲国戚，不能丢了朝廷的体面。"

这才是识大体之人。那些文官级别较低，根本想不到此处。张升是太后同父母亲哥哥，是皇上嫡亲娘舅，落到叛军之手，朝廷脸面何存？但此时此刻，张升根本无暇考虑，他摇摇头，说："陈灏，兄弟准备为国捐躯。倒是你，不到三十岁，应该去突围搬兵。"这是一个下台阶，意思是允许他去逃命。

陈灏从地上拿起一个长戟，说："标下虽然不到三十岁，但已经官居三品，死而无憾。世人只以为我们是靠荫功，今天为国捐躯，也向世人证明，荫袭将士也不都是孬种。大帅，标下有幸在麾下战死，幸何如之！"

地动山摇的砸门声，两人手持长戟冲上城墙，官兵已经快被斩杀殆尽。张升、陈灏二人背靠背，冲到瓮城上面，两人亲兵紧紧护侍，到大门上，下令放箭，一阵箭雨，叛军木牛车上的士兵立即被射杀。叛军挥动旗语，向张升射箭，登上城墙的叛军也向这边攻击前进。

张升亲兵队，是一个百户队，是他亲自精挑细选、身经百战的老兵，拨出一半随曹弘撤退，其他都在身边。他们最会打仗，明白两位大帅的用意，只要是不破城门，叛军就有疲惫之时。他们也没有预备队，已经是未时了，打了整整两个时辰，再好的筋骨也打熬不住。他们分据两端，既护住主官，也防止叛军撞门。

陈灏又中了一箭，他的亲兵全部战死，他已经快昏死过去。张升后背中箭，兀自指挥残兵败将顽强抵抗。

但是，破门只是时间问题。

士兵正在给陈灏包扎伤口，听他嘴里嘀咕，你们听，有鸣金声，贼人鸣金了。大家以为他出现幻觉，很快有人喊："贼人退了。"

张升赶紧看时，叛军潮水般地退去，他们后面腾起滚滚浓烟。因为太远，听不见炮声。张升大喜，喊道："圣上派兵来了，援兵已到，赶快肃清城墙上的残敌。"示意亲兵大喊援兵到了。

官军听后，士气大振。张升后背上箭杆被拔去，箭头还在肉里。他忍着剧痛，看了一会，逐渐听到炮声。

陈灏说："大帅，下令吧，前后夹击。报仇雪耻。"

张升听到了喊杀声，看到青州中卫大纛旗，不敢大意，怕中敌人诡计。很快，吉祥在护城河外面喊道："大帅，云举带着青州兵杀到。"

张升大喜，喝道："向各门打旗语，留下伤病老弱守城，其余全线出击。"说完让人们把陈灏抬下去，找随军郎中医治，自己下城墙，集结兵力，只有不足一千人可用。他亲自率军冲出城门，在背后掩杀。

第四十二回

平山卫修儒谏卫帅　冠州城格济擒张杰

叛军人数不在少数，青州卫也只有六千人，这正如两人拔河，尽皆精疲力竭之时，有一点点力量用在一方，另一方就土崩瓦解。双方从卯时打到未时，水米未进，强弩之末势不穿鲁缟，叛军连逃跑的力气都没有了，骑兵只有他的优势，四条腿跑得快，步兵只好跪地投降。

张鹏看见张升，过来见礼，合兵一处，向西追去，已经看到靳荣大纛旗和朱瑞紫罗伞，张鹏喝令骑兵全力追去。张升不顾后背疼痛，亲自带兵去追，看追上，他大呼，抓住贼酋，封万户侯。

大家蜂拥而上，眼看追近，忽然凭空一阵大雾，遮住众人视线，大家惊异，勒马观察，大雾散去，不见叛军的影子。

张升派人前去打探，走出十几里回报，没看到军兵。张升久在军中，怪异之事见得较多，心下狐疑，不敢声张，看张鹏来到，说："贼人已经远遁，等一下谭将军。"

张鹏看他后背在滴血，赶紧喝令军医，想把他弄到门板上，他摆摆手，指了一下将士们。张鹏明白，现在叛军不明去向，主帅重伤，会影响军心。

张鹏令把自己的车子赶过来，张升上车，郎中用刀子，在肉里把箭头剜出来，敷上金疮药，包扎好，谭珏在外面候着，这时和李睿掀开车帘子报告，他们两人向不同方向追击，未见敌踪。

张升下令，青州中卫将士们先去济南卫扎营。并派人到乐安州侦察，看见圣上车驾，汇报这里情况。谭珏建议由吉祥带队去乐安，张升然之。

谭珏说，济南卫大营被靳荣洗劫一空，那些士兵也被其裹挟而去。张升心里难过，什么也没说，听张鹏汇报青州一行。

张鹏带着青州兵来到大营，很快谭珏带着辎重来了。看青州大帅换人了，不是原来的史诚。张鹏告诉他，在青州干掉了史诚，这才带兵前来增援。谭珏佩服，告诉张鹏，大帅让他回城布防。

几天后，吉祥返回，张升接到皇上旨意，令其把一切有功人员速速报于京师，他不日返京。吉祥把乐安州情况告诉一遍，朝廷派几卫人马，由丰城伯李贤率领，向东北方向梳篦子一样在扫清残余，襄城侯李隆在永宁南下，已经奉旨把天津卫指挥使和同知解职，正押往京师鞫审。李隆带着大队人马昼夜兼程赶往济南，和李贤约定，不日就在济南城会合。

八月下旬，两支队伍在济南城外会合，扎下大营，二人带着佐贰官和佥事进城面见张升。张升伤口已见好转，只是还不能做剧烈运动。陈灏脱离生命危险，但还不能走动。张升听说南北两路大军也没看到靳荣和朱瑞，心里疑惑，只好派兵四处打探。

这天哨骑回来带来一个青衣小帽的年轻人，进来见礼，大家看时，原来是马愉。他拿出一封信给张升，张升看了一下，示意他把经过讲一下。

山西都司指挥使张杰，受到汉王蛊惑，和都司将帅商议，从逆者只有两千多人。将帅不愿意从逆，但也未揭发。张杰只好南下泽州。他未进都司前，是泽州宁山卫指挥使，那里卫所皆效死力，因而在这等候汉王令旨。众将士并不知道为何东进，根本不敢想大帅会从逆造反。

他们未奉圣命东进，一路并未受到太多阻拦，大家已经得到汉王暗示。人们不愿意参与天家之事，放人过去就算是对汉王有个交代，一旦汉王和文皇帝一样靖难成功，他们无疑也是功臣。即使失败了，他们也没什么责任，只说张杰矫诏，大伙不辨真伪，上了贼人的当，最大可能的罪过是失察之罪。

东昌府是他们东进必经之路，府尹得到情报，赶紧派人知会东昌卫。这里不同于别处，是京师通向南方之咽喉，是水路交通要道，是运河最大中转站，有两卫人马驻扎，东昌卫和平山卫，还有三处卫仓。

府尹和佐贰、通判一起商议对策。通判就是二小，现在赐名迟晓。他的母亲乃朱瞻基奶母，刚刚封为奉圣夫人。当然，这些人并不知道二小的真实身份。

府尹也接到了汉王府信使，是胡全来东昌游说。好在东昌府官员虚与委蛇，和大多数文武官员一样，既没答应附逆，也未告发。其实汉王也了解，当初随父靖难时，见惯了这时候的官场百态，不一定都会响应他，但只要不真心与其为敌即可。

迟晓心下明白，汉王已经来游说过大尹。他清楚大尹之意，东昌府衙门郑重其事行文卫司，把张杰之事说明，接下来就是卫司的事。其实本来也不关文官衙门的事。将来有正式行文，不管哪一方胜，都有文字在此。府尹让大家分头行动，两卫和几个仓卫都去行文。

府尹令迟晓去平山卫，迟晓欣然接受。他回到私宅，和马愉商量。马愉说："东翁，此天赐良机也。学生已经看透，整个山东烂到骨子里，虽不说都附逆，但大多数官员不作为。一旦战事起，叛军就如入无人之境也。干掉山西这伙贼人，东翁立不世之功。"

迟晓当然想干掉他们，可自己无一兵一卒，如何与这一卫人马对阵？他向马愉虚心请教。马愉说："虽然张杰带兵，众将士看上去气势汹汹，其实未必真的愿意为汉王效死力，只是主官一厢情愿而已。现在有两种办法，一是直接在路上拦住张杰，劝他反正，回归朝廷。二是去平山卫，劝指挥使格济率兵截住张杰。"

迟晓摇摇头说："都难，可是为了圣上，为了我们大明江山，再难也得试一下。性和，兄弟听你安排，你说吧。"

"据学生所知，张杰是从龙靖难功臣，那时只有二十多岁，从一个副百户，一步步到今天。他一直跟着汉王，亦步亦趋，坚如磐石，如果想半路劝说，恐怕也难。干掉他，我们没有资本，因而只有在格济身上做文章。东翁最后定夺。"

没有什么定夺的，马愉已经定了调子。迟晓说："那我们就去平山卫找格济。我们一起去，有你在，兄弟心里有底。张杰是要去乐安州吗？"

马愉摇摇头，坚定地说："济南。"

二人来到平山卫，格济已经接到牌票，辕门大开，接入金押房。交接手续，迟晓不动声色，等格济表态。格济脸色平静，这已经告诉二人，此人一点都不吃惊。

格济双手接过滚单，装模作样地看了几遍，说："府台大人之意，本帅都懂了，本帅还要和佐贰、三帅商议一下，回头亲自登门答复府台大人。"

这是一种推辞，也是想两方都不得罪。迟晓想，等你商议完了，叛军早已经进了济南，迟晓说："大帅，兄弟还等着回报府台，请现在就和佐贰官商议。"

格济不悦，说："本帅自有打算，这本身也是卫司差事，本帅绝不会坐视不理，你们请回吧。"言外之意，卫司并不受府衙节制，给你们回一声那是出于礼貌，何况这本身就是卫司职责，府衙就不必操心了。

迟晓作为皇帝奶哥，平时被人恭敬惯了，所见官员都设法巴结他，哪有如此貌视他的官员？迟晓看他口气不太友好，大怒，就要发作，马愉递了一个眼色，说："大帅，认识学生吗？学生是马愉，马性和。"

作为一省举人，这个名字当然听过。格济吃了一惊，狐疑地看着他，说："你是永乐十八年中举的？你是临朐人。为何如此？"马愉把自己的举人服饰藏了起来，平时就是宝石蓝粗布直裰，四方平定巾，一身生员打扮。

格济之意，你为什么竟然做人家的师爷，自己去做监生或选官，做一个正儿八经的吏部在籍官员，不好吗？

马愉微笑着说："只因学生有一个秘密使命，说与大帅，请保密。"迟晓看他故弄玄虚，忍不住想笑。

格济感觉事情不是那么简单，遂道："先生请讲。"

"这位迟大人就是当今奉圣夫人次子，名义是府衙作三府，实则到此秘密公干。要不然学生能屈身做他的师爷吗？"马愉压低声音说。

格济吓了一跳，他虽然已经汉化，但毕竟是蒙古人，平时喜欢直来直往。皇上奶母其实都亲过太后，她的家人和皇上一条心。前朝时期，奶哥、奶弟都在朝中官高爵显，出警入跸，如同皇族。

格济赶紧说："大人莫非就是那个……"

迟晓接过去说："二小。"

格济赶紧起身，躬身一揖，说："下官有眼无珠，怠慢贵人。请贵人吩咐。"

迟晓赶紧站起来还了一礼，刚要说话，马愉抢先说："迟大人从京师来，到济南传旨，令靳荣带兵去河北集结。济南在张升大帅控制之下。离京陛辞时，皇上令迟大人到东昌府看一下，因为都督府和锦衣卫、东厂都侦测到你们这几个卫司有异动，也知道张杰附逆，从山西东进。皇上命令迟大人到东昌府，以做一个小官名义，堵住张杰。皇上已经允许迟大人便宜行事，也包括调集兵马。只是此事一定要保密，出了一点差错，不仅我们差事办砸，格济大人恐怕也性命不保。不知学生说得是否明白。"

格济还是有疑虑，说："卑职明白，皇上下旨令卑职出兵，没问题，请两位拿出出兵文凭，否则日后会被追责。"这时茶已三换。汉家礼仪，主人张罗第三杯茶就是送客之意。

但拿出文凭是必走手续，迟晓心里明白，说："没有文凭，那下官告辞了。"说着就要起身，丝毫不拖泥带水。这样反而令格济心生疑虑，判断奶哥必定生气，将来有一天一定会秋后算账。

马愉一直在观察着他的举动和表情，心里有数了，说："东翁且慢，学生有句话，待讲完再走。格济大帅，学生也会讲一些忠君爱国大道理，但学生想讲几句实在话。看大帅也四十多岁了，应该知道'机遇'二字，确实可遇而不可求。这是迟大人送到你手上的富贵，抓住机会，你就会为朝廷立功，博得加官晋爵，封妻荫子。否则，有人劝你附逆，后果如何？身陷囹圄，甚或有夷族之祸。好坏只在一念之间，大帅三思，我们还得到东昌卫去一趟，告辞。后会无期，差事办完，我们也就直接回京。"说着就要离开。

"请大人、先生留步，容卑职考虑。"说完，格济沉吟片刻，看迟晓一脸不耐烦，已经迈出屋门，遂道，"卑职已经明白，如果真是在属地过去，定会被追责。卑职还有一事不明，你们说我立功，你们能有这权力？"

二人听出言外之意，汉王爷很可能出了赏格，那个赏格也一定高得离谱。

迟晓点点头说："这才是你应该问的。我告诉你两件事，第一，有人许给你的高官厚禄毕竟虚妄，乃空中楼阁；第二，这件事确实是你职分所在，不应该讨价还价。但朝廷不差饿兵，你有功朝廷必定有赏。我可以许给你山东都司同知，你看如何？"

马愉说："格济大帅，一举多得，不要再首鼠两端，赶紧点齐兵马，我们这就出发。"

这位毕竟是皇上奶哥，说话自有分量。格济说："好，卑职这就点兵，留下一千人马驻守，其他随迟大人去。"

马愉笑着说："大帅不去，我们如何能吆喝得动？"

"也是。"格济应着，点齐兵马，在冠州候着三天，终于截住了张杰。

出乎意料，当迟晓讲明道理，众军将瞬间怔了。马愉宣布圣上之意，所有罪行，罪在张杰一人，胁从不问。

张杰部属临阵哗变，绑缚张杰。

迟晓大胜而归，让格济一半兵马归建，其他人随自己东进，还是格济亲自带队。迟晓派人给府衙送信，亲自带着山西兵马驰援济南。在青城县宿营，哨骑来报，东二十里见到大队人马，他们在山下小清河边上零散扎营。已经在伐木立栅。

迟晓判断，必是济南败退下来的人马。他果断下令，立即开拔，趁敌兵尚未注意，端掉大营。急行军一个更次，到达小清河，格济观察一下，是靳荣兵马。

格济看他们如此扎营，心里明白，怕被一锅端，这也给格济提供了便利。马愉提出擒贼先擒王。迟晓和马愉说得热闹，其实并不知兵。

格济指着大营，告诉二位，在中间最靠河边上的那个就是中军大营，看上去松散，其实都在围着中军大营，想要斩首，实在难以做到。如果攻过去，必须过河，蹚水发出的声音，会让他们有所准备。

迟晓问有多少人马。格济说："看扎营数量，不超过三千人。如果偷袭失败，我们不但会损失人马，贼人主帅还会趁机溜掉。"

几人看了一会儿，马愉说："两位大人，这个中军大帐靠背只有一个大帐护着，是否可以从背面山上冲下来？"

格济说："卑职早已经发现了，只是后面是山，虽然看不见山的形状，但有一点可以肯定，必是悬崖峭壁。易守难攻。"

迟晓也看准了这里，说："不入虎穴，焉得虎子？大帅，给我百人精锐，我亲自带队端了中军大帐。"

格济吃了一惊，说："这万万不可，迟大人如果有事，我们都活不成。"

马愉也表示反对。

迟晓拉下脸来，说："没有时间了。格济，这次你听我号令，赶紧选出百人。这百人要好刀法，必须做到手起刀落，对手瞬间毙命。再找来几个向导。"

格济不敢再谏，说向导已经有了，然后匆匆走了。不过一刻钟，他过来说："人已齐备，都是些胆大、能征惯战的将士。"

第四十三回

临危受命通判立功　反迹未著赵王难定

迟晓走过去，看一下，由一个副千户带队。迟晓说："壮士们，今天我们去干一件大事，事成之后，每人一百贯制钱或升三级官职，你们自己选。白身直接就是副百户。"

大家跃跃欲试。迟晓接着说："本官丑话讲在前头，三人一组，有坠崖者同行人立即将其斩首。"

众将明白，怕惨叫声惊动了贼人，这些人都能做到一刀毙命，未及开口便已无气息。大家口中衔枚，在向导带领下，绕过小清河，在山间小道穿过，来到一处悬崖，早有人拿出绳索，坠了下去。向导和一个旗总先下去，迟晓随即带着将士们冲了下去。

有几位在崖下坠落，同行者毫不迟疑，迅速斩杀。迟晓在多名侍卫护侍下，才安全着地。清点一下人马，损失七人，好在并未惊动大营。

副千户向另一个将军做了一个手势，那人迅速带领几十人向那个中军大帐奔去。看见有人在巡夜，上去几人果断干掉他们，干净利落。他们向中军大帐摸去。眼看要到达，一阵火铳声。大家一愣。

迟晓果断下令，冲进去。随即第一个冲进大帐。

一阵火铳朝迟晓击来。迟晓侍卫迅速扑上去，其中一个侍卫被击中，被巨大冲击力推出去，冲动了迟晓，迟晓重重地摔在地上。

格济知道已经暴露，迅速下令向外围大帐开炮。副千户已经带人冲入大帐，一阵激烈的火铳声，很快平息下来。叛军不知道虚实，有心过来支援，看正面炮火正猛，只好派少数人过来支援，其他组织火力和格济互射。

"大人，抓住了贼帅，确实是靳荣。"副千户兴奋地跑出来，对迟晓说。

靳荣被五花大绑，但还是威风凛凛，他高声喝道："你们要造反吗？本帅是都司大帅。"

迟晓大喜，哈哈大笑，说："你真敢说，谁造反，我们就抓造反的大帅。喊话，让他们停下，靳荣在我们手上。"

士兵们大喊，双方停止了打斗，喊杀声也一点点停止下来。迟晓下令把靳荣推出来，喊道："将士们听着，本官是朝廷特使，奉圣命捉拿靳荣，你们大帅已经被我所擒。圣上有旨，主犯必究，胁从不问。汉王已经被押解进京，附逆又起反的将士，圣上一概赦其无罪。你们现在就放下刀剑，在西边大帐前抱头跪下。本官保证你们生命安全。否则，杀掉你们，夷三族。"

士兵们不顾将帅们吆喝，早都跑到指定地点跪下。他们已经知道汉王被擒。虽然靳荣说得天花乱坠，但大家也都长着脑子，起事多少天过去了，如果汉王能占住城池，他们能这样吗？人打光了不说，连辎重都成了问题。

战斗很快结束，格济渡过河来，向迟晓抱拳一揖，连称贵人。这件大功来得太容易了。他已经做出判断，汉王一定是折戟沉沙了。一见到靳荣在此扎营他就已经明白。不是迟晓拉他一把，他也和这些人一样，成了朝廷的反叛。他问靳荣："大帅，你们的汉王爷呢？在京师吧？是践祚吗？"

迟晓摆摆手制止他，随后问道："靳荣，你说实话，你什么时候知道汉王战败的？"

靳荣被几个士兵拖着，没有了刚刚的气势。他有几分颓唐，说："在济南战败时，我派人去乐安州请旨，知道已经城破，汉王投降。"

这是大家第一次听到，很多将士当时就欢呼起来，喊道："汉王被擒。"迟晓这也是才听到具体消息，刚刚喊话那是为大家壮胆而已。他压住内心狂喜，示意副千户。

副千户明白迟晓之意，喝道："儿郎们，大声喊，都喊。"

大家一起喊起来，刚才还想抵抗的叛军都乖乖地放下武器。格济已经走到降兵那里，说："副百户以上将士站在河边。听迟大人训话。"

这些将士们跪在河边。格济问一个四品官："都齐了吗？"

这人说："不清楚，一次次打斗，减员太多。"

格济没说话，摆一下手，可能是一种默契，过来一队将士。格济一挥手，这些将士们手里火铳和连环弩登时发作，只是眨眼工夫，这些将官都倒在血泊中。

迟晓开始没在意，再看时，过去的那些人像是行刑队，心里有几分打鼓，但是他没听见格济喊话。殊不知他们真的达成一种默契。

迟晓大怒，在士兵手里抢过火铳，喝道："格济匹夫，你要造反吗？自古杀降不仁，这……"

后面有人拉他一下，是马愉。迟晓聪明出于天生，这时候可不能和格济闹翻，他时时刻刻都会要了自己的命。他今天才真正见识了什么叫战场，什么叫带兵人，什么叫慈不掌兵、义不行贾。他登时醒悟过来，大声喝道："你做事有始无终，匹夫一个，起开。"走过去，找到还在挣扎的将官补了一铳，大喊："看一下，有没有掉落河里的，补一刀。"转脸看格济脸色已经舒展，又指着骂一句，"你就是匹夫一个。"

马愉过来对格济说："大帅，你还没明白迟大人意思，这事要在没人看见的地方做，越隐秘越好。"

格济是蒙古人，虽然颇有韬略，但论起花花肠子，就不行了。听马愉如此说，也觉得有道理，对迟晓躬身一揖。

张升得报，大喜，亲自接到城门外，看没有朱瑞与和尚，赶紧审问靳荣。靳荣说："回文起大帅，开始我们与朱尚书、和尚在一起。这个和尚有功法，可能是缩地术，一眨眼间就不见了。我们被他们甩下，不知道他们的去向。"

张升已经见识了，认可靳荣之语。张升赶紧上奏章，把功劳簿也呈给圣上，等候旨意。

皇上已经回京，大赏诸将。他做了一个令人咂舌的举动，在奉天门举办庆功大飨，征乐安还京文武百官，自阁臣、太师、英国公张辅以下六千八百五十人全部赏赐。当天加赐扈从文武官等彩币绢布，公爵彩币六表里，侯爵、伯爵五表里；都督、尚书四表里；都指挥及文职三品、四品一表里；卫指挥绢两匹；文职五品以下及千户、百户、镇抚、将军力士、校尉旗军绢一匹；连皇上随行厨役也有赏赐，给棉布各一匹。

这之前已经赏赐过，以赐钞为主，公爵三千贯；侯爵两千五百贯；伯爵两千贯；都督一千贯；都指挥五百贯；指挥四百贯；千户、镇抚三百贯；百户所镇抚二百贯；总小旗将军一百五十贯；军士、校尉、力士各一百贯；文职官六品以上如武职例；七品、八品一百五十贯；九品以下一百贯；厨役五十贯；病故、溺死官军加倍给其家属。

把一干附逆人犯押赴京师，审理明白，待秋后施刑。王进等一批罪大恶极之徒，决不待时，立即处决，夷三族。汉逆几家人暂时羁押于西华门。

各处立功人员根据功劳大小升赏有差。尤其是各处将领、官员所许诺官职，尽皆准奏。吉祥升为司设监少监。

乐安州名字，皇上深恶之，改为武定州。

朱瑞一干人马踪迹全无，令人不安。杨士奇奏对，此事非张文博不可。皇上把张昶秘密宣进宫来，杨士奇把朱瑞情况讲了一遍。开始张昶心里还在想，这种事为何要找到他？他本来是留守京师，这差事和他没有关系。

讲到最后他明白了，想起汉王私兵，遂问道："皇上怀疑汉逆另有巢穴。那臣不解，为何汉逆不去此处藏匿，却甘愿被擒。"

皇上说："舅舅这话问得好，朱高煦如果知道失败，他就不举事了。等失败，已经被团团围住。朕在想，也不是朱瑞心生他念，和朱高煦离心离德，他看汉逆败象已露，想占住济南，再图后举。济南被张升所据，他才去了此地。至于有没有这样藏身之地，下结论还为时尚早。"

"微臣明白，臣即刻动身赴济南。"

皇上点点头，杨士奇奏道："圣上，须给文博大帅临机决断权。"

皇上沉吟一下，张昶赶紧说："臣恳请文弼大帅与臣同行，臣愿意听其节制。"

皇上心里明白，这次讨逆，同行之人都记功一次，而且都露了脸，张昶作为中军都督府大帅，没能随驾，心里踌躇，以为皇上不信任他。当然是他自以为卷进姐姐和外甥之间的争端，使皇上心里不满。

朱瞻基说："舅舅，你不要多想，朕不信你，还信何人？你自己去，足能够剿灭叛贼。至于文弼，也不妨透露一句，阁臣上奏章，为了保护功臣，让文弼休息，交出兵权。朕正在考虑此事，倘若此时再令其带兵，阁臣会多想的。"

杨士奇连说不敢。这个建议当然不是他提出的，他也不知道，这是第一次听说，皇上有意通知自己。皇上接着说："所有山东卫司你都可以提调，就像那年在福建。在京师要带去精兵五千。"

张昶领命而去。

杨士奇等着皇上说张辅之事，皇上却只字未提，说："士奇大人，这次有了晋王确凿证据，勾连汉逆，意图不轨。朕想下旨鞫审，你看呢？"

这是二人密议，皇上眼下不敢大张旗鼓对宗藩动手，怕世人说他似朱允炆一般，他瞻前顾后，不敢下手。

杨士奇正色道："陛下，臣以为，天下为公。溥天之下，莫非王土；率土之滨，莫非王臣。作为宗室，当时刻为江山社稷着想，而不是为一己之私，擅作威福，于国法、祖训不顾。对于此类宗藩，皇上应大奋神威，方显朝廷平明之理。"

朱瞻基站起来，来回踱了几步，突然站住，说："朕明白了，当初朕不应该对朱济熿网开一面。这次正可以在这个当口，理顺藩邸。好，你令金幼孜拟旨，派锦衣卫和宗人府去山西查抄晋王朱济熿，与其有关联之人下旨切责。"

杨士奇说："皇上圣明，还有并未参与其中，反而与朝廷通风报信之人，朝廷应下旨褒奖，大加赏赐。"

"依你，下面就是朕最难决一事。你一直和朕意见相左，但朕想听一下你的意见。"说着把一封奏章递给杨士奇。

杨士奇明白，目前最难决之事当然是赵王，他接过来看一下，是户部四川清吏司主事李仪的密奏。杨士奇心里疑惑，一个主事，六品前程为何有密奏？只有风宪官才有密奏特权。其他各省三司也只有直奏权，而且都要经过阁臣贴票。

皇上并未作解释，杨士奇心中一凛，明白这位少年天子还有另外一班人马，对阁臣也未公开。今天能对他杨士奇亮相，足以说明对他的信任。尤其是最近和皇上意见相左，皇上非但不厌他，反而愈加亲近。这份奏章在明白告诉他，他是皇上最信任之人。

杨士奇只觉得心里一热，眼睛瞬间湿了，刚要说话，皇上摆摆手，指了一下奏章，示意他读一下。

……庶人高煦作逆今已讨平，臣民不胜喜幸，而赵王高燧尝有异志，今虽屈伏，顾力有所未能耳，其心则未尝忘。况汉王之事安知不与同谋？皇上宽仁，虽不忍问其罪，岂可不早为之计？窃以为，今之议者，必曰汉逆既被擒，赵王震惧，彼不能有为，

无足虑也。如此是纵虎归山，臣以为，圣上应遣人侦刺，高燧果有此谋，待彼发露，然后讨之。前者山东唐赛儿，一妇人也，尚能为妖以鼓惑人心，况王者乎？……为今之计，莫若去其护卫，抑其威权，彼必不敢与朝廷抗衡，乘此时机处置得宜，则恩义兼尽，骨肉保全，朝廷无管、蔡之忧，宗社有磐石之固。不然养成祸胎，终为后患，恐烦再举，费耗实多。唯圣上加察焉。

杨士奇和大臣们想法不一样，和皇上也几乎当面顶撞，皇上竟然还能秘密问计，杨士奇读完密奏，非常感动，实在不能自已，跪下叩谢："老臣有幸活到今日，为陛下臣子。臣服侍四朝天子，臣说一句大不敬的话，皇上无疑是最英明的。对于赵王，臣还是坚持维持亲亲之义。但是朝廷应当使赵王爷明白，派使把大臣奏章都转给他，哦，当然是涂去姓名。"

"士奇老成谋国，朕岂能不允？朕意已决，你荐举一个重臣去彰德。"皇上回答得异常痛快，这大出杨士奇意料。其实他不知道，朱瞻基委实难决，只好去请示母后，张瑾回答得斩钉截铁，反迹未著，不要问罪。

杨士奇说："老臣以为，张子玉最合适为使。"

"说说你的理由。"对于杨士奇的回答，皇上似乎早都心里有数。

杨士奇笑了，说："皇上真乃千古一帝，知道朕要举荐此人。臣以为，子玉大人刚直果敢，出言犀利，既一针见血，又不失君臣之礼。"

朱瞻基点点头说："爱卿之言，正合朕意。但转念一想，还有不足，只是有人说他与赵王友善，极力为赵王开脱，可有此事？"

杨士奇刚刚站起来，又"扑通"一声跪下，连连磕头，说："陛下，说这样话的人本身就有问题，臣是第一个极力为赵王开脱之人，此外还有杨溥等人。反过来，主张治罪的人就是赵王的敌人吗？此等之言，纯属有意为之。何况子玉大人开始极力主张移师彰德。皇上圣明，谅一些闲言碎语也难左右圣聪。"

"就这么定了，你去安排吧，要叮嘱一下子玉。你别忙走，宣寿海。"

身穿三品飞鱼服的寿海走了进来，见礼毕，等候问话。皇上说："寿海，朕问你，这么多天过去了，怎么没有夏至案子的奏章？那天朕在清宁宫看见他还在伺候太后。你说说吧。"

杨士奇一听，又是天家之事。现在的皇上已非一年前的新皇，一些事有了自己主见，杨士奇尽量不再参与其中。尤其是母子之间的明争暗斗，他能躲就躲。

这次夏至出使乐安州，确实可疑，幸好无人举荐，是皇上"圣裁"，否则又要被夏至所累。当时皇上点将夏至，杨士奇心里就不十分赞成，怀疑是皇上有意为之。

在两位亲王方面，杨士奇不明白太后到底是何想法，就连皇上也讳莫如深。杨士奇感觉，太后对两位皇弟似乎并不十分厌恶，反而在处处维护，难道她忘记当初先皇被打击的时候了？

杨士奇尽管久历人情，对此却百思不得其解。

第四十四回

▼

董子庄大胆焚札付　朱瞻基小心试母心

寿海嗫嚅半天才说："主子，奴才该死，奴才奉旨去清宁宫拿夏至，太后娘娘……"他匍匐在地，再也不肯说。

皇上和杨士奇对视一眼，杨士奇还是不明白，夏至之事已经定性，和他同去的从人被东厂拷问，全都招了实情，太后不可能不知道，为何还要护短？

也不用寿海再说了，一切都已经明了。皇上面沉似水，摆摆手，寿海退出去，皇上说："还有。"寿海赶紧跪下，皇上接着说："一会儿有旨意给你们，把胡全的差事办下来，和他有关联的每个人都要审一遍，另外还有郑六苗。"寿海告退。

杨士奇听得心惊肉跳。在乐安州，胡全来往行在和汉王之间，也算是立了功，皇上当时答应他立功赎罪。可皇上这分明是在秋后算账，兴大狱。项庄舞剑，意在沛公，沛公者，太后也。看起来这事也没想瞒着杨士奇。

杨士奇在心里早都有对比，和前两任帝王比，新皇没有先帝的仁慈，他更似文皇。

杨士奇跪安后，朱瞻基沉思片刻，感觉应该再去见一下母后。他不打执事，坐着四人抬肩舆来到清宁宫。见礼毕，皇上说："儿皇夜来做了一个梦，心里有几分忐忑，过来和母后说说话。"

太后明白其中的意思，一定是梦见母后有不虞之处，皇上不放心，特意过来看一下。她在帘子里笑了，说："兰儿，把帘子挂起来，哀家说过多少回了，皇上来不用挂帘子。"

兰儿过来，看了皇上一眼，脸瞬间红了。朱瞻基一下子想起了汉王揭帖，不由自主地笑了。这一笑，令太后莫名其妙，以为是皇上在赔笑。

太后说："皇上，日有所思，夜有所梦，入秋，夜开始长了，夜长梦多。你父皇常说，至人无梦。皇上日理万机，不要为哀家分心。哀家知道皇上孝顺，但以哀家说，孝顺也不在这上头，好好办差，就是最好的孝顺。"嘴里说着，心里在揣度皇上来意。

皇上把对三叔处理情况说了一下。

张瑾点点头，脸上露出赞叹之色，说："皇上，不是哀家为赵王辩护，他那个胆子，哀家还是了解的，你再借给他十个胆子他也不敢谋逆。永乐二十一年，他府上孟贤谋逆，你皇祖找上赵王，赵王吓得都瘫了。再说他就是一个出了名的荒唐王爷，有胆子也没那个智慧，皇上处理得好。"

这都是官面话，赵王如何，母子都心知肚明。扮猪吃虎，用在赵王身上最是恰当。但朱瞻基还是谢过母后。

张瑾放下心来，以为皇上按她的心意处理了赵王一案，前来报功。朱高煦、朱高燧对待朱高炽一家如何，作为直接当事人、受害者，张瑾当然未忘。然此一时彼一时，现在新君继位，兄弟三人恩怨已经随风过去。只要两位弟弟不谋大逆，就睁一只眼闭一只眼过去了。何况汉王在最近两年对张瑾很恭顺，其中有一些事情，尤其是银钱之事，不能拿到桌面上。谁料最后汉王起反，令张瑾百口莫辩，颜面扫地。

若要人不知，除非己莫为，这是世人皆知的古语，可做起事来，何人真正考虑过这句话？往事已矣，在朱高燧这里，张瑾不想再出错，尤其不想在后世留下把柄。这是出于公心，与汉王之事又是不同。

张瑾看了儿子一眼，接着说："自古圣天子功过赏罚，一丝不苟。汉逆以亲王之尊，不思报效朝廷、祖宗，不顾天家亲亲之义，不顾百姓生灵涂炭，冒天下之大不韪，擅动兵戈，荼毒生灵，必加严惩，不必留情，也不必过多思虑。"

皇上吓了一跳，在汉王问题上，太后前后忽然像变了一个人，原来极力维护，加兵乐安州都不十分赞成，只想和平解决。而现在又是这个态度。这意思是要对汉王处以极刑。

母后说话，就是懿旨，儿子不答应就是不孝。皇上说："母后说得是，朝廷自有律法，宗社早有祖制，儿皇断不会徇私。"

"那就好，哀家老了，只想好好享几天福。这次选秀结束了，留下的女官和嫔妃也已经演训，皇上亲征武定州，哀家和你媳妇就办了。"

"谢母后，儿子三十岁了，还令母后操心，儿子惭愧。"

"这都是皇后办的，皇后确是贤德，皇上还要多顾及夫妻纲常之义，哀家等着太子呢。"这话和刚才又不一样，这明明是训诫，对皇上冷淡坤宁官不满。

皇上不能再装糊涂，站起来躬身一揖，回道："儿皇谨遵母后训诫。"

"皇上坐下，哪有那么多训诫！咱们娘们儿闲说话，说到哪里就算到哪里。敬妃一事，哀家听说你杖责了盛太医？"

"儿子孟浪了，母后责罚。"

"哀家没有责备你的意思。是哀家大意了，哀家已经下懿旨给太医院，以后再有这事，先禀报哀家。"

皇上还在乐安州平叛，宗人府六百里喜报，敬妃已经怀了龙种，百官上表祝贺。班师回京，皇上在德胜门见百官，宗人府报告，敬妃小月了。朱瞻基如五雷轰顶，这可不是第一次，惠妃小月才过去半年。

皇上大怒，回到宫中，把敬妃身边人，总管太监、门令、嬷嬷全部杖责，请脉的太医、尚食都受到了处罚，最后余怒未消，把盛寅也杖责十下。

皇上听母后说起此事，心里疑惑，不敢再问，连连称是。随后转移话题："母后，儿皇有一事不明，请教母后。"说着给兰儿递了一个眼色，兰儿把人都赶了出去，她给母子续茶，然后退了出去。

皇上单刀直入："夏至之事。"

"哀家知道了。皇上，这不是什么大事，夏至全都说了。哀家还是理解的，那种场合，速来胆小的夏至还敢显示钦差的威风吗？不要听那些小人嚼舌头，有人就是看不得我们母子和气。这样吧，哀家也不愿意背这个黑锅，皇上下旨给寿海，把夏至这蠢奴才拉出去凌迟。"

这话讲得太重了，朱瞻基赶紧跪下，回奏："母后息怒，儿皇知错。只是群臣汹汹，儿皇一时不知所措，到母后这里讨个主意。"

"皇上起来，你这么一跪算怎么回事？皇上万金之躯，可不能如此。"看皇上起身，她脸色缓和下来，接着说："皇上登基时间也不短了，一些事要学会乾纲独断，在朝中不要受大臣左右。在他们眼里，我们永远没理。他们的差事就是每天盯着我们是不是有失策、失德之处，是不是有违制言行。"

"儿子谨遵母后教诲。"

"你去吧。还有一件事，哀家看到了汉王揭帖，皇上对兰儿真有意乎？如果有意，哀家倒是可以成全。"打一巴掌，又给一个果子，朱瞻基被揉搓得没了脾气，后悔到这里来"问罪"，连说不敢。

张瑛到达彰德之前，赵王府已经乱作一团。只有董子庄还是气定神闲。朱高燧很生气，以为他未卷入其中而不屑一顾，隔岸观火。

苏志看在眼里，十分生气，没好气地说："董大人，如果我们有事，你也断逃不了干系。你博览群书，遍读二十一史，还不知道伍被之冤吗？"

董子庄哈哈大笑，指着苏志说："苏将军，你不俗，不像那些士兵，你竟然还知道伍被。我为何要做伍被？我们怎么了，你们就这样？汉王已经被朝廷定性为汉逆，也已伏法，我们应该高兴，为什么好像是我们谋逆了？"

苏志瞬间愣住了，随即醒过神来说："你不要装糊涂，千户骆声送给末将的信可是你接的。还有那个汉王府阉竖、典宝副阮三来见王爷，也是你接待的。你想脱干系，门儿都没有！"

赵王正全神贯注地看着董子庄，董子庄还是脸不变色心不跳的样子，说："这有什么？这是正常交往。骆声送的信，没有什么大逆不道的话吧？就在我们的橱柜里，找出来看一下就知道了。"

听到这里，赵王有些明白了，挥挥手令全都退出去，留下董子庄，说："子庄，大家都有如丧考妣、大祸临头的预感，你为何如此淡定？本王知你，绝不会与我们离心离德。"

董子庄正色道："大王对臣地厚天高，臣岂能离心离德，敢不与大王精心策划乎？只是臣愚陋粗浅，颇负重望耳。"

"子庄此言差矣，当初未等汉王举事，你就判定他必败无疑，现在来看，你说的几件事都对。苏志他们明白什么？！现在你必有话对孤讲。只有你我二人，但讲无妨。"

董子庄"扑通"一声跪下，说："王爷，臣大错已经犯下，恭请殿下治罪。"

朱高燧吃了一惊，赶紧虚扶一下，说："我们在好好说话，你这是为何？起来回话。"

董子庄站起来，示意赵王随自己到金押房，屏退众人，自己亲手打开一个橱柜，几乎都已空空如也。朱高燧目瞪口呆，这是各种机密文札，长史有权处理朝廷来往公文，王爷无权过问。董子庄又打开一个，却满满的都是札付。

朱高燧惊问："子庄害我，这些和朝廷来往信函何在？"

董子庄指了一下另一边的橱柜，说："在这边。臣已经进行重新梳理，把和汉王来往信件一概烧掉，无伤大雅的留了下来。这就是骆声的信件，王爷请看。"

王爷看了一遍，词汇比较隐晦，并无大逆不道之语。把阮三的信也看了一遍，都是一些无伤大雅之语。他狐疑地说："子庄，孤知道你能干。这次汉王被擒，往来信函毕竟被朝廷所获，我们一些狂悖之语，岂能不大白世人？"

"王爷所言极是，但所有信件都是微臣回复，大王知道内容吗？"

"当然知道，没有孤的印鉴你如何能发出去？"

董子庄拿出一个原件，对朱高燧说："禀大王，臣斗胆都销毁了，臣都是重新拟定的信件，没有一句狂悖之语。大王要杀便杀，臣早都等着这一天。"

朱高燧大喜，一把抓住董子庄说："孤为何要治你罪？你是王府功臣，孤要为你请功。"

董子庄摇摇头说："还有一件事瞒着大王，你不要生气，阮三被臣在路上截杀。"

朱高燧惊得简直跳起来，好像不认识似的看着董子庄，脸上是一个大大的问号：你一介书生敢杀人？

董子庄说："陈刚再一次前来，臣发现他已经不似前几次，心里疑惑，再三追问，才知道他已经在为朝廷做事。他偷偷地告诉臣汉王举事时间。其实已经不算秘密，他还告诉臣，有使者来向赵王宣旨，这人就是阮三，汉王封其为秉笔太监。臣安排府上一员大将带人在半路偷偷截杀，并且埋尸后做了记号，以便将来为证实大王和汉逆不是同谋。当然，这些事臣一人做不了，到时候再向大王坦白。"

一切都明白了。朱高燧泪流满面，对着董子庄躬身一揖，口称恩人。

几日后，华盖殿大学士、礼部左侍郎张瑛到了，这是钦差大臣。赵王府众文武不敢怠慢，三声号炮，世子朱瞻墭率领左长史董子庄、卫指挥苏志等王府一大批文武在端礼门下马牌坊前迎接。

张瑛看到世子朱瞻墭亲自出迎，心下满意。宣旨毕，他给世子叩头见礼，奏乐，仪卫把张瑛引导到谨身殿。赵王请安见礼。张瑛把圣旨供奉在主位上，大家又重新拜过，礼请至东书房用茶。

张瑛拜过王爷，大家落座。张瑛屏退左右，把朝廷对王府非议略讲了一下。朱高燧眼睛瞪得像铜铃一般，大声骂人。张瑛不悦。其实离京前，夏原吉和杨士奇都和他讲了有关赵王之事，嘱咐他不要看赵王表面，这是一个讲求韬光养晦之人，要多方面敲打他，免得他以后再起异心。

张瑛虽然是一个大儒，却没有大儒的气度，说："王爷少歇。"走出去，令副使把一个黄布条封的袋子拿进来，放在地上，挥挥手，除世子、董子庄和苏志以外，全部都退了下去。张瑛示意董子庄打开，满满的都是奏章。

张瑛说："王爷读过圣上私信后，请看一下这些奏章。臣到隔壁吃一杯茶。"说着自己走进隔壁。

赵王这才有时间读皇上的信件：

……前高煦所为不轨，其同恶之人，皆云叔父府中连谋，侄不信之，及高煦至京，自言所遣骆声、阮三等往来谋议，侄亦不信。后文武群臣多有言者，皆置不问，而近日又有言者。群臣皆谓朝廷隐而不言，设有小人，如向者孟善之徒离间其中，不惟祸及于众，抑且亲谊有乖，不若开诚直言，可以两全其美也。侄思此言盖亦有理。今皇祖考至亲惟叔父一人，且叔父贤明忠厚，素与皇考友爱甚笃，岂有他心？但恐一旦有小人苟图富贵，结为邪党于是时，叔之父子虽有忠爱之诚，不能抑遏之矣。朝廷虽欲隐忍，势亦不能已矣。侄之本心，但欲两无嫌疑，同享贵富于永远，非有他也。天地、祖宗鉴临在上，今以高煦及其同恶之人所首事，并群臣所上章奏，奉去一观，惟叔父亮之。

读罢，朱高燧心惊肉跳，不知道张瑛此来是何吉凶，他把奏章看了一些，上面所指罪行，有的确实存在，有的无中生有。这应该是御史、科道所奏，他们有风闻奏事之特权。奏章足有几百份，从到彰德以来的事情几乎都记在上边。

他脸上露出惊恐之色，自己一举一动都在朝廷的监视之中。先帝大哥时时赏赐，可不是对自己所为一无所知，这是一种大度，抑或是一种感化。自己却以为先皇对此一无所知，其中有一奏本，令赵王冷汗直流：

……当初孟贤谋逆，赵王未必不知，去年高煦亦谓与赵王合谋举事，俱有明验。陛下笃厚亲亲之意，忍而不发，养痈长疽，未见其可。今大臣有言上奏，伏望圣断，行之不疑。

下面是一些人的批示，当然是阁臣贴票：陛下亲亲之恩至厚，念惟此叔，务保全之。然人言不可不思，但在处之得宜，既不失亲爱又足以消患于未萌，是亦保全之道也。

第四十五回

▼

见钦差长史吐心迹　交护卫赵王庆余生

　　朱高燧脸上的变化都看在董子庄的眼里。董子庄说："王爷，皇上是念亲亲之义，力图保全，臣恭请王爷明察。现在臣以为，可以请天使查验王府来往信函。"

　　张瑛已经过来，见过礼，候在那里。王爷明白，这是要查函柜，自己不好在场，说："子玉大人，你们请便，孤还有些俗务，就不奉陪了。"

　　董子庄陪同张瑛和几个吏目出去，来到长史佥押房，张瑛下令全部排查。

　　董子庄也告辞，来到右书房，看王爷两眼无神，知道他心里忐忑。董子庄屏退众人，笑着安慰道："大王还有何忧？我们并无丝毫违法之事。臣多说一句，像汉王这样，迟早东窗事发。臣也算是博览群书……"发现赵王在看着自己，脸上露出不易察觉的笑意，明白自己说话又大了，好在大家都了解自己。

　　董子庄接着说："皇上这个职位是好，谁都想做。"看赵王瞪起眼睛，他并不作理会，接着说："大王不要说臣大逆不道，只有我们二人。臣接着讲，你看在历史上争皇位的有几个能成功？可以说是凤毛麟角。别的官职，比如说臣这个长史，当然这个职位也不错，臣喜欢。"

"拣要紧的说。"赵王急躁道。

"王爷您就是不知道赏识臣下。其他官职，你送礼也好，磕头拜庙也好，你起反也没关系，没成功最后还是原官职未动。但争皇位的都掉了脑袋不说，整个府上连一个人牙不剩。"

赵王点点头说："子庄，你不止一次对孤讲过这话，孤总是与你虚与委蛇。诚如你所说，欲作丹徒布衣而不可得也。孤这次如果能得脱大难，必当厚报。"

董子庄赶紧跪下，一声不吭，赵王心里一惊，和董子庄相交几年，看此人愤世嫉俗，其实才华横溢，满腹文章，而且还视金钱如粪土，对功名似乎也看淡了。今天竟然为他朱高燧一句话而跪下，这是要好处吗？

董子庄磕头奏道："臣有一件事瞒着王爷，事急矣，只好如实相报。张大人他们想查验这些来往信函，至少也得一天。臣趁此机会向王爷坦白。"

"子庄何出此言，孤已经知道，你时刻为王府着想，孤不罪你。"赵王放下心来，知道是还有秘密事，一时无法开口。

董子庄说稍候，出去片刻回来，说："大王，天使查过来往信函，必要过问和朱高煦来往之事，大王尽管放心奏对，只是涉及杀掉的阮三，天使必会亲自查验，臣委实不知道。"

赵王愣了片刻，哈哈大笑，说："常打鹰的人让鹰啄瞎了眼睛，孤险些让你忽悠了。本王也在想，你什么时候出过王府那么久去杀人。不过子庄，孤还是要感谢你，到时候找不到尸首也没关系，本王一口咬死就是了。你不必太在意。可是这个阮三在哪呢？"

"埋了，一共十三人，全埋了。"进来的是登州卫指挥同知翁过。

赵王皱了一下眉头，说："翁过，孤听说你早就回来了，又是溜回来的？你可不要再给府上添乱了。去吧，回任上去，不愿意做就辞掉，好好玩你的蛐蛐吧。"话语中丝毫不假掩饰的厌恶。

翁过本来有自己的府邸，他虽然调教一手好蛐蛐，但在王府只是一个不学无术的篾片相公。以前和赵王关系不错，那时候他姐姐还是赵王嫔。赵王妃薨，赵王请旨，封翁嫔为妃，大家都高兴，谁知道跳脚反对的竟然是她的嫡亲弟弟翁过。他那种反对毫不掩饰，引起赵王强烈的不满，以后逐渐疏远。

是赵王妃要她弟弟去做官，因为以前是挂名副千户，是军户，还是汉王安排，到了登州卫做了同知。赵王听到的都是他的负面消息，说他根本就不办差，每天吃酒吃得烂醉，然后就是找一些亲兵斗蛐蛐。

赵王在心里骂他烂泥扶不上墙，几乎不再过问。前一段时间也听说他回来了，乐安州正要起事，赵王顾不上斗蛐蛐，也就没理这个令人讨厌的内弟。

董子庄说："大王，翁将军都说了。"

"你说你的，不关他什么事。翁过，你见到本王为何不见礼？"他板起脸来训斥翁过。他以为翁过敷衍着就过去了，或者是告辞而去。令其惊讶的是，翁过跪在地上规规矩矩行了两跪六叩之礼，看着赵王惊讶狐疑的眼神，说："王爷现在才是真正的王爷。"

朱高燧大怒："你什么意思？如此无人臣之礼？"

翁过平静地说："大王息怒，看大王以前的做派，到今天恐怕连给臣行礼的机会都没有，最好结果也是在中都圈禁。臣是朝廷三品命官，你岂能够得上？"

朱高燧看他一脸真诚，说话虽然刺耳，却句句属实，不免对他刮目相看，说："哇，没看出来啊，登州这一年没白混，说话有点儿接地气了。"

董子庄赶紧跪下，奏道："大王，臣说的一件件事，都是翁二帅参与或建议的，有的是亲自上阵。阮三等人就是二帅所做。"

朱高燧吃了一惊，狐疑地看着翁过，说："你杀人了？杀的是蛐蛐吧？"

翁过还是一脸平静，说："大王恕罪，臣不想被灭门，就只有这个办法。原来办法也不错，只是能保住自己不死，保不了家人。"

赵王刚要发火，旋即安静下来，看着翁过，走过去拱手一揖，说："是本王看走眼了，只以为你不学无术，原来是在自保，也明白当初你为何不愿意令姐为妃。唉，一失足成千古恨。孤现在懂了，可惜晚矣。"

翁过躬身一揖，说："王爷，臣再多一句嘴，一切都不晚，天使在此，一切皆可为也。"

朱高燧摇摇头说："你还年轻，对朝廷官员不甚了解，你问一下董大人，这个张子玉油盐不进，你敢贿赂，他当时就敢上奏章弹劾你，反为不美。"

"大王误会了，臣之意，不是贿赂。皇上令人到府上验看，必是坚刚不可夺志的官员。皇上令天使来验看而不是查抄，是有人在朝中说话了，不管大王信与不信，臣也用了关系。"

说到这里，看赵王脸上露出一丝不易察觉的笑意，心里明白，信任是需要时间的，在赵王心里，他翁过还是一摊烂泥而已。

翁过接着说："目前说明皇上在摇摆不定，这次查不出违制的东西，这是一定的，臣和董大人全都清查过。如果再去半路查看阮三尸体，大王这一关暂时过了。"

这话也令董子庄吃了一惊，为何是暂时过了，他和王爷对看一眼，王爷说："别吞吞吐吐的，有话快说，还想让本王请教你不成？"

"一是朝中大臣不会就此作罢，定会群情汹汹，皇上也可能变了主意；还有就是王爷不甘寂寞，学一下汉逆。"

"胡说八道，孤为何要学二哥？他是他，本王是本王。你想说就痛快点，不想说转身走人，我们正忙着呢。没人在这听你扯淡。"

董子庄笑了，说："王爷，你就不能放下架子请教一下？你这明明是让翁将军细谈。"

王爷也笑了，指着翁过说："你看他这样，非得等孤请教他。"

翁过还是面无表情，说："大王能不能安心听臣讲完？眼下最好的自保，是上交护卫，把王府常山中护卫，群牧千户所，包括仪卫司全部交回，可保无虞。"

董子庄也赶紧说："二帅言之有理，臣忽略了，只有这样才能自保，一是可以试探一下朝廷对我们的态度，二来也算是向皇上表明态度，第三，皇上在汉王这里看到藩王又有尾大不掉之势，王爷乃圣上亲叔，也算是给各藩王做出典范。"

朱高燧无可奈何地说："那好，依你们。"

张瑛过来拜见赵王，说起阮三之事。翁过亲自带着朝廷副使去了埋尸之地。当天无话。次日，吏目们连夜整理，所有来往信函都清理一遍，把违禁的对天子不敬的信函都找了出来，堆在谨身殿东书房。张瑛把一些晋王信笺单独拿出来递给董子庄。

这是董子庄特意留出来的。董子庄是一个识大体的人，他忠于朝廷，为朝廷想得周全。那时就知道，汉王迟早有一天必定起事，他只保着自己的主子不附逆就是大功一件。现在汉逆已经被逮系京师，如何处理还不得而知。现在皇上只有一个叔叔，无论如何也要保全。

董子庄把王府和汉王来往信笺毁掉，重新做一个放在那里。但是，他清楚，水至清则无鱼，偌大王府，人多嘴杂，难免会有人讲出去，被巡按御史、科道闻风上奏，又是一场血雨腥风。最后他和翁过权衡再三，把晋王朱济熿的信件放在那里。

赵王也坦白此事，说晋王多次来信，语言狂悖，他没有上奏皇上，并非与朝廷离心离德，而是不想令朝廷兴大狱。他回信劝说晋王，都有信为证。这都是董子庄所出的主意。他把赵王府发给各亲王信件都检查一遍。

赵王不似汉王，他一直在韬光养晦，和各藩王来往信件中，很少见到大逆不道之词。只是这次和汉王，语言多有狂悖，都被董子庄做了手脚，他一切都放心了。

中午时，副使和翁过回来了，把尸首起运回彰德，找认识人辨认，确实是阮三无疑，张瑛松了一口气。赵王回到后宫，给祖宗上香磕头，大喊："多亏祖宗保佑，朱高燧有活路了。"拿出夜来拟好的旨意，看了几遍，生出反悔之意，不想请旨献出护卫。

翁过心里不悦，当面就发作出来："大王，我们做臣下的，只能做这么多，大事还得王爷裁度。但臣也要多说一句，大王想做平常王爷、富家翁，还是如汉逆一样？"说完扬长而去，赵王若有所思。

做富家翁不必用护卫，汉逆护卫十万，最后下场如何？朱高燧已经被内弟翁过完全折服，遂打定主意。

一切就绪，董子庄想私下见一下张瑛，对王爷如实讲了。王爷当然不反对，这是左长史，是朝廷官员，不是府里太监，不是奴才，单独见天使，再正常不过。

董子庄懂规矩，征询一下，以示尊重。怕隔墙有耳，张瑛和董子庄会面没用太多时间。董子庄把最近这一年事情简单讲了一下。他的差事张瑛都知道，有的还是张瑛亲自布置。董子庄将要上的奏章拿给张瑛过目。张瑛看了一下，言辞足够恳切：

"臣朱高燧百拜泣血叩上，永乐二十一年，臣未加检点，被孟贼等宵小钻了空子，他们妄言天命，几成大错。今汉逆不念祖宗创业之艰，不念天家亲亲之义，妄举叛旗，荼毒百姓。亦私下联通老臣，老臣概不为也。臣撕毁信件，怒叱来使。起兵之时，汉逆欲派阮三游说老臣。老臣侦知，杀来使于半途。然臣日夜忧叹，恐朝廷不查，臣粉身碎骨矣。今见天使，臣得生也。然兵权未除，恐朝廷群情汹汹，陛下为难。臣诚以常山中护卫、群牧千户所及仪卫司官兵归于朝廷……"

张瑛点头赞叹："子庄，圣上已经知你用心良苦，说了几个字：长史不易也。这个呈给皇上，一切都烟消云散，你作为长史，对朝廷、对赵王都尽到了自己心意。皇上也会下旨褒奖的。"

董子庄眼泪流了下来，嗫嚅半天，又闭上了嘴巴。他深知自己境遇、地位都很尴尬，赵王未必像他面上那样感激涕零，他们毕竟和朝廷是两条心。

作为长史，正大光明的说法有利于王爷就是有利于皇上，忠于王爷就是忠于朝廷。这是祖训，这就像是一个孩子对世界的看法，非黑即白，非对即错。可是大千世界纷繁复杂，哪有如此简单？

董子庄心里有数，这件事过后，赵王也会心生芥蒂，以为他董子庄心系朝廷。而朝廷知道他这一系列操作，也犯了圣忌。下旨褒奖，董子庄不敢想，只要是能让他在官场善终，他就满足了。

"这还是董子庄吗，竟然踌躇起来！哈哈，有话尽管讲来。"张瑛嘴上打着哈哈，心里清明着呢。这些奏章有许多直指董子庄和苏志。苏志的常山中卫很快归建，只有他董子庄，千夫所指。赵王所有坏事都得指向此人。

对此，张瑛也爱莫能助，只在心里叹息而已。好在赵王乖觉，献出护卫，董子庄也算是平安着陆，至于升赏，那就是张瑛一句安慰话耳。

董子庄也笑了，说："大人，学生平时最看不起惺惺作儿女之态的人，今日不知为何，也许是见到朝廷中人，就好像见到了娘家人，失态了。学生不足虑，也不足圣上挂念，倒是这个翁过，望张大人奏于圣上。"随即把翁过的事情讲了一遍。

张瑛敛容答道："此壮士也，本使当然要奏明圣上。吉祥已经奏于皇上，只是在王府这些事，朝廷还一无所知，本使回去必奏于陛下，加官晋爵。至于你董子庄，尽管放心，本使回去也会从实奏来。"

董子庄跪下谢过，说："处江湖之远，忧谗畏讥，学生读书时，每当读到官员这种境地时，必耻笑他们，而自以为洒脱，其实也难免俗。学生不求升赏，只求大人告诉皇上一句话即可，董子庄非赵王身边狎昵之人，学生之愿足矣。"说完，泪如雨下。

张瑛对赵王府放下心来，回奏皇上。